# Introdução à Linguística

---

Consulte nosso catálogo completo e últimos lançamentos em **www.editoracontexto.com.br**.

José Luiz Fiorin (org.)

# Introdução à Linguística

## I. Objetos teóricos

editoracontexto

*Projeto e montagem de capa*
Antonio Kehl

*Diagramação*
José Luis Guijarro
Gapp Design

*Preparação de textos*
Sandra Regina de Souza

*Revisão*
Dida Bessana
Juliana Ramos Gonçalves

Dados Internacionais de Catalogação na Publicação (CIP)
(Câmara Brasileira do Livro, SP, Brasil)

Introdução à linguística / José Luiz Fiorin (org.). –
6. ed., 11ª reimpressão. – São Paulo: Contexto, 2024.

Bibliografia
ISBN 978-85-7244-192-6

1. Linguística. 2. Linguística – Estudo e ensino.
I. Fiorin, José Luiz.

02-0430 CDD-410

Índice para catálogo sistemático:
1. Linguística: Introdução 410

2024

EDITORA CONTEXTO
Diretor editorial: *Jaime Pinsky*

Rua Dr. José Elias, 520 – Alto da Lapa
05083-030 – São Paulo – SP
PABX: (11) 3832 5838
contato@editoracontexto.com.br
www.editoracontexto.com.br

# Sumário

# Prefácio

*José Luiz Fiorin*

O mistério da ideia incorporada à matéria fônica, o mistério da palavra, do símbolo linguístico, do *Logos*, um mistério que pede para ser elucidado.

*Roman Jakobson*

Minha pátria é minha língua.

*Fernando Pessoa*

Um curso de Letras é o lugar onde se aprende a refletir sobre os fatos linguísticos e literários, analisando-os, descrevendo-os e explicando-os. A análise, a descrição e a explicação do fato linguístico e literário não podem ser feitas de maneira empírica, mas devem pressupor reflexão crítica bem fundamentada teoricamente. Por isso, um curso de Letras tem dois módulos, que se delinearam claramente, ao longo da história da constituição dos estudos da linguagem: a) um tem por objeto o estudo dos mecanismos da linguagem humana por meio do exame das diferentes línguas faladas pelo homem; e b) o outro tem por finalidade a compreensão do fato linguístico singular que é a literatura. Embora claramente distintos, esses dois módulos mantêm relações muito estreitas. De um lado, um literato não pode voltar as costas para os estudos linguísticos, porque a literatura é um fato de linguagem; de outro, não pode o linguista ignorar a literatura, porque ela é a arte que se expressa pela palavra; é ela que trabalha a língua em todas as suas possibilidades e nela condensam-se as maneiras de ver, de pensar e de sentir de uma dada formação social numa determinada época. Já lembrava o grande linguista Roman Jakobson em texto antológico:

> Esta minha tentativa de reivindicar para a Linguística o direito e o dever de empreender a investigação da arte verbal em toda a sua amplitude e em todos os seus aspectos conclui com a mesma máxima que resumia meu informe à conferência que se realizou em 1953 aqui na Universidade de Indiana: *Linguista sum; linguistici nihil a me alienum puto*. Se o poeta Ranson estiver certo (e o está) em dizer que "a poesia é uma espécie de linguagem", o linguista, cujo campo abrange qualquer espécie de linguagem, pode e deve incluir a poesia no âmbito de seus estudos. A presente conferência demonstrou que o tempo em que os linguistas, tanto quanto os historiadores literários, eludiam as questões referentes à estrutura poética ficou, felizmente, para trás. Em verdade, conforme escreveu Hollander, "parece não haver razão para a tentativa de apartar os problemas literários da Linguística geral". Se existem alguns críticos que ainda duvidam da competência da Linguística para abarcar o campo da Poética tenho para mim que a incompetência poética de alguns linguistas intolerantes tenha sido tomada por uma incapacidade da própria ciência linguística. Todos nós que aqui estamos, todavia, compreendemos definitivamente que um linguista surdo à função poética da linguagem e um especialista de literatura indiferente aos problemas linguísticos são, um e outro, flagrantes anacronismos.
>
> (*Linguística e comunicação*, São Paulo. Cultrix/Edusp, 1969, p. 161-2)

Os dois módulos mencionados centram-se em duas disciplinas que, num currículo orgânico, têm a finalidade de fornecer o arcabouço teórico para o estudo das diferentes línguas e literaturas: a Linguística e a Teoria da Literatura. Assim, o primeiro módulo organizar-se-ia com Linguística e as línguas. O segundo módulo conteria Teoria Literária e as literaturas.

Um currículo é a seleção de uma série de conteúdos com vistas a alcançar determinados objetivos. Evidentemente, num curso de Introdução à Linguística, não se pode estudar tudo. O que se deve escolher? Pensamos que um iniciante na Linguística precisa saber o que é a ciência da linguagem, saber que há outras formas de estudar as línguas, que vão além do prescritivismo que hoje invade os meios de comunicação, saber que a Linguística pretende descrever e explicar os fenômenos linguísticos; conhecer como se processa a comunicação humana; perceber que as línguas não são nomenclaturas, mas formas de categorizar o mundo; conhecer os cinco principais objetos teóricos criados pela ciência da linguagem nos séculos XIX e XX: a *langue*, a competência, a variação, a mudança e o uso; aprender os rudimentos da análise linguística, em seus diferentes níveis, o fonético, o fonológico, o morfológico, o sintático, o semântico, o pragmático e o discursivo. Em suma, o que se pretende num curso de Introdução à Linguística é que o aluno se aproprie de conceitos, para que possa operar, de maneira científica, com os fatos da língua. O que se deseja é que ele vá além do senso comum na observação dos fenômenos linguísticos e comece a ter uma posição investigativa diante da linguagem humana.

Esta obra foi dividida em dois tomos. No primeiro tomo, o primeiro capitulo trata da linguagem humana e das línguas, para mostrar que a atitude do linguista diante do fenômeno linguístico não é prescritiva, mas descritiva e explicativa. No segundo capítulo, discute-se o problema da comunicação humana. No terceiro, estuda-se a teoria dos signos, para mostrar que a linguagem é uma forma de interpretar o mundo. Os seis capítulos seguintes expõem, respectivamente, os cinco grandes objetos teóricos da linguística: a *langue*, a competência, a variação, a mudança e o uso. A este último objeto dedicaram-se dois capítulos, pois se abordou o uso em suas duas grandes vertentes: a pragmática e a discursiva. Finalmente, há um capítulo reservado ao problema da aquisição da linguagem. Em cada um desses capítulos, discutem-se os principais conceitos referentes ao estudo do objeto teórico que está sendo enfocado. Evidentemente, nem todas as teorias que tratam de um dado tema foram contempladas. Por exemplo, na abordagem discursiva, escolheu-se a Semiótica francesa. Poder-se-iam escolher outras teorias, como a Análise do Discurso de linha francesa ou a Análise Crítica do Discurso. Por outro lado, não se pode esquecer de que este é um livro introdutório e de que, portanto, os conceitos têm que ser tratados num nível acessível ao aluno. Por essa razão, alguns conceitos foram selecionados e não outros e, ao mesmo tempo, eles não foram tratados em toda a sua complexidade. Muitas vezes, deixam-se de lado as críticas feitas, ao longo da história da Linguística, a determinadas concepções, pois o curso de Introdução quer, antes de mais nada, que o aluno adquira uma visão de conjunto dos modos como a ciência da linguagem trata o fenômeno linguístico.

No segundo tomo, os alunos são introduzidos nos princípios da análise linguística. Há, então, capítulos dedicados, respectivamente, à fonética, à fonologia, à morfologia, à sintaxe, à semântica, à pragmática e ao discurso. Evidentemente, não se trata de cursos completos de cada um desses campos. Por exemplo, o capítulo consagrado à análise fonológica não é um curso completo de fonologia, com a discussão das últimas aquisições da teoria fonológica. Nele, expõe-se um pequeno conjunto de conceitos e mostra-se como o aluno opera com eles. Em seguida, há um certo número de exercícios de análise. Isso se repete em todos os capítulos. Como se disse, o que se quer é que o aluno tenha uma posição investigativa diante dos fatos da linguagem.

Com esta obra, pretendemos, antes de mais nada, encantar os estudantes de Letras para a ciência linguística, mostrando-lhes, como disse Confúcio, nos *Analetos*, que, sem conhecer a linguagem, não há como conhecer o homem. Ao mesmo tempo, pretendemos indicar-lhes que, sem conhecer a Linguística, não há como conhecer a linguagem, não há como decifrar seus mistérios, não há como revelar sua epifania. O objetivo de nosso trabalho é que o aluno, ao final do curso, tenha desejo e meios de conhecer mais a respeito da linguagem humana.

# Linguagem, língua, linguística

*Margarida Petter*

Uma das grandes escolas de iniciação da savana sudanesa, o Komo,
diz que a Palavra (kuma) era um atributo reservado a Deus,
que por ela criava as coisas: "o que Maa Ngala (Deus) diz é".
No começo, só havia um vazio vivo, vivendo da vida do Ser. Um que se chama a si mesmo Maa Ngala. Então ele criou Fan, o ovo primordial, que nos seus nove compartimentos alojava nove estados fundamentais da existência.
Quando esse ovo abriu, as criaturas que daí saíram eram mudas.
Então para se dar um interlocutor, Maa Ngala tirou uma parcela de cada uma das criaturas, misturou-as e por um sopro de fogo que emanava dele mesmo, constituiu um ser à parte: o homem, ao qual deu uma parte de seu próprio nome, Maa (homem).

*Hampâté Bâ*

No princípio, Deus criou o céu e a terra. A terra, porém, estava informe e vazia, e as trevas cobriam a face do abismo, e o Espírito de Deus movia-se sobre as águas.
E Deus disse: Exista a luz. E a luz existiu. E Deus viu que a luz era boa; e separou a luz das trevas. E chamou à luz dia, e às trevas noite. E fez-se tarde e manhã, (e foi) o primeiro dia.

*Gênesis, I, 1-5*

É notável a semelhança observada nas explicações em epígrafe sobre a origem do mundo: embora formuladas em épocas remotas por sociedades bem diversas, associam a palavra – a linguagem verbal – ao poder mágico de criar. O fascínio que a linguagem sempre exerceu sobre o homem vem desse poder que permite não só nomear/criar/transformar o universo real, mas também possibilita trocar experiências, falar sobre o que existiu, poderá vir a existir, e até mesmo imaginar o que não precisa nem pode existir. A linguagem verbal é, então, a matéria do pensamento e o veículo da comunicação social. Assim como não há sociedade sem linguagem, não há sociedade sem comunicação. Tudo o que se produz como linguagem ocorre em sociedade, para ser comunicado, e, como tal, constitui uma realidade material que se relaciona com o que lhe é exterior, com o que existe independentemente da linguagem. Como realidade material – organização de sons, palavras, frases – a linguagem é relativamente autônoma; como expressão de emoções, ideias, propósitos, no entanto, ela é orientada pela *visão de mundo*, pelas injunções da realidade social, histórica e cultural de seu falante.

A complexidade do fenômeno linguístico vem há muito desafiando a compreensão dos estudiosos. Retraçaremos, inicialmente, a história dessa busca para entender como o objeto de estudo – linguagem, língua – foi aos poucos se delineando e assumindo as configurações que hoje possui nos estudos linguísticos.

# 1. Uma breve história do estudo da linguagem

O interesse pela linguagem é muito antigo, expresso por mitos, lendas, cantos, rituais ou por trabalhos eruditos que buscam conhecer essa capacidade humana. Remontam ao século IV a.C. os primeiros estudos. Inicialmente, foram razões religiosas que levaram os hindus a estudar sua língua, para que os textos sagrados reunidos no *Veda* não sofressem modificações no momento de ser proferidos. Mais tarde os gramáticos hindus, entre os quais Panini (século IV a.C.), dedicaram-se a descrever minuciosamente sua língua, produzindo modelos de análise que foram descobertos pelo Ocidente no final do século XVIII.

Os gregos preocuparam-se, principalmente, em definir as relações entre o conceito e a palavra que o designa, ou seja, tentavam responder à pergunta: haverá uma relação necessária entre a palavra e o seu significado? Platão discute muito bem essa questão no *Crátilo*. Aristóteles desenvolveu estudos noutra direção, tentando proceder a uma análise precisa da estrutura linguística, chegou a elaborar uma teoria da frase, a distinguir as partes do discurso e a enumerar as categorias gramaticais.

Dentre os latinos, destaca-se Varrão que, na esteira dos gregos, dedicou-se à gramática, esforçando-se por defini-la como ciência e como arte.

Na Idade Média, os *modistas* consideraram que a estrutura gramatical das línguas é una e universal, e que, em consequência, as regras da gramática são independentes das línguas em que se realizam.

No século XVI, a religiosidade ativada pela Reforma provoca a tradução dos livros sagrados em numerosas línguas, apesar de manter-se o prestígio do latim como língua universal. Viajantes, comerciantes e diplomatas trazem de suas experiências no estrangeiro o conhecimento de línguas até então desconhecidas. Em 1502 surge o mais antigo dicionário poliglota, do italiano Ambrosio Calepino.

Os séculos XVII e XVIII vão dar continuidade às preocupações dos antigos. Em 1660, a *Grammaire générale et raisonnée* de Port Royal, ou *Gramática de Port Royal*, de Lancelot e Arnaud, modelo para grande número de gramáticas do século XVII, demonstra que a linguagem se funda na razão, é a imagem do pensamento e que, portanto, os princípios de análise estabelecidos não se prendem a uma língua particular, mas servem a toda e qualquer língua.

O conhecimento de um número maior de línguas vai provocar, no século XIX, o interesse pelas línguas vivas, pelo estudo comparativo dos falares, em detrimento de um raciocínio mais abstrato sobre a linguagem, observado no século anterior. É nesse período que se desenvolve um método histórico, instrumento importante para o florescimento das *gramáticas comparadas* e da *Linguística Histórica*. O pensamento linguístico contemporâneo, mesmo que em novas bases, formou-se a partir dos princípios metodológicos elaborados nessa época, que preconizavam a análise dos fatos observados. O estudo comparado das línguas vai evidenciar o fato de que as línguas se transformam com o tempo, independentemente da vontade dos homens, seguindo uma necessidade própria da língua e manifestando-se de forma regular.

Franz Bopp é o estudioso que se destaca nessa época. A publicação, em 1816, de sua obra sobre o sistema de conjugação do sânscrito, comparado ao grego, ao latim, ao persa e ao germânico é considerada o marco do surgimento da Linguística Histórica. A descoberta de semelhanças entre essas línguas e grande parte das línguas europeias vai evidenciar que existe entre elas uma relação de *parentesco*, que elas constituem, portanto, uma *família*, a *indo-europeia*, cujos membros têm uma origem comum, o *indo-europeu*, ao qual se pode chegar por meio do método histórico-comparativo.

O grande progresso na investigação do desenvolvimento histórico das línguas ocorrido no século XIX foi acompanhado por uma descoberta fundamental que veio a alterar, modernamente, o próprio objeto de análise dos estudos sobre a linguagem – *língua literária* – até então. Os estudiosos compreenderam melhor do que seus predecessores que as mudanças observadas nos textos escritos correspondentes aos diversos períodos que levaram, por exemplo, o latim a transformar-se, depois de alguns séculos, em português, espanhol, italiano, francês, poderiam ser explicadas por mudanças que teriam acontecido na *língua falada* correspondente. A Linguística moderna, embora também se ocupe da expressão escrita, considera a prioridade do estudo da língua falada como um de seus princípios fundamentais.

É no início do século XX, com a divulgação dos trabalhos de Ferdinand de Saussure, professor da Universidade de Genebra, que a investigação sobre a linguagem – a Linguística – passa a ser reconhecida como *estudo científico*. Em 1916, dois alunos de Saussure, a partir de anotações de aula, publicam o *Curso de Linguística Geral*, obra fundadora da nova ciência.

Antigamente, a Linguística não era autônoma, submetia-se às exigências de outros estudos, como a lógica, a filosofia, a retórica, a história, ou a crítica literária. O século XX operou uma mudança central e total dessa atitude, que se expressa no caráter científico dos novos estudos linguísticos, que estarão centrados na observação dos fatos de linguagem.

O método científico supõe que a observação dos fatos seja anterior ao estabelecimento de uma hipótese e que os fatos observados sejam examinados sistematicamente mediante experimentação e uma teoria adequada. O trabalho científico consiste em observar e descrever os fatos a partir de determinados pressupostos teóricos formulados pela Linguística, ou seja, o linguista aproxima-se dos fatos orientado por um quadro teórico específico. Daí ser possível que para o mesmo fenômeno haja diferentes descrições e explicações, dependendo do referencial teórico escolhido pelo pesquisador.

Antes de explicitar melhor o que é a Linguística e como ela desenvolve sua pesquisa convém definir seu objeto.

## 2. O que é a linguagem?

Está implícito na formulação dessa pergunta o reconhecimento de que as línguas naturais, notadamente diversas, são manifestações de algo mais geral, a linguagem. Tal constatação fica mais patente se pensarmos em traduzi-la para o inglês, que possui um único termo – *language* – para os dois conceitos – *língua* e *linguagem*. É necessário, então, que se procure distinguir essas duas noções.

O desenvolvimento dos estudos linguísticos levou muitos estudiosos a proporem definições da linguagem, próximas em muitos pontos e diversas na ênfase atribuída a diferentes aspectos considerados centrais pelo seu autor. Neste capítulo introdutório serão apresentadas duas propostas, a de Saussure e a de Chomsky, que pressupõem uma teoria geral da linguagem e da análise linguística.

Saussure considerou a linguagem "heteróclita e multifacetada", pois abrange vários domínios; é, ao mesmo tempo, física, fisiológica e psíquica; pertence ao domínio individual e social; "não se deixa classificar em nenhuma categoria de fatos humanos, pois não se sabe como inferir sua unidade" (1969: 17). A linguagem envolve uma complexidade e uma diversidade de problemas que suscitam a análise de outras ciências, como a Psicologia, a Antropologia, etc., além da investigação linguística, não se prestando, portanto, para objeto de estudo dessa ciência. Para esse fim, Saussure separa uma parte do todo linguagem, a *língua* – um objeto unificado e suscetível de classificação. A língua é uma parte essencial da linguagem; "é um produto social da faculdade da linguagem e um conjunto de convenções necessárias, adotadas pelo corpo social para permitir o exercício dessa faculdade nos indivíduos" (1969: 17).

A língua é para Saussure "um sistema de signos" – um conjunto de unidades que se relacionam organizadamente dentro de um todo. É "a parte social da linguagem", exterior ao indivíduo; não pode ser modificada pelo falante e obedece às leis do contrato social estabelecido pelos membros da comunidade.

O conjunto linguagem-língua contém ainda um outro elemento, conforme Saussure, a *fala*. A fala é um ato individual; resulta das combinações feitas pelo sujeito falante utilizando o código da língua; expressa-se pelos mecanismos psicofísicos (atos de fonação) necessários à produção dessas combinações.

A distinção linguagem/língua/fala situa o objeto da Linguística para Saussure. Dela decorre a divisão do estudo da linguagem em duas partes: uma, que investiga a língua, e outra, que analisa a fala. As duas partes são inseparáveis, visto que são interdependentes: a língua é condição para se produzir a fala, mas não há língua sem o exercício da fala. Há necessidade, portanto, de duas linguísticas: a linguística da língua e a linguística da fala. Saussure focalizou em seu trabalho a linguística da língua, "produto social depositado no cérebro de cada um", sistema supraindividual que a sociedade impõe ao falante.

Para o mestre genebrino, "a Linguística tem por único e verdadeiro objeto a língua considerada em si mesma, e por si mesma". Os seguidores dos princípios saussurianos esforçaram-se por explicar a língua por ela própria, examinando as relações que unem os elementos no discurso e buscando determinar o valor funcional desses diferentes tipos de relações. A língua é considerada uma estrutura constituída por uma rede de elementos, em que cada elemento tem um valor funcional determinado. A teoria de análise linguística que desenvolveram, herdeira das ideias de Saussure, foi denominada *estruturalismo*. Os princípios teórico-metodológicos dessa teoria ultrapassaram as fronteiras da Linguística e a tornaram "ciência piloto" entre as demais ciências humanas, até o momento em que se tornou mais contundente a crítica ao caráter excessivamente formal e distante da realidade social da metodologia estruturalista desenvolvido pela Linguística.

Em meados do século xx, o norte-americano Noam Chomsky trouxe para os estudos linguísticos uma nova onda de transformação. Em seu livro *Syntactic Structures* (1957: 13), afirma: "Doravante considerarei uma linguagem como um conjunto (finito ou infinito) de sentenças, cada uma finita em comprimento e construída a partir de um conjunto finito de elementos". Essa definição abrange muito mais do que as línguas naturais, mas, conforme seu autor, todas as línguas naturais são, seja na forma falada, seja na escrita, linguagens, no sentido de sua definição, visto que:

- toda língua natural possui um número finito de sons (e um número finito de sinais gráficos que os representam, se for escrita);
- mesmo que as sentenças distintas da língua sejam em número infinito, cada sentença só pode ser representada como uma sequência finita desses sons (ou letras).

Cabe ao linguista que descreve qualquer uma das línguas naturais determinar quais dessas sequências finitas de elementos são sentenças, e quais não são, isto é, reconhecer o que se diz e o que não se diz naquela língua. A análise das línguas naturais deve permitir determinar as propriedades estruturais que distinguem a língua natural de outras linguagens. Chomsky acredita que tais propriedades são tão abstratas, complexas e específicas que não poderiam ser aprendidas a partir do nada por uma criança em fase de aquisição da linguagem. Essas propriedades já devem ser "conhecidas" da criança antes de seu contato com qualquer língua natural e devem ser acionadas durante o processo de aquisição da linguagem. Para Chomsky, portanto, a linguagem é uma capacidade inata e específica da espécie, isto é, transmitida geneticamente e própria da espécie humana. Assim sendo, existem propriedades universais da linguagem, segundo Chomsky e os que compartilham de suas ideias. Esses pesquisadores dedicam-se à busca de tais propriedades, na tentativa de construir uma teoria geral da linguagem fundamentada nesses princípios. Essa teoria é conhecida como gerativismo.

Assim como Saussure – que separa *língua* de *fala*, ou o que é linguístico do que não é – Chomsky distingue *competência* de *desempenho*. A *competência linguística* é a porção do conhecimento do sistema linguístico do falante que lhe permite produzir o conjunto de sentenças de sua língua; é um conjunto de regras que o falante construiu em sua mente pela aplicação de sua capacidade inata para a aquisição da linguagem aos dados linguísticos que ouviu durante a infância. O *desempenho* corresponde ao comportamento linguístico, que resulta não somente da competência linguística do falante, mas também de fatores não linguísticos de ordem variada, como: convenções sociais, crenças, atitudes emocionais do falante em relação ao que diz, pressupostos sobre as atitudes do interlocutor, etc., de um lado; e, de outro, o funcionamento dos mecanismos psicológicos e fisiológicos envolvidos na produção dos enunciados. O desempenho pressupõe a competência, ao passo que a competência não pressupõe desempenho. A tarefa do linguista é descrever a competência, que é puramente linguística, subjacente ao desempenho.

A *língua* – sistema linguístico socializado – de Saussure aproxima a Linguística da Sociologia ou da Psicologia Social; a *competência* – conhecimento linguístico internalizado – aproxima a Linguística da Psicologia Cognitiva ou da Biologia.

## 3. Existe linguagem animal?

Um estudo clássico sobre o sistema de comunicação usado pelas abelhas, publicado em 1959 por Karl von Frisch, revela que a abelha-obreira, ao encontrar uma fonte de alimento, regressa à colmeia e transmite a informação às companheiras por meio de dois tipos de dança: circular, traçando círculos horizontais da direita para a esquerda e vice-versa, ou em forma de oito, em que a abelha contrai o abdome, segue em linha reta, depois faz uma volta completa à esquerda, de novo corre em linha reta e faz um giro para a direita, e assim sucessivamente. Se o alimento está próximo, a menos de cem metros, a abelha executa uma dança circular; se está distante, realiza uma dança em forma de oito.

A mensagem transmitida pela dança em forma de oito é muito precisa, porque indica a distância em metros: para uma distância de cem metros, a abelha percorre nove ou dez vezes em 15 segundos a linha reta que faz parte da dança. Quanto maior a distância, menos giros faz a abelha (para 500 metros faz seis giros em 15 segundos). A direção a ser seguida é dada pela direção da linha reta em relação à posição do sol.

Os dois tipos de dança apresentam-se como verdadeiras mensagens que anunciam a descoberta para a colmeia: ao perceber o odor da obreira ou absorvendo o néctar que ela deglute, as abelhas se dão conta da natureza do alimento; ao observar a dança, as abelhas descobrem o local onde se encontra a fonte do alimento.

Os estudos do zoólogo alemão fazem uma importante revelação sobre o funcionamento de uma "linguagem" animal, que permite avaliar pelo confronto a singularidade da linguagem humana, conforme assinala Benveniste (1976). Embora seja bem preciso o sistema de comunicação das abelhas – ou de qualquer outro animal cuja forma de comunicação já tenha sido analisada – ele não constitui uma linguagem, no sentido em que o termo é empregado quando se trata de linguagem humana, como se pretende demonstrar a seguir.

As abelhas são capazes de:

(a) compreender uma mensagem com muitos dados e de reter na memória informações sobre a posição e a distância; e

(b) produzir uma mensagem simbolizando – representando de maneira convencional – esses dados por diversos comportamentos somáticos.

Essas constatações evidenciam que esse sistema de comunicação cumpre as condições necessárias à existência de uma linguagem: há simbolismo, ou seja, capacidade de formular e interpretar um "signo" (qualquer elemento que represente algo de forma convencional); há memória da experiência e aptidão para analisá-la. Assim como a linguagem humana, esse sistema é válido no interior de uma comunidade e todos os seus membros são aptos a empregá-lo e compreendê-lo da mesma forma.

No entanto, as diferenças entre o sistema de comunicação das abelhas e a linguagem humana são consideráveis:

(a) a mensagem se traduz pela dança exclusivamente, sem intervenção de um "aparelho vocal", condição essencial para a linguagem (hoje, com as pesquisas sobre línguas de sinais, sabe-se que as línguas não são necessariamente orais);

(b) a mensagem da abelha não provoca uma resposta, mas apenas uma conduta, o que significa que não há diálogo;

(c) a comunicação se refere a um dado objetivo, fruto da experiência. A abelha não constrói uma mensagem a partir de outra mensagem. A linguagem humana caracteriza-se por oferecer um substituto à experiência, apto a ser transmitido infinitamente no tempo e no espaço;

(d) o conteúdo da mensagem é único – o alimento, a única variação possível refere-se à distância e à direção; o conteúdo da linguagem humana é ilimitado; e

(e) a mensagem das abelhas não se deixa analisar, decompor em elementos menores.

É esse último aspecto a característica mais marcante que opõe a comunicação das abelhas à linguagem humana. Num enunciado linguístico como "Quero água" é possível identificar três elementos portadores de significado: *quer-* (radical verbal) + *-o* (desinência número-pessoal), *água*, denominados *morfemas*. Prosseguindo a decomposição, pode-se chegar a elementos menores ainda. No enunciado "*Quero água*", a menor unidade, os segmentos sonoros, denominados *fonemas*, permitem distinguir significado, como se pode observar na substituição de /a/ por /ɛ/ em *água/ égua*. Essa é a propriedade da articulação, que é fundamental na linguagem humana, pois permite produzir uma infinidade de mensagens novas a partir de um número limitado de elementos sonoros distintivos.

Em síntese, a comunicação das abelhas não é uma linguagem, é um código de sinais, como se pode observar pelas suas características: conteúdo fixo, mensagem invariável, relação a uma só situação, transmissão unilateral e enunciado indecomponível. Benveniste chama a atenção, ainda, para o fato de que essa forma de comunicação tenha sido observada entre insetos que vivem em sociedade e é a sociedade a condição para a linguagem.

## 4. O que é Linguística?

Como o termo *linguagem* pode ter um uso não especializado bastante extenso, podendo referir-se desde a *linguagem dos animais* até outras *linguagens* – música, dança, pintura, mímica, etc. – convém enfatizar que a Linguística detém-se somente na investigação científica da linguagem verbal humana. No entanto, é de se notar que todas as *linguagens* (verbais ou não verbais) compartilham uma característica importante – são sistemas de signos usados para a comunicação. Esse aspecto comum tornou possível conceber-se uma ciência que estuda todo e qualquer sistema de signos. Saussure a denominou *Semiologia*; Peirce a chamou de *Semiótica*. A Linguística é, portanto, uma parte dessa ciência geral; estuda a principal modalidade dos sistemas sígnicos, as *línguas naturais*, que são a forma de comunicação mais altamente desenvolvida e de maior uso.

Uma pintura, uma dança, um gesto podem expressar, mesmo que sob formas diversas, um mesmo conteúdo básico, mas só a linguagem verbal é capaz de traduzir com maior eficiência qualquer um desses sistemas semióticos. As línguas naturais situam-se numa posição de destaque entre os sistemas sígnicos porque possuem, entre outras, as propriedades de *flexibilidade* e *adaptabilidade*, que permitem expressar conteúdos bastante diversificados: emoções, sentimentos, ordens, perguntas, afirmações, como também possibilitam falar do presente, passado ou futuro.

Os estudos linguísticos não se confundem com o aprendizado de muitas línguas: o linguista deve estar apto a falar "sobre" uma ou mais línguas, conhecer seus princípios de funcionamento, suas semelhanças e diferenças. A Linguística não se compara ao estudo tradicional da gramática; ao observar a língua em uso o linguista procura descrever e explicar os fatos: os padrões sonoros, gramaticais e lexicais que estão sendo usados, sem avaliar aquele uso em termos de um outro padrão: moral, estético ou crítico.

As diferenças de pronúncia, de vocabulário e de sintaxe observadas por um habitante de São Paulo, por exemplo, ao comparar sua expressão verbal à dos falantes de outras regiões, como Rio de Janeiro, Salvador, Recife, Belo Horizonte, muitas vezes o fazem considerar "horrível" o sotaque de algumas dessas regiões; "esquisito" seu vocabulário e "errada" sua sintaxe. Esses julgamentos não são levados em conta pelo linguista, cuja função é estudar toda e qualquer expressão linguística como um fato merecedor de descrição e explicação dentro de um quadro científico adequado.

O linguista procura descobrir como a linguagem funciona por meio do estudo de línguas específicas, considerando a língua um objeto de estudo que deve ser examinado empiricamente, dentro de seus próprios termos, como a Física, a Biologia, etc. A metodologia de análise linguística focaliza, principalmente, a fala das comunidades e, em segunda instância, a escrita.

A prioridade atribuída pelo linguista ao estudo da língua falada explica-se pela necessidade de corrigir os procedimentos de análise da gramática tradicional, que se preocupava quase exclusivamente com a língua literária, como modelo único para qualquer forma de expressão escrita ou falada. O prestígio e a autoridade da língua escrita em nossa sociedade, muitas vezes, são obstáculos para os principiantes nos estudos da Linguística, que têm dificuldade em perceber e aceitar a possibilidade de considerar a língua falada independentemente de sua representação gráfica. É comum ouvir dizer de uma criança ainda não alfabetizada, que pronuncie *mola* por *mora*, por exemplo, que "ela troca *letra*", quando na realidade ela está substituindo um *som* por outro.

Os critérios de coleta, organização, seleção e análise dos dados linguísticos obedecem aos princípios de uma teoria linguística expressamente formulada para esse fim. Os resultados obtidos são correlacionados às informações disponíveis sobre outras línguas com o objetivo de elaborar uma teoria geral da linguagem. Distinguem-se, aqui, dois campos de estudos: a Linguística geral e a descritiva. A Linguística geral oferece os conceitos e modelos que fundamentarão a análise das línguas; a Linguística descritiva fornece os dados que confirmam ou refutam as teorias formuladas pela Linguística geral. São duas tarefas interdependentes: não pode haver Linguística geral ou teórica sem a base empírica da Linguística descritiva. É possível, entretanto, que uma descrição linguística tenha outros objetivos, além de oferecer elementos para a análise da Linguística geral; o trabalho de descrição de uma língua pode estar preocupado em produzir uma gramática ou um dicionário, com o objetivo de dotá-la de instrumentos para sua difusão na forma escrita, como no caso de línguas indígenas, africanas ou outras que ainda não circulem no meio escrito.

No século XIX os linguistas preocuparam-se com o estudo das transformações por que passavam as línguas, na tentativa de explicar as mudanças linguísticas. A Linguística era histórica ou *diacrônica*. Saussure, no início do século XX, introduziu um novo ponto de vista no estudo das línguas, o ponto de vista *sincrônico*, segundo o qual as línguas eram analisadas sob a forma que se encontravam num determinado momento histórico, num ponto do tempo. A descrição linguística observaria "a relação entre coisas coexistentes", que constituiriam o *sistema* linguístico. Embora defendesse a perspectiva sincrônica no estudo das línguas, Saussure reconhecia a importância e a complementaridade das duas abordagens: a sincrônica e a diacrônica. Em sincronia os fatos linguísticos são observados quanto ao seu funcionamento, num determinado momento. Em diacronia os fatos são analisados quanto às suas transformações, pelas relações que estabelecem com os fatos que o precederam ou sucederam.

A descrição sincrônica analisa as relações existentes entre os fatos linguísticos num estado de língua; os estudos diacrônicos são feitos com base na análise de sucessivos estados de língua. O estudo sincrônico sempre precede o diacrônico. Para explicar, por exemplo, como o pronome de tratamento *Vossa Mercê* se transformou até assumir a forma atual *Você*, pronome pessoal, é necessário comparar diferentes estados de língua previamente caracterizados como tais e observar as mudanças que ocorreram na expressão sonora e no uso.

Muitos linguistas tomam a separação sincronia/diacronia como um rigoroso princípio metodológico: ou se investiga um estado de língua ou se investiga a história da língua. Temos, então, dois ramos da Linguística: a sincrônica e a histórica. Modernamente, a Linguística sincrônica vem sendo denominada Linguística teórica, preocupada mais com a construção de modelos teóricos do que com a descrição de estados de língua.

Como muitas áreas de estudo se interessam pela linguagem, o estudo do fenômeno linguístico na interface com outras disciplinas criou várias áreas interdisciplinares: a *etnolinguística*, que trabalha no âmbito da relação entre língua e cultura; a *sociolinguística*, que se detém no exame da interação entre língua e sociedade; a *psicolinguística*, que estuda o comportamento do indivíduo como participante do processo de aquisição da linguagem e da aprendizagem de uma segunda língua.

## 5. Gramática: o ponto de vista normativo/descritivo

A gramática tradicional, ao fundamentar sua análise na língua escrita, difundiu falsos conceitos sobre a natureza da linguagem. Ao não reconhecer a diferença entre língua escrita e língua falada passou a considerar a expressão escrita como modelo de correção para toda e qualquer forma de expressão linguística. A gramática tradicional assumiu desde sua origem um ponto de vista prescritivo, normativo em relação à língua. A esse respeito é significativo lembrar que a primeira descrição linguística de que se tem notícia, a do sânscrito, feita pelo gramático hindu Panini (século IV a.C.) – em que pese seu propósito de assegurar a conservação literal dos textos sagrados e a pronúncia correta das preces – surgiu no momento em que a língua sânscrita culta (*blasha*) precisava ser estabilizada para defender-se da "invasão" dos falares populares (prácritos), portanto num momento em que uma determinada variedade linguística deveria ser valorizada e difundida.

Outras gramáticas antigas, como as do árabe, grego e latim, também eram prescritivas e pedagógicas; almejavam descrever a língua cuidadosamente, mas também prescreviam o uso correto. Essa tradição normativa serve de modelo ainda hoje, principalmente nos países onde há a preocupação em desenvolver e fortalecer uma língua padrão; ela fornece argumentos para se acreditar que existe uma única maneira correta de se usar a língua. Visto que a norma da correção é prescrita por uma fonte de autoridade, as demais variedades são consideradas inferiores e incorretas. Por outro lado, nas sociedades contemporâneas *expressar-se segundo a norma*, *falar certo* continua sendo valorizado, porque a correção da linguagem está associada às classes altas e instruídas, é uma das marcas distintivas das classes sociais dominantes.

A tarefa do gramático se desdobra em *dizer o que é a língua*, descrevê-la, e ao privilegiar alguns usos, *dizer como deve ser a língua*. Na verdade, a conjunção do descritivo e do normativo efetuada pela gramática tradicional opera uma redução do objeto de análise que, de intrinsecamente heterogêneo, assume uma só forma: a do uso considerado correto da língua. Na maioria dos casos, é esse uso o único que vai ser estudado e difundido pela escola, em detrimento de um conhecimento mais amplo da diversidade e variedade dos usos linguísticos.

## 5.1. Normativo: falsas noções

Abordar a língua exclusivamente sob uma perspectiva normativa contribui para gerar uma série de falsos conceitos e até preconceitos, que vêm sendo desmistificados pela Linguística. Em primeiro lugar, está suficientemente demonstrado que a língua escrita não pode ser modelo para a língua falada. Além do fato histórico de a fala ter precedido e continuar precedendo a escrita em qualquer sociedade, a diferença entre essas duas formas de expressão verifica-se desde sua organização até o seu uso social. Está também claro para todo estudioso da linguagem que não há língua "mais lógica", melhor ou pior, rica ou pobre. Todas as línguas naturais possuem os recursos necessários para a comunicação entre seus falantes. Se uma língua não possui um vocabulário extenso num determinado domínio, significa que os seus falantes não necessitam dessas palavras; caso contrário, ao tomar contato com novas realidades, novas tecnologias, os falantes dessa língua serão fatalmente levados a criar novos termos ou a tomá-los emprestado. São bastante conhecidos os exemplos da profusão de termos para designar a caça e a pesca, por exemplo, que possuem determinadas línguas faladas por povos que se dedicam a essas atividades e delas dependem para sobreviver. Os Gbaya, caçadores, coletores e cultivadores da República Centro-Africana, têm denominação para 82 espécies de lagartas, das quais 59 são comestíveis.

Ao comparar as línguas em qualquer que seja o aspecto observado, fonologia, sintaxe ou léxico, o linguista constata que elas não são melhores nem piores, são, simplesmente, diferentes. Tampouco se encontram evidências de uma língua que esteja próxima do princípio de uma escala evolutiva, que possa ser considerada *primitiva* em relação a outras já *evoluídas*. Todas as línguas até hoje estudadas constituem um sistema de comunicação *estruturado*, *complexo* e *altamente desenvolvido*. Nenhum traço da estrutura linguística pode ser atribuído a um reflexo da estrutura diferenciada de uma sociedade agrícola ou de uma sociedade moderna industrializada.

# 6. Linguística: o ponto de vista descritivo/explicativo

A pesquisa linguística desenvolvida no século XIX levou a separar cada vez mais o conhecimento científico da língua da determinação de sua norma. A Linguística histórica, estudando em profundidade as transformações da linguagem, mostrou que as mudanças linguísticas frequentemente têm sua origem na fala popular: muitas vezes o *errado* de uma época passa a ser consagrado como a forma correta da época seguinte.

Mesmo se observarmos alguns fatos do português contemporâneo verificaremos que as formas consideradas "erradas" são frequentes, mesmo na fala de pessoas cultas, ocorrendo de forma bastante variável em alguns casos, como nos exemplos a seguir:

(1) "Fui no Ibirapuera."
(2) "Ela foi na feira."
(3) "Quero ir a Bahia."
(4) "Nunca fui ao Maracanã."
(5) "Vá já para casa."

Nesses casos, segundo a tradição gramatical, o verbo "*ir* de movimento" deve ser empregado apenas com as preposições *a* e *para*, observando-se para a escolha uma diferença sutil de sentido: *a* introduz numerosas circunstâncias, como movimento ou extensão; *para* indica movimento, direção para um lugar com a ideia acessória de demora ou destino. No entanto, o uso mais frequente prefere a preposição *em*, com verbos de movimento, cujo emprego é considerado pelos gramáticos normativistas *solecismo de regência*, que deve ser evitado.

Observamos, então, três possibilidades de uso: duas variantes aceitas pelo padrão culto (exemplos 3, 4, 5) e uma terceira variante (exemplos 1, 2) rejeitada por esse mesmo padrão. Convém destacar que essa forma estigmatizada já tinha ocorrido no passado, em textos arcaicos e em textos do século XIX.

A visão prescritiva da linguagem não admite mais de uma forma correta, nem aceita a possibilidade de escolha, que uma forma seja mais adequada para um uso do que para outro, como seria o caso de uma expressão mais apropriada à língua escrita do que à falada, ao uso coloquial do que a uma situação formal de comunicação.

A abordagem descritiva assumida pela Linguística entende que as variedades não padrão do português, por exemplo, caracterizam-se por um conjunto de regras gramaticais que simplesmente diferem daquelas do português padrão. O termo "gramatical" é usado aqui com um valor descritivo: a gramática de uma língua ou de um dialeto é a descrição das regularidades que sustentam a sua estrutura. Assim sendo, os exemplos (l, 2) acima são sentenças gramaticais dentro da variedade (dialeto) coloquial. A Linguística, portanto, como qualquer ciência, descreve seu objeto como ele é, não especula nem faz afirmações sobre como a língua deveria ser.

Com o objetivo de descrever a língua, a Linguística desenvolveu uma metodologia que visa analisar as frases efetivamente realizadas reunidas num *corpus* representativo (conjunto de dados organizados com uma finalidade de investigação). O *corpus* não é constituído apenas pelas frases "corretas" (como a gramática normativa), também inclui as expressões "erradas", desde que apareçam na fala dos locutores nativos da língua sob análise. A descrição dos fatos assim organizados não tem nenhuma intenção normativa ou histórica, pretende tão somente depreender a estrutura das frases, dos morfemas, dos fonemas e as regras que permitem a combinação destes.

Dessa postura teórico-metodológica diante da língua decorre o caráter científico da Linguística, que se fundamenta em dois princípios: o empirismo e a objetividade. A Linguística é empírica porque trabalha com dados verificáveis por meio de observação; é objetiva porque examina a língua de forma independente, livre de preconceitos sociais ou culturais associados a uma visão leiga da linguagem.

As análises linguísticas efetuadas, até os anos 1950, pelos seguidores de Saussure, na Europa, e dos norte-americanos Bloomfield e Harris conformavam-se à teoria descritivista, que julgava a descrição dos fatos suficiente para explicá-los. Chomsky, a partir do final dos anos 1950, propõe que a análise linguística prenda-se menos aos dados e preocupe-se mais com a teoria.

Para Chomsky não basta apenas observar e classificar os dados, é necessária uma teoria explicativa que preceda os dados e que possa explicar não só as frases realizadas, mas também as que potencialmente seriam produzidas pelo falante. Para esse autor e seus seguidores, um fenômeno só é explicado quando se pode deduzi-lo de leis gerais.

Denomina de *gramática* essa teoria. A *teoria da gramática*, como é conhecida, trata de todas as frases gramaticais, isto é, todas as frases que pertencem à língua; não se confunde com a gramática normativa porque não dita regras, apenas explica as frases realizadas e potencialmente realizáveis na língua proposta. A intuição do falante é o único critério da *gramaticalidade* ou *agramaticalidade* da frase – conceitos que não se confundem com a gramática normativa. É a competência do falante que vai organizar os elementos linguísticos que constituem uma sentença, conferindo-lhes *gramaticalidade*. Uma sequência de palavras é agramatical (*) quando não respeita as regras gramaticais do sistema linguístico, do conhecimento internalizado de que dispõe o falante, como:

(*) *Problema este muito seu difícil é.*

A *gramática* é gerativa, porque de um número limitado de regras permite gerar um número infinito de sentenças. Reflete o comportamento do locutor que, a partir de uma experiência finita e acidental da língua, pode produzir e compreender um número infinito de frases novas.

Os gerativistas estão preocupados em depreender na análise das línguas propriedades comuns, universais da linguagem, que constituem a *gramática universal* (*GU*). As propriedades formais das línguas e a natureza das regras exigidas para descrevê-las são consideradas mais importantes do que a investigação das relações entre a linguagem e o mundo.

Outra proposta de explicação do fato linguístico é apresentada pela gramática funcional, fundamentada nos princípios do *funcionalismo*, que não separa o sistema linguístico das funções que seus elementos preenchem. A gramática funcional leva em consideração o uso das expressões linguísticas na interação verbal; inclui na análise da estrutura gramatical toda a situação comunicativa: o propósito do evento da fala, os participantes e o contexto discursivo.

Estão relacionados à Escola Linguística de Praga os mais representativos desenvolvimentos da teoria funcionalista. A *Escola de Praga* teve origem no Círculo Linguístico de Praga, fundado em 1926. No que se refere à estrutura gramatical das línguas, os linguistas da Escola de Praga detiveram-se na definição da *perspectiva funcional da sentença*. Considerando-se as sentenças:

(1) José saiu ontem à noite; e

(2) Ontem à noite José saiu,

pode-se afirmar que (l) e (2) são versões diferentes da mesma sentença, mas pode-se dizer que a ordem das palavras é determinada pela situação de comunicação em que os enunciados são proferidos e, em particular, pelo que já é aceito ou *dado* como informação conhecida, e pelo que é apresentado como *novo* para o ouvinte, verdadeiramente informativo, portanto. Dentro da perspectiva funcional da sentença considera-se que a estrutura dos enunciados é determinada pelo uso e pelo contexto comunicativo em que ocorrem.

Os diversos desdobramentos que o funcionalismo apresenta na atualidade concordam com o fato de que a língua é, antes de tudo, instrumento de interação social, usado para estabelecer relações comunicativas entre os usuários. Nesse aspecto, aproximam-se do ponto de vista do sociolinguista ao incluir o comportamento linguístico na noção mais ampla de interação social.

As possibilidades explicativas expostas não são as únicas; correspondem a diferentes abordagens da língua, que não se excluem, mas contribuem para compreender melhor o complexo fenômeno *linguagem*, que não se esgota no estudo das características internas à língua, em termos de propriedades formais do sistema linguístico, mas se abre para outras abordagens que considerem o contexto, a sociedade, a história.

## Bibliografia


Benveniste, Émile. Linguagem humana e comunicação animal. *Problemas de Linguística geral*. São Paulo: Nacional/Edusp (tradução do francês), 1976.

Chomsky, Noam. *Syntactic Structures*. The Hague: Mouton, 1957.

Hampâté bâ, Amadou. La tradition vivante. *Histoire générale de l'Afrique. I – Méthodologie et préhistoire africaine*. Paris: Présence Africaine/Edicef/Unesco, 1986.

Saussure, Ferdinand. *Curso de Linguística geral*. São Paulo: Cultrix/Edusp, 1969.


## Sugestões de leitura

As indicações apresentadas têm o objetivo de oferecer ao leitor a possibilidade de formar uma visão geral da Linguística, visto que os capítulos seguintes desta obra aprofundarão o desenvolvimento das questões aqui apenas introduzidas.

Saussure, Ferdinand. *Curso de Linguística geral*. São Paulo: Cultrix, 1969.
É a obra clássica que fundou a nova ciência. Sua leitura sempre esclarece e provoca novos questionamentos sobre o objeto "heteróclito e multifacetado" que é a linguagem.

Benveniste, Émile. *Problemas de Linguística geral*. São Paulo: Nacional, 1976.
A obra reúne estudos importantes sobre os mais diferentes aspectos dos estudos linguísticos.

Kristeva, Julia. *História da linguagem*. Lisboa: Portugal, 1969.
A autora apresenta a história da reflexão sobre a linguagem, destacando as concepções e representações que permitiram à Linguística constituir-se como ciência.

Orlandi, Eni Puccinelli. O *que é Linguística?* 4ª ed., São Paulo: Brasiliense, 1990.
A autora faz uma apresentação geral das questões pensadas pela Linguística e destaca as tendências atuais que se voltam para o estudo da heterogeneidade e diversidade, observadas no uso concreto da linguagem, por falantes situados num determinado contexto sócio-histórico.

A consulta de manuais introdutórios à Linguística é interessante por mostrar uma visão de conjunto e para esclarecer as noções fundamentais da área. As três obras selecionadas apresentam a Linguística sob diferentes enfoques complementares:

Lopes, Edward. *Fundamentos da Linguística contemporânea*. São Paulo: Cultrix, 1991.

Borba, Francisco da Silva. *Introdução aos estudos linguísticos*. 9ª ed. São Paulo: Nacional,1986.

Lyons, John. *Lingua(gem) e Linguística*. Rio de Janeiro: Guanabara, 1987.

Dicionários especializados podem esclarecer dúvidas sobre conceitos e vocabulário específico da Linguística. Dentre as várias publicações do gênero há uma em português:

Dubois, Jean *et alii*. *Dicionário de Linguística*. São Paulo: Cultrix, 1993.

# A comunicação humana

*Diana Pessoa de Barros*

Quando um rio corta, corta-se de vez
o discurso-rio de água que ele fazia;
cortado, a água se quebra em pedaços,
em poços de água, em água paralítica.
Em situação de poço, a água equivale
a uma palavra em situação dicionária;
isolada, estanque no poço dela mesma,
e porque assim estanque, estancada;
e mais: porque assim estancada, muda,
e muda porque com nenhuma comunica,
porque cortou-se a sintaxe desse rio,
o fio de água por que ele discorria.
O curso de um rio, seu discurso-rio,
chega raramente a se reatar de vez;
um rio precisa de muito fio de água
para refazer o fio antigo que o fez.
Salvo a grandiloquência de uma cheia
lhe impondo interina outra linguagem,
um rio precisa de muita água em fios
para que todos os poços se enfrasem:
se reatando, de um para outro poço,
em frases curtas, então frase e frase,
até a sentença-rio do discurso único
em que se tem voz a seca ele combate.

*"Rios sem discurso"*
*João Cabral de Melo Neto*

## 1. Língua como instrumento de comunicação

Todos nós nos acostumamos a considerar a comunicação muito importante (*Quem não comunica se estrumbica*), seja para o mundo globalizado de hoje, seja para o mundo de sempre, já que fundadora da sociedade.

Nos estudos da linguagem reconhece-se que a comunicação teve e tem papel essencial. No entanto, esse papel nem sempre foi julgado positivo para a linguagem e as línguas naturais do homem, nem sempre foi ponto pacífico que uma das funções da linguagem, como foi visto em capítulo anterior, é a de comunicação. No início do século XX, a afirmação de Saussure de que a língua é fundamentalmente um instrumento de comunicação constituiu uma das rupturas principais da linguística saussureana, em relação às concepções anteriores dos comparatistas e das gramáticas gerais do século XIX. Para esses estudiosos, a língua era uma representação, ou seja, representava uma estrutura de pensamento, que existiria independentemente da formalização linguística, e a comunicação e a "lei do menor esforço", que a caracterizam, seriam as causas da "desorganização" gramatical das línguas, do seu declínio e transformação em "ruínas linguísticas". O português e o italiano, por exemplo, seriam "restos" em decadência do latim.

Dessa forma, uma das consequências da linguística saussuriana, principalmente entre os funcionalistas como Malmberg ou Jakobson, foi a introdução do exame da comunicação no quadro das preocupações linguísticas.

## 2. O modelo de comunicação da teoria da informação

Para o exame da comunicação à luz da Linguística, vamos tomar como ponto de partida, tal como fizeram os linguistas que inicialmente se preocuparam com a comunicação, alguns dados que não provêm dos estudos linguísticos propriamente ditos, mas da teoria da informação e da comunicação. A teoria da informação exerceu, sobretudo nos anos 1950, forte influência na Linguística.

Antes de tudo, é preciso esclarecer que a teoria da informação, ao examinar a comunicação o faz de perspectiva muito diferente da dos estudos linguísticos e com outros objetivos, que, muito sumariamente, diremos serem os da *medida da informação* (qual a quantidade de informação transmitida em uma dada informação) e os *da economia da mensagem*, tratando de questões como as de codificação eficiente, capacidade de transmissão do canal de comunicação ou de eliminação dos efeitos indesejáveis dos ruídos. A teoria da informação tem por fim solucionar problemas também de outra ordem, tais como os concernentes à telecomunicação, entre outros.

Uma das propostas mais conhecidas entre os linguistas foi a de C. F. Shannon, que propõe para a comunicação o esquema que segue, por nós traduzido:

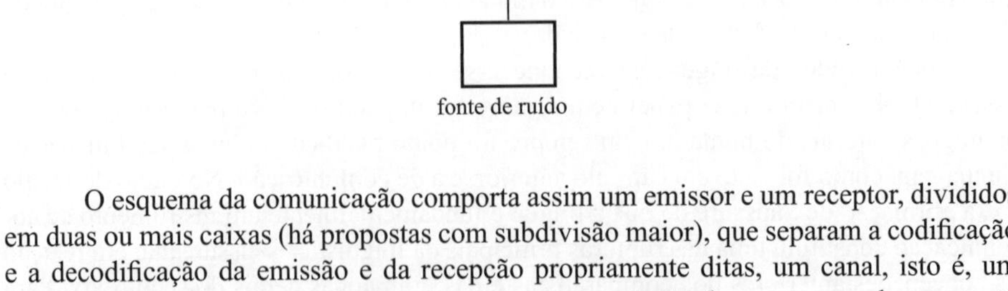


O esquema da comunicação comporta assim um emissor e um receptor, divididos em duas ou mais caixas (há propostas com subdivisão maior), que separam a codificação e a decodificação da emissão e da recepção propriamente ditas, um canal, isto é, um suporte material ou sensorial que serve para a transmissão da mensagem de um ponto ao outro, e uma mensagem, resultante da codificação e entendida, no momento da transmissão, como uma sequência de sinais. Antes da transmissão da mensagem situam-se as operações de codificação, com as quais se constrói a mensagem, e entre a recepção e o destino, as operações de decodificação, que permitem reconhecer e identificar os elementos constitutivos da mensagem. Os ruídos intervêm durante todo o percurso da informação e fazem diminuir a eficiência da comunicação. Ruídos são os diferentes elementos que interferem na comunicação. Podem ser físicos – barulhos, ruídos, problemas no canal de comunicação, etc. –, psicológicos – desatenção, desinteresse – ou culturais – problemas de código ou de subcódigo, falta de conhecimentos ou de crenças em comum, etc. Em outras palavras, nesse quadro teórico, a comunicação, se simplificarmos bastante, é entendida como transferência de mensagens, como a transmissão, de um emissor a um receptor, das mensagens organizadas segundo um código e transformadas em sequências de sinais. Uma das preocupações desse modelo é, portanto, a de melhorar a transmissão dessa mensagem-sinal, dessa mensagem pensada principalmente no plano dos significantes (de sua expressão sensorial).

Se pensarmos, porém, na comunicação entre seres humanos, mais especificamente na comunicação verbal, oral ou escrita, seremos obrigados a reconhecer que a comunicação tem também outros fins e que há algumas "dificuldades" nas propostas da teoria da informação.

Vamos tratar aqui de três dessas "dificuldades", sob a forma de objeções ou críticas e de possíveis soluções:

(a) simplificação excessiva da comunicação, ou seja, esses esquemas da comunicação simplificam muito a questão da comunicação verbal;
(b) modelo linear da comunicação, isto é, a comunicação, no âmbito da teoria da informação, é concebida linearmente e diz respeito apenas, ou de preferência, ao plano da expressão ou dos significantes (mensagem como sequência de sinais); e
(c) caráter mecanicista do modelo, ou seja, as propostas da teoria da informação praticamente não levam em consideração questões "extralinguísticas" ou do contexto sócio-histórico e cultural.

Nosso próximo passo será, assim, o de verificar de que modo os estudos da linguagem procuraram vencer as limitações apontadas dos esquemas e modelos da teoria da informação. Dois caminhos têm sido seguidos: o de procurar, de alguma forma, completar ou complementar as propostas excessivamente simplificadoras de comunicação; o de rever, de um outro ponto de vista, a questão da comunicação, sobretudo em relação aos aspectos criticados do caráter linear e mecanicista dos modelos anteriores propostos.

## 3. Simplificação e "complementação": as propostas de B. Malmberg e R. Jakobson

Bertil Malmberg (1969) e Roman Jakobson (1969), entre outros linguistas ou teóricos da informação, fazem parte do primeiro grupo. Suas propostas, de alguma forma, procuraram "completar" ou "ampliar", para que pudesse ser usado para a comunicação verbal, o modelo de comunicação excessivamente simplificado da teoria da informação, da teoria da comunicação ou da cibernética, ou dele aproveitar apenas os elementos necessários ao exame da comunicação humana. "Caixas" são assim acrescentadas ou excluídas.

Malmberg (1969) faz uma descrição teórica geral do processo de comunicação em que, a partir do modelo da teoria da informação:

(a) introduz a representação do código, como um conjunto de elementos discretos, os signos, guardados no cérebro (elementos discretos são aqueles que se definem pela relação que mantêm com os demais, relação esta que permite que os elementos sejam recortados de uma continuidade sem forma e delimitados uns em relação aos outros);
(b) representa a relação de atualização das unidades linguísticas, situando-a entre o código e o emissor;
(c) mostra a relação de estimulação que existe entre o universo dos fenômenos extralinguísticos, contínuos, e o emissor;
(d) mostra que a representação da realidade formada pelo receptor não coincide com a do emissor; e
(e) aponta diferentes fases na codificação e na decodificação da mensagem.

O esquema da p. 29, por nós adaptado, representa as fases principais de um processo de comunicação, tal como concebido por Malmberg, e em que a comunicação continua a ser entendida como a transferência de uma mensagem, linguisticamente estruturada, de um sujeito emissor a um sujeito receptor.

Entre os linguistas, porém, a mais conhecida das propostas de "ampliação" dos modelos da teoria da informação é, sem dúvida, a de Roman Jakobson (1969). A proposta teórica e os esquemas de Jakobson serão tomados como base das discussões sobre comunicação, que serão feitas a seguir.

Para Jakobson, na esteira dos estudos sobre a informação, há na comunicação um remetente que envia uma mensagem a um destinatário, e essa mensagem, para ser eficaz, requer um contexto (ou um "referente") a que se refere, apreensível pelo remetente e pelo destinatário, um código, total ou parcialmente comum a ambos, e um contato, isto é, um canal físico e uma conexão psicológica entre o remetente e o destinatário, que os capacitem a entrar e a permanecer em comunicação. O esquema que segue permite visualizar, mas sem muitos detalhes, a proposta de Jakobson (1969: 123).

CONTEXTO
MENSAGEM
REMETENTE ———————————————— DESTINATÁRIO
CONTACTO
CÓDIGO

Ignácio Assis Silva (1972) propõe, por sua vez, uma representação mais detalhada do esquema de Jakobson (p. 30), retomando os elementos da teoria da informação não explicitados por ele.

## Esquema de Malmberg

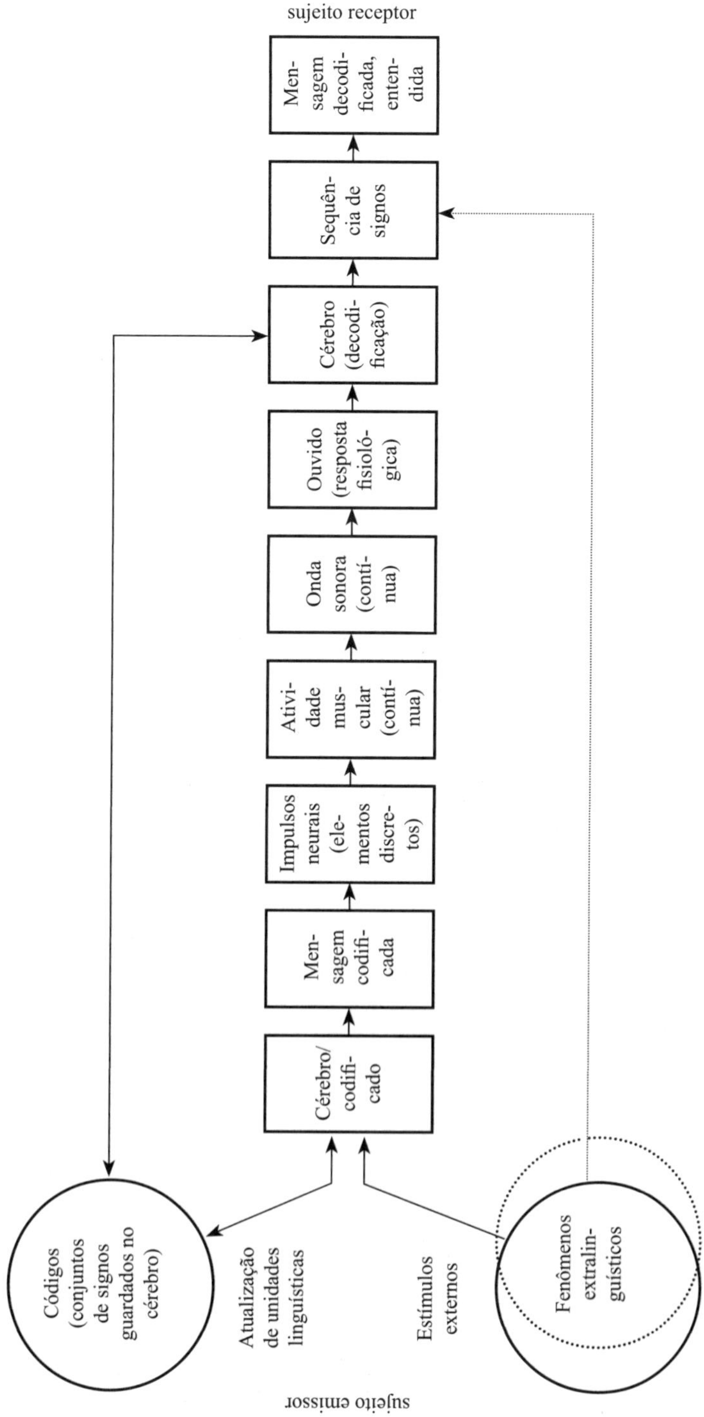

## Esquema de Ignácio Assis Silva

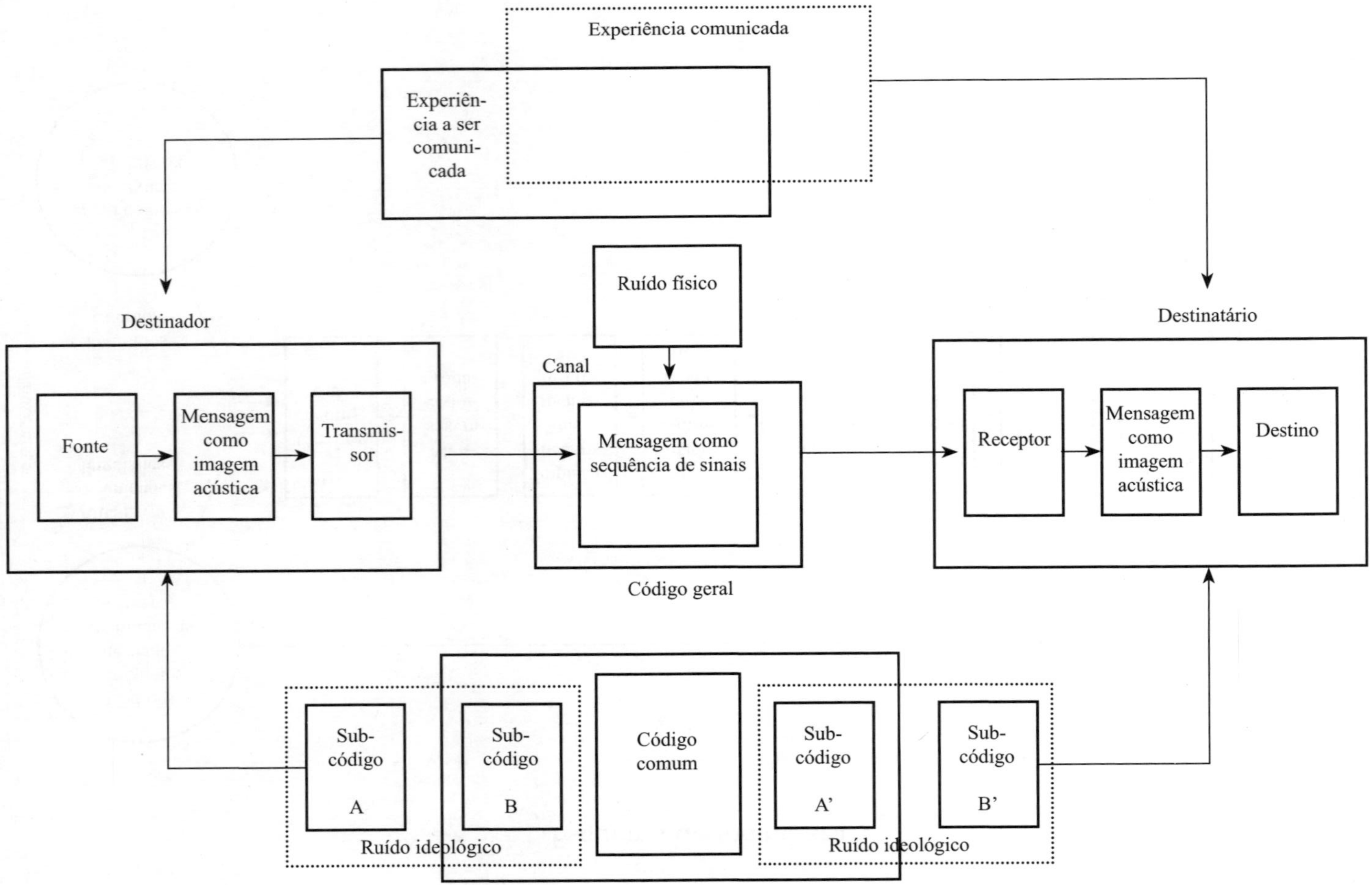

Na proposta de Jakobson e na explicitação de Assis Silva, as principais contribuições foram, sem dúvida, a da *relação com o contexto, com a experiência comunicada ou a ser comunicada*, que, como vimos, foi tratada também na proposta de Malmberg, e a questão *da representação do código* e *dos subcódigos*, que examinaremos a seguir.

O código se define, nesse quadro teórico, como o estoque estruturado de elementos discretos que se apresentam como um conjunto de alternativas de seleção para a produção da mensagem. O termo *código* é utilizado em lugar de *língua*, tanto por causa da definição mais restrita acima apresentada, quanto por sua maior extensão de aplicação a sistemas linguísticos e não linguísticos, como o código de trânsito, por exemplo. Émile Benveniste (1976), ao comparar a comunicação das abelhas com a linguagem dos homens, conclui que as abelhas não têm linguagem, mas apenas um *código de sinais*, pois não há, entre as abelhas, diálogo, retransmissão de informação, metalinguagem, outros dados, além dos de alimentação, articulação, que são características fundamentais da comunicação entre seres humanos.

Para que haja comunicação é preciso um código parcialmente ou totalmente comum ao remetente e ao destinatário. Umberto Eco (1974) prevê uma caixa para o código, na comunicação entre máquinas, e aponta a necessidade de caixas diferentes para códigos e subcódigos, tal como explicitado por Assis Silva, no modelo de Jakobson.

Os subcódigos, dessa forma, introduzem no esquema da comunicação a questão da *variação linguística*, examinada, de diferentes perspectivas, pela sociolinguística, pela dialetologia ou pela geografia linguística.

Códigos diferentes impedem a comunicação (a não ser que ela se estabeleça por outro código, que não o verbal, por exemplo, como ocorre na comunicação gestual entre falantes de línguas diferentes). Assim, não houve comunicação entre uma turista brasileira e o garçom de um restaurante, em Buenos Aires, pelo fato de não falarem a mesma língua, de não usarem o mesmo código. Ao perguntar ao garçom qual era a especialidade da casa, a turista foi encaminhada ao banheiro, pois o garçom, que não falava ou entendia português, interpretou a questão no quadro das perguntas mais usuais sobre a localização do banheiro do restaurante. Mas também a pouca intersecção de subcódigos dificulta bastante a comunicação. Duas histórias com portugueses ilustram a questão. Ao ouvir de professores universitários portugueses, em um congresso na Espanha, que tinham feito a viagem de Portugal à Espanha de caminhonete, um brasileiro surpreendeu-se muito, até saber que, naquele subcódigo, caminhonete é o mesmo que ônibus. Outro "caso" é de uma estudante brasileira na Europa, com pouco dinheiro, como em geral acontece com estudantes no exterior, que, em um hotel em Lisboa, tendo sujado a pouca roupa que levara, não teve outro jeito senão deixar um bilhete à camareira, pedindo-lhe que mandasse lavar, com urgência, sua camisa branca, e que teve, ao voltar ao hotel, a triste surpresa de encontrar sua velha camisola (camisa, no subcódigo de Portugal) bem lavada e passada, e a camisa de que precisava, ainda suja e amassada. E ainda teve que pagar por isso. Em outras palavras, quanto maior for a intersecção entre os subcódigos do remetente e do destinatário, mais bem-sucedida será a comunicação.

Uma segunda questão, nem sempre bem explicitada no exame da comunicação e relacionada com a questão do código, é a da valoração dos diferentes códigos e subcódigos e da visão que o usuário tem da sua língua e das variantes que usa. Bons exemplos, em relação às diferenças de código e às visões que dele têm seus usuários, podem ser encontrados nas comunicações entre brasileiros e argentinos, ou dos franceses com falantes de outras línguas.

É fato conhecido que os brasileiros entendem melhor os argentinos do que os argentinos os brasileiros, e se há razões linguísticas para isso (o sistema vocálico do português e do espanhol, por exemplo), há também motivos de outra ordem: os argentinos consideram a sua língua melhor, mais importante e difundida do que o português, e não fazem nenhum esforço para entender os brasileiros. Da mesma forma, os franceses julgam que o prestígio de sua língua de cultura justifica o esforço dos demais em comunicar-se em francês.

Em relação aos subcódigos, a questão é muito próxima da acima apontada, pois há variantes consideradas mais ou menos prestigiosas pelos usuários. Além disso, porém, deve-se observar que, nesses casos, de grande diferença de reconhecimento, nem sempre a proximidade dos subcódigos, que dissemos ser necessária à comunicação, é garantia de comunicação eficiente. Observem-se dois casos de "linguistização" da política no Brasil. Um é o de Jânio Quadros que usava sempre o registro tenso e formal do subcódigo padrão ou culto em sua comunicação com eleitores, falantes de outro subcódigo, mais popular e desprestigiado. No entanto, mesmo havendo pouca intersecção entre os subcódigos do remetente e do destinatário, a comunicação era eficiente, porque o subcódigo de Jânio Quadros era considerado pelos próprios falantes do outro subcódigo, mais prestigioso e, portanto, apropriado a um prefeito, governador ou presidente competente, culto e capaz. Ao contrário, mesmo havendo grande intersecção entre o subcódigo usado por Lula e o de seus destinatários, a comunicação não era bem-sucedida (na eleição Lula vs Collor, por exemplo), pois o subcódigo de Lula era julgado por aqueles que usavam o mesmo subcódigo que ele, mas que incorporavam fragmentos da ideologia dominante, como sem prestígio e inadequado a um homem público.

Se as propostas de Jakobson ampliam o modelo da teoria da informação, sobretudo no que diz respeito aos códigos e subcódigos e à variação linguística, sua contribuição mais conhecida e igualmente relevante para o estudo da comunicação está relacionada com a questão da *variedade de funções da linguagem*. Jakobson mostrou que a linguagem deve ser examinada em toda a variedade de suas funções, e não apenas em relação à função informativa (ou referencial ou denotativa ou cognitiva), que, por ser a função dominante em certo tipo de mensagem e por ser a que interessa ao teórico da informação, foi, muitas vezes, no século XX principalmente, considerada a única ou a mais importante.

Jakobson retoma o esquema triádico de Bühler para as funções da linguagem – função expressiva, função apelativa e função representativa – e acrescenta-lhe mais três funções – função fática, função metalinguística e função poética. As funções estariam, segundo o autor, centradas em um dos elementos do processo de comunicação por ele proposto, ou seja, enfatizariam um desses elementos na comunicação, conforme o esquema que segue:

| | REFERENCIAL<br>(centrada no contexto ou referente) | |
|---|---|---|
| EMOTIVA<br>(centrada no remetente) | POÉTICA<br>(centrada na mensagem) | CONATIVA<br>(centrada no destinatário) |
| | FÁTICA<br>(centrada no contato) | |
| | METALINGUÍSTICA<br>(centrada no código) | |

Antes de examinar cada uma das funções, e mais particularmente as funções metalinguística e poética, que fizeram escola, duas observações devem ser feitas:

• as mensagens (os textos) não têm apenas uma função, mas várias ou mesmo todas, hierarquizadas, ou seja, há em cada texto uma função dominante;

• os textos-mensagens empregam procedimentos linguísticos e discursivos que produzem efeitos de sentido relacionados com as diferentes funções e que nos permitem identificá-las.

Dessa forma, os textos com função referencial, informativa ou representativa empregam principalmente os procedimentos que seguem: uso da 3ª pessoa, apresentação de qualidades "objetivas" ou "concretas" (não são quase empregados, por exemplo, adjetivos subjetivos como *lindo* ou *horroroso*, ou modalizadores como *eu acho, eu quero* e outros), emprego de nomes próprios e de estratégias argumentativas "lógicas" (provas, demonstrações, etc.). Os procedimentos usados produzem sobretudo dois efeitos de sentido, o de objetividade (3ª pessoa) e o de realidade ou referente (nomes próprios, qualidades "objetivas" ou "concretas"), isto é, de apagamento ou distanciamento do sujeito e de verdade dos fatos. Os textos com função referencial ou informativa são, portanto, aqueles que têm por fim, na comunicação, a transmissão objetiva de informação sobre o contexto ou referente de Jakobson ou, em outras palavras, sobre os fenômenos extralinguísticos de Malmberg ou as experiências comunicadas de Assis Silva. Não se pode, porém, esquecer-se de que objetividade e realidade são efeitos de sentido decorrentes dos procedimentos já mencionados. Os textos abaixo transcritos, reconhecidos facilmente como discursos científico e jornalístico, podem bem ilustrar a função referencial, assim como uma charge de jornal:

a) Todo ato depende de uma realidade desprovida de manifestação linguística. Assim, o ato de linguagem só é manifestado nos seus resultados e através deles, na qualidade de *enunciado*, enquanto a *enunciação*, que o produz, só possui o estatuto de pressuposição lógica. O ato em geral só recebe a formulação linguística de duas diferentes maneiras: ou quando é descrito, de maneira aproximada e variável, nos limites do próprio discurso, ou quando é objeto de uma reconstrução lógico-semântica, que utiliza os pressupostos extraídos da análise do enunciado, no quadro de uma metalinguagem semiótica. (Greimas, 1976: 57)

No discurso científico são usadas marcas de afastamento do sujeito – 3ª pessoa, presente do indicativo – que produzem o efeito de objetividade da ciência e que caracterizam um texto com função referencial e informativa.

b) Já houve 209 sequestros no Estado de São Paulo neste ano, número que supera a soma de todos os casos registrados nos cinco anos anteriores.

Em média, a cada 35 horas alguém é levado para um cativeiro. No ano passado, a proporção era de uma ocorrência desse crime a cada seis dias. (Folha de São Paulo, 11/11/01, p. A 41).

Observe-se, da mesma forma, no texto jornalístico o uso da 3ª pessoa (com recursos de verbos impessoais, como *haver*, de passiva, em *é levado*) e de dados "objetivos" (números: *209 sequestros*, *35 horas*, *cinco anos*, *seis dias*; individualização do lugar e do tempo: *no Estado de São Paulo*, *neste ano*, *no ano passado*) que produzem os efeitos de objetividade, isto é, de não interferência subjetiva do jornal, e de realidade, ou seja, de coisa acontecida, que nos permitem reconhecer um texto com predominância de função referencial ou informativa.

A charge mostra o uso da 3ª pessoa, em lugar da 1ª, para produzir efeito de objetividade das informações prestadas pela personagem. A função referencial não é a predominante na fala da personagem (predomina a função conativa), mas aparece bem marcada, sobretudo graças ao procedimento mencionado de emprego da 3ª pessoa em vez da 1ª.

Os textos *com função emotiva* ou expressiva, por sua vez, usam, de preferência, os seguintes procedimentos: emprego da 1ª pessoa, apresentação de qualidades "subjetivas", por meio de adjetivos como *fantástico*, *encantador*, *medonho* e outros, ou de advérbios de modo, utilização de modalizadores relacionados com o saber, como *eu acho*, *eu considero*, etc., uso de recursos prosódicos de prolongamento de vogal, pausas, acentos enfáticos, hesitações, interjeições, exclamações. Os procedimentos empregados criam principalmente os efeitos de subjetividade e de emotividade ou de presença ou proximidade do sujeito que relata não propriamente os fatos, mas o seu ponto de vista sobre eles, os seus sentimentos e emoções sobre os acontecimentos. São, voltamos a insistir, efeitos de sentido das estratégias apontadas. Os textos que seguem ilustram a função emotiva:

a) Todo ovo
que eu choco
me toco
de novo.
Todo ovo

é a cara
é a clara do vovô.
Mas fiquei
bloqueada
e agora
de noite
só sonho
gemada (Chico Buarque, "A galinha")

O texto acima tem, como função predominante, a função poética, mas também apresenta função emotiva, graças aos procedimentos de 1ª pessoa (*que eu choco*) e à apresentação de sentimentos e emoções (*me toco, fiquei bloqueada*), que produzem os efeitos de subjetividade, de emotividade ou de aproximação do sujeito, próprios da função emotiva.

b) L2 e:: e:: e *Ponteio* é uma música maravilhosa aliás uma coisa
[
L1 ( ) música maravilhosa ...
L2 linda ... ( ) mesmo tempo que foram
[
L1 pois é mas aí não há ...
L2 premiadas as duas não é?
L1 aí a Marília então ... ahn ... eh cantou lindamente ... e
mais do que cantar eu acho que a Marília tem uma força
dramática muito grande o que faz (com) que se suponha
nela ... uma atriz dramática que não foi aproveitada ... (Castilho e Preti, 1987:248)

Observem-se no texto o uso de adjetivos (*maravilhosa, linda, dramática, muito grande*) e de advérbio de modo (*lindamente*), o emprego de 1ª pessoa, modalizadores (*eu acho que*) e de estratégias prosódicas (prolongamento de vogais, representado por ::, e pausas, assinaladas por ... ), que levam ao reconhecimento de um texto com predominância de função emotiva.

c) **Dignidade**

Não sei de choro ou dou risada. Sou professora da rede pública do Paraná e amargo sete anos sem nenhuma reposição salarial. Meu marido é um pequeno empresário do setor de informática, competente tecnicamente e com boas ideias, mas parece que só isso não basta. Para termos uma vida, digamos, digna, acho que vamos precisar abrir um banco, pois, pelo que vejo, só eles estão conseguindo se manter neste país, e muito bem por sinal. Por que será? (Viviane Bordin Luiz, Cascavel, PR)

No texto citado, um trecho de carta de uma leitora de jornal, há marcas de função emotiva: 1ª pessoa e verbos de "sentimento" (*choro, dou risada, amargo*).

Os textos com predominância de *função conativa* ou apelativa, por sua vez, constroem-se, sobretudo, com os procedimentos que seguem: uso da 2ª pessoa, do imperativo, do vocativo, de modalização deôntica (dever), de estruturas de perguntas e respostas. Esses textos produzem os efeitos de sentido de interação com o destinatário, a que se procura convencer ou persuadir, e de que esperam, como resposta, atitudes e comportamentos, sejam eles linguísticos ou não. São, voltamos a afirmar, efeitos de sentido de procedimentos do tipo dos apontados. Os textos publicitários citados ilustram a função conativa:

a) Você já tem o meu cartão?
Então deveria ter. Porque o Super Cartão é ...

O texto usa a 2ª pessoa (*você*), os procedimentos de pergunta e resposta (*Você já tem o meu cartão?*) e a modalização deôntica (*deveria ter*) para construir um texto com função conativa ou de persuasão do destinatário dominante.

b) O Itaú tem tudo. Só falta você. Abra já a sua conta
Procura-se um cliente mais ou menos com o seu perfil, com a sua idade e que more mais ou menos lá na sua casa.

O texto emprega a 2ª pessoa (*você*) e o imperativo (*abra*) para produzir o efeito de persuasão. A resposta esperada é a abertura de conta no Itaú.

c) Quando não puder passar no banco, é só usar o Real Internet Banking e o Real Internet Empresa, viu seu Luís? Pode ser do sítio mesmo.

São usados a 2ª pessoa, o vocativo (*viu seu Luís*), a estrutura de pergunta e resposta, para construir um texto com função conativa.

Se as três funções já examinadas são comumente apontadas, as três outras devem a Jakobson seu exame no quadro dos estudos linguísticos.

Os textos com *função fática* usam principalmente procedimentos prosódicos de pontuação da fala para manter o contato físico e/ou psicológico entre os interlocutores (*uhn, hã*), fórmulas prontas para iniciar ou interromper o contato (*olá, tudo bem?, como vai?, tchau, até logo, bom dia,* etc.) e para verificar se há ou não contato (*você está escutando?*). Os efeitos de sentido são os de aproximação e interesse entre remetente e destinatário, de presença de ambos na comunicação, de estabelecimento ou manutenção da interação. Jakobson diz que é a primeira função da linguagem que os homens usam, nas "conversas" do bebê com a mãe (*gu gu gá gá...*), e que é a única que temos em comum com as aves falantes, como as maritacas e os papagaios. Pesquisas com a fala de idosos dementes (Mansur, 1996) têm mostrado que é também a função preponderante na comunicação dessas pessoas, que buscam, a todo custo, mais do que informar, manter o contato com o destinatário.

Nos inquéritos do Projeto Nurc (projeto de estudo da norma urbana culta), por exemplo, o entrevistador não está preocupado com as informações que o entrevistado possa dar sobre o tema (função referencial), mas apenas em fazê-lo falar, para obter mais informações sobre os usos da linguagem. O importante, assim, é sustentar o diálogo, ao contrário de outros tipos de entrevista, em que o entrevistador está interessado em obter certas informações. Dois procedimentos são usados para a manutenção do diálogo com preocupações apenas linguísticas: elementos prosódicos como "uhn uhn" e perguntas sobre questões já respondidas ou perguntas repetidas. Esses procedimentos constroem textos com função predominantemente fática. No inquérito 250 (Preti e Urbano, 1988:133-147), por exemplo, o entrevistador (Doc.), depois das perguntas iniciais, participa do diálogo mais 36 vezes: em dezenove faz apenas "uhn uhn", em uma diz "isso..." e em outra, "certo". Os textos abaixo exemplificam as perguntas repetidas, mesmo quando já respondidas:

a) Doc. – e o que você costuma comer em cada uma dessas refeições? (Preti e Urbano, 1988: 120)
Doc. – come em casa... e no café da manhã o que você come? (Preti e Urbano, 1988: 121)

A primeira pergunta já foi feita após o entrevistado ter explicado o que comia em cada refeição. Essas perguntas têm assim a função de manter o entrevistado falando.

b) Doc. – o que precisa uma peça pra ela realmente atingir o público?... (Preti e Urbano, 1988:43)
Doc. – no seu entender o que é o imprescindível pruma:: peça de teatro obter sucesso? (Preti e Urbano, 1988:45)
Doc. – conta uma coisa... que tipo de peça assim... o estilo da peça... que você acha que é mais aceito pelo público;... quer dizer o:: o que o que precisa existir numa peça de teatro pra ela:: atingir realmente a massa?... (Preti e Urbano, 1988:49)

A mesma pergunta, já respondida, é reiterada, esvaziada, como um recurso fático de manutenção do diálogo.

Um último exemplo pode ser encontrado na foto publicada nos jornais brasileiros por ocasião da viagem do presidente Fernando Henrique Cardoso aos Estados Unidos e de seu encontro com o presidente George W. Bush. Trata-se de texto com função fática, expressa na foto gestualmente (mãos, expressão facial, sorriso), mas provavelmente acompanhada das fórmulas de cumprimento de início de comunicação. A foto chama, porém, a atenção pelo fato de, ao contrário do usual, o cumprimento inicial da comunicação ocorrer com os dois presidentes sentados. Tudo indica que se trata de foto posada e não realmente de estabelecimento do contato. De qualquer forma, ela apresenta alguns elementos da gestualidade que estabelece o contato necessário ao prosseguimento da comunicação: o sorriso de interesse e satisfação pelo encontro, o gesto ritual do aperto de mãos, a inclinação corporal de um em direção ao outro, os olhares trocados.

Os textos com *função metalinguística* usam os procedimentos que seguem: verbos de existência (*ser*, *parecer*) ou de existência da significação (*significar*, *ter o sentido de*),

Os presidentes Fernando Henrique Cardoso e George W. Bush se cumprimentam no Salão Oval da Casa Branca, nos Estados Unidos.

em geral no presente do indicativo, em orações predicativas de definição (x é y). O efeito de sentido é o de linguagem que fala de linguagem, ou seja, de circularidade da definição e da comunicação. Não se deve confundir a função metalinguística de Jakobson com a metalinguagem científica. Metalinguagem científica e função metalinguística ordinária caracterizam-se ambas como uma linguagem definidora de outra linguagem, ou seja, como uma linguagem que fala de outra linguagem. Diferenciam-se, porém, pelo fato de a metalinguagem científica ser, por sua vez, definida por outra, uma terceira linguagem, a metalinguagem metodológica, o que não acontece com a função metalinguística ordinária. Assim, a função metalinguística produz o efeito de circularidade (de uma linguagem que define outra linguagem) e a metalinguagem científica produz a ilusão de superposição de níveis (de uma linguagem que define outra linguagem e é, por sua vez, definida por uma terceira). Os textos que seguem ilustram a função metalinguística e a metalinguagem científica.

(a) ... Agora, o senhor chega e pergunta: "Ciço, o que que é educação?" Tá certo. Tá bom. O que que eu penso, eu digo. Então veja, o senhor fala: "Educação"; daí eu falo: "educação". A palavra é a mesma, não é? A pronúncia, eu quero dizer. É uma só: "Educação". Mas então eu pergunto pro senhor: "É a mesma coisa? É o do mesmo que a gente fala quando diz essa palavra?"; aí eu digo:
"Não". Eu digo pro senhor desse jeito: "Não, não é". Eu penso que não.
Educação... quando o senhor chega e diz "educação", vem do seu mundo, o mesmo, um outro. Quando eu sou quem fala vem dum outro lugar, de um outro mundo. Vem dum fundo de oco que é o lugar da vida dum pobre, como tem gente que diz. Comparação, no seu essa palavra vem junto com quê? Com escola, não vem? Com aquele professor fino, de roupa boa, estudado, livro novo, bom, caderno, caneta, tudo muito separado, cada coisa do seu jeito, como deve ser. Um estudo que cresce e que vai muito longe de um saberzinho só de alfabeto, uma conta aqui e outra ali. Do seu mundo vem um estudo de escola que muda gente em doutor. É fato? Penso que é, mas eu penso de longe, porque eu nunca vi isso por aqui.
Então, quando o senhor vem e fala a pronúncia "educação", na sua educação tem disso. Quando o senhor fala a palavra conforme eu sei pronunciar também, ela vem misturada no pensamento com isso tudo; recursos que no seu mundo tem. Uma coisa assim como aquilo que a gente conversava outro dia, lembra? Dos evangelhos: "Semente que cai na terra boa e deu fruto bom". (...)
Quando eu falo o pensamento vem dum outro mundo. Um que pode até ser vizinho do seu, vizinho assim, de confrontante, mas não é o mesmo. A escolinha cai não cai ali num canto da roça, a professorinha dali mesmo, os recursos tudo como é o resto da regra de pobre. Estudo? Um ano, dois, nem três. Comigo não foi nem três. Então eu digo "educação" e penso "enxada", o que foi pra mim. (Sousa, 1984)

(b) O Professor Sampaio ensina ao ministro da Saúde que "em português, antraz é a denominação para um aglomerado de furúnculos, infecção estafilocócica relativamente frequente". Em inglês, "anthrax" designa uma infecção em animais, mas que atinge o homem, grave e eventualmente fatal, cuja tradução para o português é carbúnculo. Em espanhol, "carbunco", em francês, "charbon", em alemão, "milzbrandkarbunkel". Quanto a Rey, Sampaio sugere que consulte obras especializadas, como o *Dicionário de Termos Técnicos de Dalamare*, "cujo prefácio é de Carlos Chagas, glória da medicina brasileira e da Fiocruz, para saber a diferença entre antraz e carbúnculo".
O que o professor Sampaio está dizendo, para tranquilizar pessoas que já foram vítimas do antraz no Brasil, é que essa doença, mais amena e frequente, não pode ser confundida com carbúnculo (anthrax, em inglês), "uma infecção em animais que atinge o homem de forma grave e eventualmente fatal". Sampaio demonstra que tanto o clássico Candido de Figueiredo, como outros dicionários (Aurélio e Houaiss) se equivocaram e uns teriam reproduzido o erro de outros (Ulisses Capozoli, Nós e os outros na guerra bacteriológica. Texto recebido pela internet).

(c) Se se toma como ponto de partida a definição provisória da modalização, segundo a qual esta seria "uma modificação do predicado pelo sujeito (1), pode-se considerar que o *ato* – e, mais particularmente – o *ato de linguagem* – com a condição de que o sujeito modalizador seja suficientemente determinado, é o lugar do surgimento das modalidades" (Greimas, 1976: 57)

> (d) Compõe-se a palavra de syllabas, como *v.g.* a palavra *Livro*, que se compõe de duas syllabas, que são *li*, e *vro*.
> A syllaba é a comprehensão de um som perfeito, que se pronuncia com um só espírito, ou accento, como na sobredita palavra *livro*, tanto *li*, como *vro* é syllaba, porque cada um delles faz um som perfeito, que se profere com um só espírito, ou accento. (Lobato, 1837).

Os textos (a) e (b) apresentam função metalinguística. No texto, discute-se uma definição de *educação* dada principalmente pela definição de dois campos semânticos para a palavra *educação*: um de escola, livro novo, caderno, caneta, professor fino, recursos; outro de escolinha cai não cai, professorinha, enxada, saberzinho. A linguagem está discutindo a linguagem e os sentidos das palavras que variam, conforme varia a inserção social dos falantes, questão de que trataremos mais à frente. No texto (b), usa-se também a linguagem para falar da linguagem, tanto do plano do conteúdo (carbúnculo, etc), quanto do da expressão (com z, com x, com th). Os dois casos são de função metalinguística, mas não de metalinguagem científica (embora no exemplo (b) possa haver alguma dúvida).

Já os textos (c) e (d) ilustram uma metalinguagem científica, a da Semiótica ou a da Linguística. No texto (c) define-se, metalinguisticamente, *modalidade* e *ato de linguagem*, termos que, por sua vez, já pertencem a uma metalinguagem, pois podemos dizer que os termos *dever* e *querer*, da língua portuguesa (1º nível de linguagem) são modalidades (2º nível de linguagem) e modalidade, por sua vez, deve ser entendida tal como no texto citado (3º nível de linguagem). É essa superposição de níveis que caracteriza a metalinguagem científica.

No texto (d), como se observa, ao dizer que *li* e *vro* são sílabas faz-se metalinguagem, ou seja, explica-se a língua portuguesa (*li-vro*) com uma metalíngua (*sílaba*), e ao dizer que *sílaba é a compreensão de um som perfeito*, faz-se metametalinguagem, isto é, explica-se a metalíngua (*sílaba*) com uma metametalíngua (*compreensão de um som perfeito*). Tem-se aí, portanto, uma metalinguagem científica.

Finalmente, os textos com *função poética* empregam procedimentos no plano da expressão, sobretudo as diferentes formas de reiteração de sons (traços dos fonemas, sílabas, ritmos, entoações, etc). Jakobson diz que a *função poética projeta o princípio de equivalência do eixo de seleção sobre o eixo de combinação* (1969: 130). Em outras palavras, a função poética resulta de duas rupturas, de duas subversões: a primeira, em relação ao plano da expressão, que, em lugar de apenas expressar, "transparentemente", o conteúdo, chama a atenção enquanto expressão "opaca", com sonoridade, ritmo, entoação; a segunda, em relação aos dois eixos de organização da linguagem, o paradigmático e o sintagmático, definidos, respectivamente, como eixo das similaridades, em que se faz a seleção, e como eixo das contiguidades, em que se opera a combinação, pois o texto com função poética vai combinar, no sintagma, elementos similares, próprios do paradigma. Os efeitos de sentido são, portanto, o de coisa extraordinária, de novidade, graças à ruptura ou subversão da "normalidade", o de estesia ou de perfeição, decorrente da superposição dos dois eixos de funcionamento da linguagem e da aproximação entre expressão e conteúdo; o de continuidade ou de apagamento das diferenças, tanto entre sintagma e paradigma, quanto entre expressão e conteúdo.

Jakobson insiste, com razão, em que função poética não ocorre apenas na poesia, em que, sem dúvida, é a função dominante, ou na literatura. Na fala do dia a dia, na publicidade, em textos de jornal ou religiosos, entre outros, ela também é, com frequência, usada, embora, nesses casos, esteja muitas vezes subordinada a outras funções da linguagem. Um bom exemplo são os nomes de estabelecimentos comerciais, que têm por função primeira a conativa, mas também empregam bastante a poética. Vejam-se os nomes que seguem:

a) Doces da Laura
b) Cantina do Sargento
c) Tok-Stok
d) Peg-Pag
e) Serv-Lev

Todos os nomes têm a função conativa de levar o destinatário a ir à loja, à doceria ou ao restaurante. A diferença é que os dois primeiros usam, além disso, a função referencial, ou seja, informam que os doces são feitos pela Laura, doceira de prestígio, ou que a cantina é do Sargento, que trabalhou na cozinha de conhecido dono de restaurante italiano, enquanto os três últimos empregam a função poética. Nos nomes c, d e e há, assim, recursos de função poética: em c, reiteram-se a oclusiva dental surda [t], a vogal posterior aberta [ɔ] e a oclusiva velar surda [k], no mesmo tipo de sílaba e na mesma ordem; em d, repetem-se a oclusiva bilabial surda [p] e a oclusiva velar sonora [g], as duas vogais são abertas, [ɛ] e [a], variando apenas o grau de abertura e a posição delas, o tipo de sílaba e a ordem dos fonemas são os mesmos; em e, empregam-se a mesma vogal [ɛ] e a mesma consoante final [v]. Esses nomes produzem, portanto, com a repetição sonora, os efeitos de sentido de ruptura da "normalidade", de perfeição e de continuidade mencionados, e procuram, com os recursos poéticos usados, convencer o destinatário, agora já no âmbito da função conativa, a tornar-se cliente de estabelecimentos tão novos, diferentes, bonitos, harmônicos.

Os textos que seguem têm, por sua vez, e ao contrário dos anteriores, a função poética como função preponderante:

a) *A terra lauta da mata* produz e exibe
um amarelo rico (se não o dos metais):
amarelo do maracujá e os da manga,
do oiti-da-praia, do caju e do cajá;
amarelo vegetal, alegre de sol livre,
beirando o estridente, de tão alegre,
e que o sol eleva de vegetal a mineral,
polindo-o, até um aceso metal de pele.
Só que fere a vista um amarelo outro,
e a fere embora baço (sol não o acende):
amarelo aquém do vegetal, e se animal,
de um animal *cobre: pobre, podremente.*
Os reinos do amarelo (João Cabral de Melo Neto)

No poema de Cabral, é fácil perceber a repetição, no primeiro verso da estrofe, de vogais abertas e anteriores ou agudas ([a] e [ɛ] e o percurso de abertura (de [ɛ] para [a]) e no último verso, de vogais posteriores ou graves ([ɔ] e [o]) e o caminho do fechamento (de [ɔ] para [o]). Em outras palavras, chama-se a atenção para o plano da expressão e sua sonoridade e produzem-se os efeitos mencionados de novidade, de estesia e de continuidade decorrentes, sobretudo, da relação simbólica que se estabelece entre esses traços da expressão e o conteúdo. Correlacionam-se abertura e anterioridade vocálicas *versus* fechamento e posterioridade vocálicos, do plano da expressão, com natureza *versus* cultura, do plano do conteúdo:

$$\frac{\text{abertura + anterioridade}}{\text{natureza}} \equiv \frac{\text{fechamento + posterioridade}}{\text{cultura}}$$

O mundo é refeito ou lido de outra forma, graças às novas relações, não previamente codificadas, que se estabelecem entre expressão e conteúdo.

b) O que muda na mudança,
se tudo em volta é uma dança
no trajeto da esperança
junto ao que nunca se alcança? (Carlos Drummond de Andrade)

O texto de Drummond, como o anterior, mostra, no sintagma, a similaridade própria do paradigma, e produz também uma nova relação entre expressão e conteúdo:

$$\frac{\text{nasalidade}}{\text{manutenção}} \equiv \frac{\text{oralidade}}{\text{transformação}}$$

Devem-se ressaltar, na função poética, os efeitos já mencionados de novidade, estesia e continuidade e, principalmente, de recriação ou releitura do mundo, por meio do simbolismo que se instala entre expressão e conteúdo, nos textos em que predomina essa função.

Em síntese, as principais contribuições de Jakobson para o estudo da comunicação foram: a introdução das questões de variação linguística no modelo de comunicação, por meio dos códigos e subcódigos e de suas intersecções na relação entre remetente e destinatário; o reconhecimento de que os homens se comunicam com diferentes fins, tendo em vista a variedade de funções da linguagem que ocorrem no processo de comunicação, e de que essas funções não são únicas ou excludentes, mas se organizam hierarquicamente como funções predominantes ou não; o exame das funções metalinguísticas e, principalmente, poética, que contribuiu fortemente para o estudo dos textos poéticos na perspectiva dos estudos da linguagem.

Por outro lado, entre as críticas feitas à proposta de Jakobson deve ser ressaltada a de que, embora aborde questões de poeticidade, seu modelo tem ainda o caráter mecanicista dos da teoria da informação, ou seja, não examina adequadamente as relações sócio-históricas e ideológicas da comunicação, e praticamente não trata da reciprocidade característica da comunicação humana. Houve, é inegável, uma expressiva ampliação e complementação do modelo da teoria da informação, mas a comunicação continuou a ser um fazer-saber, isto é, a transmissão de um saber sobre o mundo, sobre as emoções do remetente, sobre o código, sobre o plano da expressão da mensagem, sobre o funcionamento do contato. Só na função conativa há, além do fazer-saber, um fazer o outro fazer.

## 4. Modelo linear e modelo circular da comunicação: a interação verbal

Os modelos da teoria da informação apresentados são essencialmente lineares, ou seja, tratam da transmissão da mensagem de um emissor a um receptor, sem ocupar-se da reciprocidade ou da circularidade característica da comunicação humana, ou seja, da possibilidade que tem o receptor de tomar-se emissor e de "realimentar" a comunicação, ou do alargamento e complexidade da comunicação que pode, por exemplo, dirigir-se a um destinatário, mas visando ao outro.

Como reação aos modelos lineares de comunicação, desenvolveram-se nos Estados Unidos, já a partir dos anos 1950, estudos, entre outros, de B. Bateson, E. Hall e E. Goffman, que propuseram um modelo "circular" para a comunicação. Surgiu assim a teoria da *nova* comunicação, com as noções de base de *feedback* ou de retroação e realimentação.

A comunicação deve ser, portanto, repensada, nesse quadro, não mais como um fenômeno de mão única, do emissor ao receptor, mas como um sistema interacional. Nesse sistema interacional importam não apenas os efeitos da comunicação sobre o receptor, como também os efeitos que a reação do receptor produz sobre o emissor.

Os estudos de Benveniste (1966) sobre a categoria de pessoa apontam já para a questão da reversibilidade ou da reciprocidade da comunicação. O *eu*, ao dizer *eu*, instala o *tu* como seu destinatário, mas esse destinatário pode, por sua vez, tomar a palavra e dizer *eu*, colocando agora o outro como *tu*. O diálogo, ou seja, a reversibilidade ou reciprocidade da comunicação, é condição da linguagem do homem. As abelhas, mostra Benveniste (1976), não têm diálogo. Como no código de trânsito, esperam do destinatário apenas um comportamento (partir em busca de alimentos, parar no sinal vermelho, e assim por diante). Não há diálogo com a luz vermelha do semáforo ou com a placa de "é proibido estacionar". Não há outra resposta, a não ser a de parar e a de não estacionar.

Além disso, a reciprocidade da comunicação é a garantia da possibilidade, ao menos, de equilíbrio de poder entre os interlocutores de uma dada comunicação. Nos regimes autoritários não há direito de *resposta*. O patrão costuma dizer ao empregado, ou os pais ao filho, que ele é muito *respondão* ou, em outras palavras, que ele teve a ousadia de usar a reciprocidade característica da comunicação humana e de tomar a palavra, em resposta.

Dessa forma, desenvolveram-se, no âmbito dos estudos linguísticos e fora dele, principalmente entre os norte-americanos, estudos da interação entre sujeitos postos em comunicação.

Bakhtin (1981) foi o pioneiro nos estudos da interação ou do diálogo entre interlocutores. O autor russo procurou mostrar que a interação verbal é a realidade fundamental da linguagem. Além desses estudos precursores do dialogismo, duas direções foram tomadas nos estudos da interação: a da sociologia da comunicação, de que Goffman é um bom representante; e a da análise da conversação, de linha etnometodológica.

Goffman (1967 e 1973) examina, com essas preocupações, os procedimentos de preservação da *face*, na comunicação. *Face* é a expressão social do eu individual, a autoimagem pública construída. A interação põe em risco a face. Há estratégias tanto para ameaçar e atingir a face do outro quanto para protegê-la ou preservá-la, que variam de língua para língua, de cultura para cultura. Os procedimentos de atenuação do discurso são bons exemplos de proteção da face:

a) Saia já daqui!
b) Saia daqui, por favor.
c) Você poderia sair daqui?
d) Será que você poderia sair daqui, por favor?

No exemplo (a), o uso do imperativo *saia* e do advérbio *já*, que produzem o efeito de ordem peremptória, ameaça a face ou a imagem pública do destinatário. Os exemplos de (b) a (d) mostram diferentes graus de atenuação do discurso, que procuram preservar, também de formas diferentes, a face do destinatário. No exemplo (b), a ordem foi atenuada com *por favor*. No exemplo (c), a atenuação, em grau maior do que no caso (b), ocorreu graças ao uso da interrogação e da modalização de possibilidade com o verbo *poder*, que caracterizam o pedido e não a ordem. Finalmente, em (d), o pedido é ainda mais atenuado com uma segunda modalização de possibilidade *(será que...?)* e com o emprego de *por favor*. Há, portanto, maior preservação da imagem pública ou da face do destinatário.

A Etnometodologia, por sua vez, procura examinar a interação social no comportamento cotidiano, diário. A conversação ou interação verbal seria uma forma privilegiada de interação. Nesse quadro, a análise da conversação esforça-se por descrever as estruturas e mecanismos que organizam a conversação e por correlacioná-los com funções interacionais.

Cinco aspectos merecem destaque no exame da comunicação como interação:

- em primeiro lugar, a questão de que, no processo de comunicação, os falantes se constroem e constroem juntos o texto;
- em segundo, a questão das imagens ou dos simulacros que os interlocutores constroem na interação;
- em terceiro, a questão do caráter contratual ou polêmico da comunicação;
- em quarto, a questão de que ao considerar a relação entre comunicação e interação não é mais possível colocar a mensagem apenas no plano dos significantes ou da expressão; e
- em quinto, a questão do alargamento da circulação do dizer na sociedade.

O primeiro aspecto, já acentuado nos estudos pioneiros de Bakhtin e retomado pelos diferentes estudos do discurso, é, assim, o de que os participantes de uma comunicação vão-se modificando, vão-se transformando, vão-se construindo na comunicação. Há, portanto, uma inversão de perspectiva: os sujeitos da comunicação não são dados previamente, mas constroem-se ao comunicar-se. Bakhtin afirma que, no diálogo, constroem-se as relações intersubjetivas, mas também a subjetividade. Os sujeitos são, na verdade, substituídos por diferentes vozes que fazem deles sujeitos históricos e ideológicos, como veremos à frente.

O segundo aspecto é o das imagens e simulacros intersubjetivos. Pêcheux, no âmbito da Análise do Discurso (AD), mostra que emissor e receptor estabelecem um jogo de imagens de que dependem a comunicação e a interação. São elas, principalmente, a imagem que o emissor faz dele mesmo, a imagem que o emissor faz do receptor, a imagem que o receptor faz dele mesmo e a imagem que o receptor faz do emissor. Osakabe

(1979) acrescenta outras imagens possíveis, como por exemplo, a que faz o receptor ao perguntar-se o que o emissor pretende falando daquela forma.

Um bom exemplo do jogo de imagens pôde ser observado quando parte da imprensa brasileira comentou que o então Presidente Fernando Henrique Cardoso disse, em seu discurso, na França, o que o público queria ouvir, pois criticou os Estados Unidos e a imposição que faz de políticas a outros países, na mesma direção assumida pela esquerda no Brasil, de cuja opinião o presidente e seu partido haviam discordado em discursos "internos" anteriores. O que a imprensa está dizendo é que o presidente elaborou a mensagem a ser comunicada conforme a imagem que faz do receptor e, quem sabe, também da imagem que faz de si mesmo (de grande estadista).

Outro exemplo é o do texto que segue:

> Em 1968, os candidatos Antônio Rodrigues e Vingt-Un Rosado disputavam a Prefeitura de Mossoró (RN).
> Aluízio Alves, cacique político do Estado, correu para tentar salvar a candidatura de Rodrigues, que perdia nas pesquisas por 4.000 votos. No último comício, abordou diretamente o alcoolismo do candidato, uma das causas da sua rejeição. Depois de enumerar as razões pelas quais as pessoas bebem, pediu que a plateia imaginasse como o rival, Vingt-Un, se eleito prefeito, trataria um bêbado que fosse procurá-lo no gabinete. Segundo Alves, ele nem seria atendido.
> Alves pediu então que a plateia pensasse num outro cenário:
> – Imaginem o Toninho prefeito. O assessor diz que tem um bêbado querendo dar uma palavrinha. O prefeito ordena: "Mande logo o colega entrar!".
> Foi uma gargalhada geral. Rodrigues venceu por 98 votos. (Folha de S. Paulo, 11/11/01, A4)

Nesse exemplo, o cacique político constrói um texto com base na imagem do receptor, que aprecia ou perdoa as falhas decorrentes de bebida. A comunicação, com função predominantemente conativa, foi bem-sucedida, pois levou o receptor a votar no candidato proposto pelo emissor. Com outro receptor, a estratégia poderia ter sido a de mascarar o alcoolismo do candidato e não de apresentá-lo como qualidade (tolerância com os "pequenos erros" que o receptor também comete).

É inegável que não falamos da mesma forma com aqueles em que acreditamos gostarem de nós, concordarem conosco e com aqueles de que estamos convencidos terem conosco sérias divergências. Igualmente, o receptor, ao receber e interpretar a mensagem, levará em conta as imagens que constrói do emissor e de si mesmo. Assim, uma mesma fala, vinda dos que consideramos amigos ou dos que julgamos inimigos, será entendida de modo muito diferente em cada caso. Quando a mãe, por exemplo, diz à filha que não é adequado vestir-se daquela forma em festa de casamento, a filha poderá não acreditar nisso, tendo em vista a imagem de conservadorismo que faz da mãe. Se, porém, uma amiga fizer a mesma observação, haverá muita possibilidade de a menina trocar de roupa.

No âmbito da semiótica de linha francesa, Greimas (1990), por sua vez, desenvolve a questão da construção de simulacros. Os simulacros são representações das competências respectivas que se atribuem reciprocamente os participantes da comunicação e que intervêm como algo prévio, necessário a qualquer relação intersubjetiva. Os simulacros são objetos imaginários que os sujeitos projetam e que, embora não tenham nenhum fundamento intersubjetivo, determinam de maneira eficaz o comportamento dos sujeitos e as relações entre eles.

Redações de vestibular com o tema de uma festa de desconhecidos ajudam a entender melhor a questão. Nessas redações, o sujeito constrói um simulacro do "dono da festa" ou da casa: o dono da festa tem a obrigação de ocupar-se dos participantes da festa, de dar-lhes atenção e de ajudá-los a relacionarem-se na festa. Mesmo no caso desses textos, em que o sujeito não tinha sido convidado para a festa e não conhecia o dono da festa. O simulacro construído determina a relação entre eles e leva o sujeito a criticar o dono da festa que não cumpriu o "acordo", a ter raiva e até mesmo a querer vingar-se dele. Da mesma forma, um reitor conservador, em reunião com professores que pediam a palavra, deu a vez a uma professora mais velha e trajada elegantemente e não aos professores mais jovens e vestidos de modo informal, com base no simulacro de que a primeira professora estaria mais de acordo com ele, com seus valores. Diga-se, de passagem, que isso não aconteceu, para surpresa do reitor, que viu seus simulacros ser quebrados.

Em síntese, as imagens dos interlocutores ou os simulacros dos sujeitos constroem e determinam as relações de comunicação e de interação entre sujeitos.

Passemos agora à terceira questão, no item sobre comunicação e interação, a do caráter contratual ou polêmico da comunicação.

Os estudos de Goffman, como vimos, mostram os dois lados da comunicação ao tratar da preservação e das ameaças à face. Já os primeiros estudos de análise da conversação enfatizavam, sobretudo, o lado contratual da comunicação, o que levava os europeus, sobretudo os franceses, a referências, um tanto irônicas, ao "angelismo dos americanos". Tomemos como exemplo os trabalhos de Deborah Tannen (1985 e 1986) sobre a repetição na fala. Tannen mostra a necessidade de uma teoria interativa da repetição e afirma que esta cria envolvimento interpessoal, cria afinidade. Diz a autora que os interlocutores, com a repetição, sentem-se "coerentes no mundo", pois quando o ritmo conversacional é compartilhado e estabelecido sem esforço, quando mensagem e metamensagem são congruentes, quando as intenções dos interlocutores são bem compreendidas, tem-se a sensação de que tudo vai bem e de que o mundo é um lugar confortável. Houve mudanças e a análise da conversação mais recente cedeu um espaço maior à polêmica conversacional. A própria Deborah Tannen publicou um livro sobre a interação marido-mulher. Vejamos a seguir um exemplo de conversação mais polêmica (os grifos são nossos):

L2 é família toda interessante inteligente ela o irmão...
o irmão é maestro né?
L1 (que) acho que não ...
[
L2 o irmão ela tem uma irmã que é poetisa
que é muito inteligente também (né?)
[
L1 é mas eu acho
que não I.
[
L2 jornalista e poetisa
L1 eu acho que o maestro Julio Medaglia ele é
Me-da-gli-a e ela é Medalha com L e H
[
L2 eu acho que ela modificou
e ele é irmão dela ...
L1 não não ... ((clique)) parece que não... eu não Posso

jurar sobre os evangelhos mas me parece que ... ahn::
ela seria Medalha com L e H ...
[
L2 eu acho que ela modificou
seu nome... ela ( ) nome
L1 e ele MeDA-glia
L2 ( )... tenho impressão...
L1 a irmã dela eu conheço que é jornalista né? é uma moça
jornalista ...
L2 poetisa
L1 poetisa... (Castilho e Preti, 1987: 249)

No texto citado, uma jornalista e uma escritora conversam sobre a família Medaglia/Medalha. Há várias estratégias de discordância, sobretudo a correção do outro (heterocorreção) e o fato de as duas falarem ao mesmo tempo (sobreposição de vozes), tentando, uma delas, tomar a vez da outra (assalto ao turno), e a outra, manter a vez. Os casos de heterocorreção estão sublinhados no texto e os de sobreposição de·vozes assinalados por [. Há, sem dúvida, atenuações da polêmica: não não... parece que não... eu não Posso jurar sobre os evangelhos mas me parece; acho que não; é mas eu acho que não.

No trecho da conversa citado, há apenas uma concordância, quando, no final, $L_2$, que $L_1$ corrigiu o tempo todo, discorda, por sua vez, de $L_1$, ao dizer que a moça não é ou não é apenas jornalista, mas poetisa. Nesse momento, $L_1$ concorda e repete *poetisa.*

A quarta observação, neste item sobre comunicação e interação, diz respeito ao fato de a mensagem ser considerada, nos modelos da teoria da informação, prioritariamente como plano da expressão, como sinal, em geral sonoro, que circula da boca de um ao ouvido do outro. Pêcheux propõe a substituição do termo *mensagem* pelo de *discurso* no esquema de comunicação. Discurso ou texto, conforme variem os quadros teóricos, essa substituição resolve uma das objeções inicialmente apresentadas, pois discurso ou texto devem ser aí entendidos como tendo duas faces: a da expressão ou dos significantes, que circula, como um sinal, entre emissor e receptor, a do conteúdo ou dos significados, inseparável da expressão que a "expressa" e que também circula entre destinador e destinatário.

Finalmente, a quinta e última observação é a de que, em estudos recentes, tem havido a preocupação em mostrar que a comunicação rompe muitas vezes o caráter "intimista" de um diálogo entre o *eu* e o *tu*, *aqui* e *agora*. Nesses casos, rompe-se o dialogismo mais estreito e alarga-se a circulação do dizer na sociedade. Pode-se exemplificar com uma entrevista ou com um júri.

No caso das entrevistas, na televisão ou na imprensa escrita, estabelecem-se três relações de comunicação: entre o entrevistador e o entrevistado, entre o entrevistador e o público, entre o entrevistado e o público. Em outras palavras, a relação entre o entrevistador e o entrevistado, que é a única explicitada nessa comunicação "alargada", dependerá não só dos fatores já mencionados, mas também das relações dos interlocutores com o público. Na verdade, a comunicação com o público é o objetivo primeiro da comunicação entre entrevistador e entrevistado. Cria-se entre entrevistador e entrevistado uma interação particular, em que são eles cúmplices nas tarefas de informar e convencer o público e, ao mesmo ·tempo, oponentes na conquista dessa audiência. Os laços interacionais entre entrevistador e entrevistado são, por conseguinte, em geral frouxos, pois cúmplices ou oponentes, estão ambos mais preocupados em interagir com o destinatário-público. Vejamos:

a) Inf. – é o eu fa/ o que eu falei... agó/ na gravação não eu falei fora da gravação pra vocês... o que::: o brasileiro tem (...) (Preti e Urbano, 1988:44).

O entrevistado (lnf.) repete o que já dissera aos entrevistadores, mas que não fora gravado, manifestando assim preocupação com as condições de relacionamento com o público.

b)Doc. então e qual era a dieta de seu regime?
Inf. não era nada extraordinário viu era:: até muito comum (Preti e Urbano, 1988:235).

No material de língua falada do Projeto NURC-SP, de que foram extraídos os exemplos de fala, pode-se perceber que as entrevistas, ao contrário de outras formas de comunicação, usam bastante, como no exemplo acima, a negação polêmica. Na negação polêmica, o entrevistado (lnf.), em lugar de corrigir ou negar a fala do entrevistador (Doc.), "corrige" a voz do outro, a voz do senso comum, implícita, mas identificada com a do público. No exemplo citado o informante "corrige" o subentendido de que as dietas de regime são muito rígidas e difíceis, algo que não fora explicitamente dito pelo entrevistador.

Observe-se ainda, sobre a questão do alargamento da comunicação, a notícia de jornal sobre o julgamento dos jovens que mataram o índio pataxó:

A plateia chegou a dividir com os jurados a atenção da acusação e da defesa. Os advogados às vezes se distanciavam das sete pessoas designadas para decidir o caso e discursavam diretamente para o público presente, que reagia prontamente aos argumentos, levando a juíza Sandra de Santis a tocar a campainha.

No texto, relata-se o alargamento da comunicação, em princípio estabelecida entre os advogados e os jurados (e o juiz) e, em alguns momentos, com extensão ao público que, colocado então como destinatário da comunicação, a ela respondia.

No exame do aspecto interacional da comunicação observamos: a reciprocidade ou reversibilidade da comunicação sempre dialógica, por definição; o caráter ao mesmo tempo contratual e polêmico da comunicação; a construção de simulacros que regem as relações entre os sujeitos e, também, a constituição dos próprios sujeitos que dialogam; e o alargamento da circulação do dizer.

## 5. Caráter mecanicista e caráter "humanizante" das concepções de comunicação: competência modal e semântica dos sujeitos da comunicação

Por fim, chegamos à última questão, a do caráter demasiadamente mecanicista dos modelos de comunicação, mais apropriados à comunicação entre máquinas e que não levam em consideração, por exemplo, a inserção sócio-histórica e ideológica dos sujeitos envolvidos na comunicação. Dois aspectos serão assim observados, além dos que já foram tratados no item sobre interação: o da competência modal dos sujeitos que se comunicam, o das formações ideológicas, ou da competência semântica, responsáveis pelo discurso comunicado.

Greimas (1979 e 1990), no âmbito da teoria semiótica, aponta a necessidade de situar a comunicação no quadro mais amplo das atividades humanas. As atividades humanas desenvolvem-se segundo dois eixos principais: *o eixo da produção* ou da ação do homem sobre as coisas, por meio da qual o homem transforma a natureza; *o eixo da comunicação* ou da ação do homem sobre outros homens, criadora das relações intersubjetivas, fundadoras, por sua vez, da sociedade. Segundo Greimas, ainda, a tradição antropológica francesa (Marcel Mauss e Lévi-Strauss) interpreta as atividades de comunicação como transferência de objetos de valor e como comunicação entre sujeitos, ou, especificando mais, como trocas de mulheres (que correspondem às estruturas de parentesco), como trocas de bens e de serviços (que equivalem às estruturas econômicas) e como trocas de mensagens (que correspondem às estruturas linguístico-discursivas).

Nesse quadro mais amplo, a comunicação entre sujeitos ocorre mediante objetos de valor (os discursos ou textos-mensagens) que circulam entre eles e que os constituem como sujeitos. É preciso, assim, rever as noções e as denominações de "emissor" e de "receptor" da comunicação, pois, nessa perspectiva, os sujeitos da comunicação não podem mais ser pensados como casas ou caixas vazias de emissão e de recepção de mensagens. Os sujeitos da comunicação devem ser considerados, em primeiro lugar, como *sujeitos competentes*, ou seja, *o destinador* e *o destinatário* (termos menos restritivos e, portanto, mais adequados do que emissor e receptor) têm de ter certas *qualidades* que permitam que eles se comuniquem.

Essas qualidades são de dois tipos: *modais* – o querer ou o dever, o saber e o poder fazer, no caso, comunicar-se – e *semânticas* – valores, projetos, que determinam a comunicação. Os sujeitos são, nessa perspectiva, considerados "plenos" ou "preenchidos" tanto por qualidades modais necessárias a suas competências comunicativas quanto por valores decorrentes das relações históricas, sociais e ideológicas.

Para examinar as qualidades modais é preciso, em primeiro lugar, saber o que é realmente esse *fazer comunicativo* que os sujeitos querem ou devem, podem e sabem realizar. Para tanto, é preciso retomar a questão das funções da comunicação, de perspectiva diferente da de Jakobson. Se, em geral, o fazer comunicativo é entendido como um fazer-saber, do destinador, e um adquirir-saber, do destinatário, pesquisas têm mostrado, porém, que, tal como indicado acima, para apreender o saber é necessário que o destinatário queira fazê-lo. Isso nos obriga a pensar na comunicação, ou melhor, no fazer comunicativo do destinador não apenas como um *fazer-saber*, mas principalmente como um *fazer-crer* e um *fazer-fazer*, e no fazer comunicativo do destinatário essencialmente como um *interpretar*. A comunicação confunde-se, dessa forma, com a manipulação e têm ambas a mesma estrutura.

O destinador exerce, portanto, dois fazeres: o *fazer emissivo*, de que já falamos bastante, e o *fazer persuasivo*, de que trataremos a seguir. O fazer persuasivo engloba os procedimentos utilizados pelo destinador para persuadir o destinatário, isto é, para fazê-lo crer e para fazê-lo fazer. O destinador, de forma explícita ou implícita, propõe ao destinatário um contrato, em que oferece valores modais ou descritivos que o destinatário deseja ou teme. O destinatário, em contrapartida, realiza, além do *fazer receptivo*, um *fazer interpretativo*, em que põe em jogo modalidades veridictórias e epistêmicas para interpretar a persuasão do destinador e, a partir daí, nele acreditar ou não. O destinatário vai interpretar se o destinador parece ou não e é ou não confiável, se os valores que ele oferece parecem ou não, e são ou não desejáveis. A fábula de Millôr Fernandes, *O gato e a barata*, ilustra uma relação de comunicação-manipulação:

> A baratinha velha subiu pelo pé do copo que, ainda com um pouco de vinho, tinha sido largado a um canto da cozinha, desceu pela parte de dentro e começou a lambiscar o vinho. Dada a pequena distância que nas baratas vai da boca ao cérebro, o álcool lhe subiu logo a este. Bêbada, a baratinha caiu dentro do copo. Debateu-se, bebeu mais vinho, ficou mais tonta, debateu-se mais, bebeu mais, tonteou mais e já quase morria quando deparou com o carão do gato doméstico que sorria de sua aflição, do alto do copo.
> – Gatinho, meu gatinho – pediu ela –, me salva, me salva. Me salva que assim que eu sair daqui eu deixo você me engolir inteirinha, como você gosta. Me salva.
> – Você deixa mesmo eu engolir você? – disse o gato.
> – Me saaalva! – implorou a baratinha – Eu prometo.
> O gato então virou o copo com uma pata, o líquido escorreu e com ele a baratinha que, assim que se viu no chão, saiu correndo para o buraco mais perto, onde caiu na gargalhada.
> – Que é isso? – perguntou o gato – Você não vai sair daí e cumprir sua promessa? Você disse que deixaria eu comer você inteira.
> – Ah, ah, ah, - riu então a barata, sem poder se conter – E você é tão imbecil a ponto de acreditar na promessa de uma barata velha e bêbada?
> *Moral: Às vezes a autodepreciação nos livra do pelotão.*

A barata procura convencer o gato de que ele gosta de comer baratas e de que ela é confiável e se deixará comer, como estratégias para que ele a salve. Ora, sabemos muito bem que os gatos domésticos, gordos e bem alimentados, não comem baratas. Mesmo assim, a baratinha conseguiu convencer o gato e levá-lo a salvá-la. A baratinha realizou, assim, um fazer persuasivo (além do emissivo). Ao gato, por sua vez, coube o fazer interpretativo, isto é, ele interpretou a persuasão da baratinha, nela acreditou e fez o que ela queria. No final do texto, o que a baratinha diz ao gato é que ele não soube interpretar, ou seja, que com base em seus conhecimentos e crenças ele deveria ter interpretado que uma barata velha e bêbada nem parece nem é confiável e que não poderia, portanto, nela ter acreditado.

Outro bom exemplo é o do livro *Zélia, uma paixão*, de Fernando Sabino:

> Ele lhe dissera, no começo, que ela não era "a sua mulher inaugural, mas sua estreia nos sentimentos". Zélia acreditou. E ainda acreditava. Naquele dia 17 de maio, já tão distante, no restaurante Oásis, no Rio, uma churrascaria na Ilha do Governador, ele a pedira em casamento.

Nesse texto, Bernardo Cabral procura persuadir Zélia de que é confiável e de que vai casar-se com ela e ela interpreta o que lhe é dito e nele acredita. A comunicação mostra claramente os fazeres persuasivo e interpretativo que a caracterizam e que dependem de crenças, conhecimentos, aspirações e projetos do destinador e do destinatário.

Como se observou, nos textos examinados, tanto o destinador, para realizar o fazer persuasivo, quanto o destinatário, para exercer o fazer interpretativo, usaram sua competência semântica, constituída por seus sentimentos, valores, crenças e conhecimentos. Para persuadir e para interpretar é preciso comparar os conhecimentos, valores, crenças, da competência semântica dos sujeitos, com aqueles que estão em jogo na comunicação. Daí a afirmação de que os sujeitos da comunicação não podem ser considerados como casas vazias e sim como casas cheias de projetos, aspirações, emoções, conhecimentos, crenças, que vão determinar os modos de persuadir e as formas de interpretar. As estratégias de persuasão e as interpretações variam, assim, historicamente, de cultura para cultura, de sociedade para sociedade (de classe social para classe social). Fecha-se o círculo: os conhecimentos, crenças, sentimentos e valores dos sujeitos são resultantes de outras tantas relações de comunicação-manipulação-interação anteriores e vão-se modificando e construindo, portanto, outros sujeitos a cada nova relação de comunicação. São sujeitos dotados de outras competências, velhas e novas, modais e semânticas.

Para terminar, algumas palavras sobre a questão da ideologia na comunicação. Do que foi dito até agora, é fácil concluir que nenhuma comunicação é neutra ou ingênua, no sentido de que nela estão em jogo valores ideológicos, dos sujeitos da comunicação. Em outras palavras, as relações entre sujeitos são marcadamente ideológicas e os discursos que circulam entre eles e que estabelecem os laços de manipulação e de interação são, por definição, também ideológicos, marcados por coerções sociais.

Duas questões merecem destaque: em primeiro lugar, a da relação entre língua (enquanto sistema linguístico) e ideologia; em segundo lugar, a dos níveis de determinação ideológica do discurso, ou seja, de que forma e em que nível de organização linguístico-discursiva se dá a relação entre linguagem e ideologia.

A relação entre língua e ideologia é muito diferente da existente entre discurso e ideologia. Para Bakhtin (1981: 46) "o discurso reflete as mais imperceptíveis alterações da existência social", enquanto na língua as modificações se processam lentamente. Na língua, segundo o autor, imprimem-se, com o tempo, traços dos discursos ideológicos, muitas vezes opostos e contraditórios, pois classes sociais diferentes utilizam o mesmo sistema linguístico e produzem discursos ideologicamente diferentes. Com isso, instalam-se na língua, no sistema linguístico, choques e contradições, em que se atraem e se rejeitam elementos tidos como inconciliáveis, confrontam-se índices de valor contraditório, que fazem da língua, ainda no dizer de Bakhtin, "a arena onde se desenvolve a luta de classes". Assim, o dicionário (Aurélio) vai, por exemplo, definir *liberdade* ao mesmo tempo como "supressão ou ausência de toda a opressão considerada anormal, ilegítima, imoral", quanto como "intimidade às vezes abusiva", "intimidade sensual" ou "linguagem grosseira". De um lado, tem-se liberdade como a ausência de opressão, de outro como bagunça, grosseria, abuso. São traços contraditórios, impressos na língua a partir de discursos ideologicamente diferentes. O poema de Frei Betto trata justamente dessa complexidade dos signos linguísticos:

**Sequestro da linguagem**

Primeiro, disseram que não haveria mais guerrilhas.
Acreditei e, com as botas, abandonei sonhos revolucionários.
Em seguida, disseram que terminara a luta armada.
Tornei-me pois violento pacifista.
Depois, disseram que a esquerda falira,
E fechei os olhos ao olhar dos pobres.
Enfim, disseram que o socialismo morrera,
E que uma palavra basta: democracia.
Então nasceu em mim
A liberdade de ser burguês.
Sem culpa.

Na mesma direção, mas avançando um pouco mais, José Luiz Fiorin (1988) procura verificar qual o lugar das determinações ideológicas na linguagem. O autor vai explicar as razões que nos permitem dizer algo aparentemente contraditório: "que a linguagem é determinada pelas condições sociais" e, ao mesmo tempo, "goza de certa autonomia em relação às formações sociais" (1988: 8-9). Para isso, Fiorin (1988) distingue o sistema virtual e abstrato (a língua), entendido como um conjunto de elementos com uma organização interna, de sua realização concreta, em que separa, por sua vez, *discurso* e *fala*. "Os discursos são as combinações de elementos linguísticos usadas pelos falantes com o propósito de exprimir seus pensamentos, de falar do mundo exterior ou de seu mundo interior, de agir sobre o mundo. A fala é a exteriorização psicofísico-fisiológica do discurso" (1988: 9).

Assim, a "mensagem" que circula na comunicação é, como já foi visto, um *discurso*, exteriorizado pela "sequência de sinais" de fala, também já mencionada. Fiorin vai procurar mostrar, na mesma direção do que vimos em Bakhtin, que é o discurso que sofre determinações sociais, que é o discurso que é marcadamente ideológico, acrescentando, porém, às reflexões de Bakhtin duas questões fundamentais: a da relativa autonomia do sistema linguístico em relação às formações sociais; e a do lugar das determinações sociais nos discursos.

Mostra, com riqueza de detalhes e de exemplos, que o sistema, em geral, se altera em razão de causas internas ao próprio sistema, isto é, de fatores especificamente linguísticos. Se fatores sociais determinaram, em algum momento, o aparecimento ou a alteração de categorias linguísticas, e com toda certeza o fizeram, essas causas perderam-se no tempo e as categorias ganharam autonomia.

O discurso, por outro lado, é o lugar por excelência das determinações sociais, já que, como vimos, é produzido por sujeitos "preenchidos" de crenças, conhecimentos e valores, e circula entre sujeitos também "cheios", ideologicamente. Resta esclarecer em que ponto da organização discursiva ocorrem essas determinações. Fiorin distingue, com a teoria semiótica do discurso, o nível da sintaxe do discurso ou dos processos de estruturação, do da semântica discursiva, ou dos conteúdos investidos na organização sintática abstrata. No primeiro caso, no da sintaxe, tem-se, por exemplo, o procedimento de produção de um discurso em 1ª pessoa, que produz efeitos de subjetividade, ou em 3ª pessoa, que cria a ilusão de objetividade. Esses e outros procedimentos da sintaxe discursiva têm uma certa autonomia em relação às formações sociais, pois constituem, com os efeitos de sentido produzidos, o lugar da manipulação consciente (ou relativamente consciente) para a persuasão do destinatário da comunicação, tal como vimos nos itens anteriores, quando examinamos o jogo de imagens e de simulacros que se instala entre destinador e destinatário e que determina as escolhas de procedimentos que fazem os sujeitos da comunicação.

Já a semântica do discurso, que preenche a organização sintática com conteúdos, é o lugar das determinações sociais inconscientes. Esses elementos semânticos resultam, como vimos, de outros discursos, de outras comunicações e constituem a maneira de ver o mundo numa dada formação social. A semântica discursiva organiza os conteúdos e, portanto, os discursos em dois tipos, conforme variem os graus de concretização dos conteúdos: os temáticos e os figurativos.

Os discursos temáticos tratam os conteúdos de forma mais abstrata e os figurativos concretizam sensorialmente (com forma, cores, sons, gestos, cheiros) esses temas. Tanto os temas quanto as figuras sofrem as determinações sociais inconscientes e são, por excelência, o lugar da ideologia no discurso e na linguagem, como se pode observar no exemplo que segue:

> Lá vem o grão-senhor em seu ginete. Ploc, ploc, ploc. Ouve-se o som do galope, ploc, ploc, cada vez mais próximo. Agora ele diminui a velocidade, ploc, enfim chega à porta do castelo. Então salta da montaria e enfia-se direto castelo adentro – claro que não se preocupa em amarrar o cavalo, menos ainda em desatrelá-lo. Não são coisas para pessoa de sua categoria. Quando chegou, o serviçal ao qual

> se dá o nome de palafreneiro, ou cavalariço, ou estribeiro, já estava a postos para executar o serviço. Da mesma forma, quando o senhor voltar a sair, lá estará o criado, presto, com o ginete no jeito para que as augustas botas não se deem ao trabalho de outro passo senão galgar o estribo.
> Hoje o nome do palafreneiro é manobreiro, ou manobrista. Manobreiro no Rio de Janeiro, manobrista em São Paulo. Os tempos mudaram, e com eles os trajes e muitas outras coisas. Os castelos rareiam, como habitação, e os animais perderam terreno, como meio de transporte, mas no país chamado Brasil o equivalente do palafreneiro continua firme e forte, à porta dos restaurantes. "Boa tarde, doutor, pode deixar aí mesmo". O doutor larga o carro onde lhe for de maior conforto. O manobrista (ou manobreiro) cuida do resto. (Roberto Pompeu de Toledo, "Pode deixar o carro aí mesmo, doutor", em Veja, São Paulo, n.1447, p. 142, 5 jun. 1996)

No texto citado o tema é o do atraso medieval do Brasil em que se mantêm as desigualdades e em que triunfam o interesse individual sobre o coletivo, com duas coberturas figurativas, relacionadas metaforicamente, a do grão-senhor, do castelo, do cavalo, do criado, das botas, do palafreneiro e a do manobrista-manobreiro, do doutor, do carro, do restaurante. A relação entre o tema e as figuras que o investem assinala, claramente, a posição ideológica do destinador, os valores comunicados em seu discurso e a determinação social desse discurso, que dialoga com outros tantos: para opor-se ao de direito ao privilégio e aos interesses individuais da classe social dominante; para concordar com o do caráter medieval e burro de uma elite que não se atualizou; ou para pôr-se de acordo com os discursos de preocupação primordial com a coletividade e não com os interesses individuais, e assim por diante. Nesse cruzamento de vozes que concordam ou polemizam entre si, constroem-se os discursos e os sujeitos da comunicação, determinados socialmente e, portanto, sempre históricos e ideológicos.

## 6. Bibliografia

Bakhtin, Mikhail. *Le principe dialogique.* Paris, Seuil, 1981.

Benveniste, Émile. *Problemas de Linguística geral.* São Paulo: Nacional/Edusp, 1976.

Castilho, A. T de e Preti, D. (org.) *A linguagem culta na cidade de São Paulo.* vol. II. Diálogos entre dois informantes. São Paulo: T.A. Queiroz/Fapesp, 1987.

Cherry, Colin. *A comunicação humana.* São Paulo: Cultrix/Edusp, 1974.

Ducrot, O. e Todorov, T. *Dictionnaire encyclopédique des sciences du langage.* Paris: Seuil, 1972.

Eco, Humberto. *As formas do conteúdo.* São Paulo: Perspectiva/Edusp, 1974.

Fiorin, José Luiz. *Linguagem e ideologia.* São Paulo: Ática (Série Princípios, 137), 1988.

Goffman, Erving. *Ritual de la interacción.* Buenos Aires: Editorial Tiempo Contemporâneo, 1967.

_____. *La mise en scène de la vie quotidienne.* Paris: Minuit, 1973.

Greimas, Algirdas Julíen. *Du Sens.* Paris: Seuil, 1970.

_____. *Semiótica do discurso científico. Da modalidade.* São Paulo: Difel/SBPL, 1976.

_____. *Du Sens II.* Paris: Seuil, 1983.

Greimas, A. J. e Courtés, J. *Sémiotique: dictionnaire raisonné de la théorie du langage.* Paris: Hachette, 1979.

_____. *Sémiotique: dictionnaire raisonné de la théorie du langage II.* Paris: Hachette, 1990.

Grünig, Blanche-Noële e Grünig, Roland. *La fuite du sens. La construction du sens dans l'interlocution.* Paris: Hattier – Crédif, 1985.

Jakobson, Roman. *Linguística e comunicação.* São Paulo: Cultrix, 1969.

LOBATO, Antonio José dos Reis. *Arte da Grammatica da Língua Portugueza.* 1ª edição, Paris: Livraria Portugueza de J.-P. Aillaud, 1837.

MALMBERG, Bertil. *Lingüística estructural y comunicación humana.* Madri: Gredos, 1969.

MANSUR, Letícia Lessa. *Formulação e reformulação: contribuição ao estudo da linguagem oral de indivíduos com demência do Tipo Alzheimer.* Tese de doutoramento. São Paulo, FFLCH-USP, 1996.

PRETI, D. e URBANO, H. (org.) A *linguagem falada culta na cidade de São Paulo.* Vol. III. Entrevistas. São Paulo: T.A. Queiroz/Fapesp, 1988.

OSAKABE, Haquira. *Argumentação e discurso político.* São Paulo: Kairós, 1979.

ROSA, Margaret. *Marcadores de atenuação.* São Paulo: Contexto, 1992.

SAUSSURE, Ferdinand de. *Curso de Linguística geral.* São Paulo: Cultrix/Edusp, 1969.

SCHAFF, Adam. *Linguagem e conhecimento.* Coimbra: Almedina, 1974.

SHANNON, C. F. e WEAVER, W. *The Mathematical Theory of Communication.* Urbana: The University of Illinois Press, 1949.

SILVA, Ignácio Assis. A *dêixis pessoal.* Tese de doutoramento, São Paulo, FFLCH-USP, 1972.

SOUSA, Antônio Cícero de. Prefácio. In: Bezerra, A. e Brandão C. R. A *questão política da educação popular.* São Paulo: Brasiliense, 1984, p. 7-10.

TANNEN, Deborah. *Repetition and Variation as Spontaneous Formulaicity in Conversation.* Georgetown University (mimeo), 1985.

_____. *Ordinary conversation and literary discourse coherence and the poetics of repetition.* Georgetown University (mimeo), 1986.

## 7. Sugestões de leitura

Sugerimos que as reflexões sobre a comunicação sejam acompanhadas das leituras que seguem:

JAKOBSON, Roman. "Linguística e poética". In: Jakobson, R. *Linguística e comunicação*, São Paulo: Cultrix, 1969, p.118-132.

BENVENISTE, Émile. "Linguagem humana e comunicação animal". In: Benveniste, É. *Problemas de Linguística geral*, São Paulo: Nacional/Edusp, 1976, p. 60-67.

FIORIN, José Luiz. *Linguagem e ideologia.* São Paulo: Ática (Série Princípios, 137), 1988, p. 1-19.

# Teoria dos signos

*José Luiz Fiorin*

> "Este deve ser o bosque", murmurou pensativamente, "onde as coisas não têm nomes". [...] Ia devaneando dessa maneira quando chegou à entrada do bosque, que parecia muito úmido e sombrio. "Bom, de qualquer modo é um alívio", disse enquanto avançava em meio às árvores, "depois de tanto calor, entrar dentro do... dentro de quê?" Estava assombrada de não poder lembrar o nome. "Bom, isto é, estar debaixo das... debaixo das... debaixo disso aqui, ora", disse colocando a mão no tronco da árvore. "Como essa coisa se chama? É bem capaz de não ter nome nenhum... ora, com certeza não tem mesmo!"
> Ficou calada durante um minuto, pensando. Então, de repente, exclamou: – Ah, então isso terminou acontecendo! E agora quem sou eu? Eu quero me lembrar, se puder.
>
> (Lewis Carroll, 1980:165-166)

> O segundo projeto era representado por um plano de abolir completamente todas as palavras, fossem elas quais fossem [...]. Em vista disso, propôs-se que, sendo as palavras apenas nomes para as coisas, seria mais conveniente que todos os homens trouxessem consigo as coisas de que precisassem falar ao discorrer sobre determinado assunto. [...] ... muitos eruditos e sábios aderiram ao novo plano de se expressarem por meio de coisas; cujo único inconveniente residia em que, se um homem tivesse que falar sobre longos assuntos e de vária espécie, ver-se-ia obrigado, em proporção, a carregar nas costas um grande fardo de coisas, a menos de poder pagar um ou dois criados robustos para acompanhá-lo [...]. Outra grande vantagem oferecida pela invenção consiste em que ela serviria de língua universal, compreendida em todas as nações civilizadas, cujos utensílios e objetos são geralmente da mesma espécie, ou tão parecidos que o seu emprego pode ser facilmente percebido.
>
> (Jonathan Swift, 1998:194-195)

O primeiro desses textos, retirado da obra *Através do espelho e o que Alice encontrou lá*, mostra que Alice, quando atravessa o bosque onde as coisas não têm nome, é incapaz de apreender os objetos em torno dela, não sabe o que eles são. Isso significa que a realidade só tem existência para os homens quando é nomeada. Os signos são, assim, uma forma de apreender a realidade. Só percebemos no mundo o que nossa língua nomeia.

No entanto, poder-se-ia pensar que os signos são etiquetas que são colocadas nas coisas. Assim pensavam os sábios de Balnibarbi, nas *Viagens de Gulliver*, como mostra o segundo texto. Eles propõem substituir as palavras, que, segundo eles, têm o inconveniente de variar de língua para língua, por objetos de que se serviriam para comunicar-se. Quando quisessem falar de um livro, mostrariam o livro, e assim por diante. A narração de Swift é uma ironia sobre as concepções vulgares que imaginam que a compreensão da realidade independe dos signos criados para nomeá-la, que a língua é uma nomenclatura que se aplica a uma realidade preexistente e não uma forma de categorizar, organizar e interpretar o mundo.

A impossibilidade de funcionamento do sistema imaginado pelos sábios de Balnibarbi para substituir as palavras não é o inconveniente prático de que é preciso carregar muita coisa para falar. O sistema não pode funcionar porque o objeto não designa tudo o que uma língua pode expressar. Ele não exprime as propriedades de uma coisa. Daí a impossibilidade de construir metáforas e metonímias. Quando se usa a metonímia "as velas singram os mares", *velas* têm o sentido de navio, porque, na fala, usa-se a parte para denominar o todo. Mostrar um objeto não exprime a pertença do objeto a uma determinada classe. No léxico de uma língua, agrupamos nomes em classes. *Violeta*, *rosa*, *margarida* pertencem à classe das flores. Mostrar uma margarida não exprimiria a classe *flor*. Exibir um objeto não exprime as categorias gramaticais, como a do singular ou do plural. A língua não é um sistema de mostração de objetos, pois a linguagem humana pode falar de objetos presentes ou ausentes da situação de comunicação. Aliás, o objeto nem precisa existir, para que falemos dele, pois a língua pode criar universos de coisas inexistentes.

A atividade linguística é uma atividade simbólica, o que significa que as palavras criam conceitos e esses conceitos ordenam a realidade, categorizam o mundo. Por exemplo, criamos o conceito de pôr do sol. Sabemos que, do ponto de vista científico, não existe pôr do sol, uma vez que é a Terra que gira em torno do Sol. No entanto, esse conceito criado pela língua determina uma realidade que encanta a todos nós. Uma nova realidade, uma nova invenção, uma nova ideia exigem novas palavras, mas é sua denominação que lhes confere existência. Apagar uma coisa no computador é uma atividade diferente de apagar o que foi escrito a lápis, à máquina ou à caneta. Por isso, surge uma nova palavra para designar essa nova realidade, *deletar*. No entanto, se essa nova palavra não existisse, não se perceberia a atividade de apagar no computador como uma coisa diferente. Dizia Saussure:

> Psicologicamente, abstração feita de sua expressão por meio das palavras, nosso pensamento não passa de uma massa amorfa e indistinta. Filósofos e linguistas sempre concordaram em reconhecer que, sem o recurso dos signos, seríamos incapazes de distinguir duas ideias de modo claro e constante. Tomado em si, o pensamento é como uma nebulosa onde nada está necessariamente delimitado. Não existem ideias preestabelecidas, e nada é distinto antes do aparecimento da língua. (1969: 130)

As palavras formam um sistema autônomo que independe do que elas nomeiam, o que significa que cada língua pode categorizar o mundo de forma diversa. Os signos definem-se uns em relação aos outros. O inglês tem duas palavras, *sheep* e *mutton*, para expressar o que exprimimos com a palavra carneiro. O primeiro significa o animal, o segundo uma porção de carne do animal preparada e servida à mesa. Em português, dizemos *O carneiro é gordo* e *O carneiro está delicioso*. Em inglês, no primeiro caso, emprega-se *sheep* e, no segundo, *mutton*. A mesma realidade é categorizada de modo diferente em português e inglês. Neste, o animal e o alimento feito com o animal são vistos como duas realidades completamente diferentes, sem qualquer relação entre si. Isso significa que a realidade é recortada diferentemente nas duas línguas e que um signo delimita o outro. O *valor* de um signo é dado por outro signo. Além disso, um signo é sempre interpretável por outro signo: no interior do mesmo sistema pelos sinônimos, pelas paráfrases, pelas definições; em outro sistema, em outra língua, por exemplo, pela tradução. A dificuldade de traduzir indica que não há univocidade na relação entre os nomes e as coisas.

Expliquemos melhor o que significa dizer que a linguagem categoriza o mundo. Para isso, tomemos um exemplo de Hayakawa (1963:175-176), modificando-o um pouco.

Imaginemos que as oito figuras abaixo representem oito animais, quatro grandes e quatro pequenos, quatro com a cabeça quadrada e quatro com a cabeça redonda, quatro com a cauda reta e quatro com a cauda enrolada.

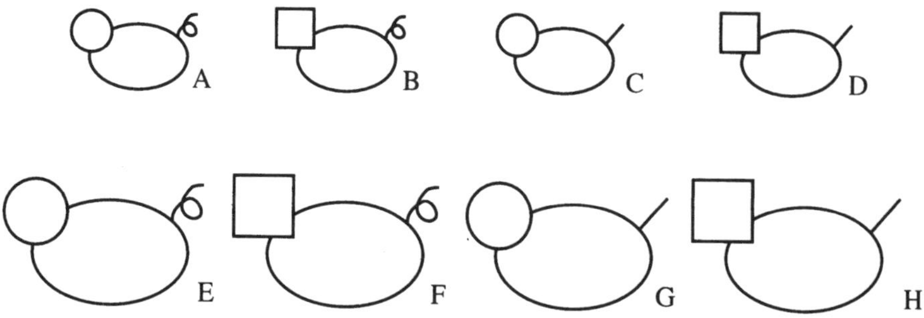


Imaginemos ainda que esses animais andem por uma região onde morem três povos diferentes. Inicialmente, as pessoas nem reparam neles. É como se não existissem. Depois de uma colheita, o povo A percebe que os que têm corpo pequeno comem cereais e os que têm corpo grande não o fazem. Faz-se, então, abstração das demais diferenças entre eles e produz-se uma categorização dessa realidade. Os animais A, B, C e D são chamados *gogôs* e os animais E, F, G e H são denominados *gigis*. O povo B tem outra experiência com esses animais. Verifica que os de cabeça quadrada mordem e que os de cabeça redonda não o fazem. Categoriza de maneira distinta a mesma realidade. Os animais B, D, F e H são chamados *dabas*, enquanto os animais A, C, E e G são denominados *dobos*. A experiência do povo C com esses animais é ainda distinta. Percebe que os animais de cauda enrolada matam serpentes e os de cauda reta não o fazem. Categoriza de maneira diversa a mesma realidade. Chama os animais A, B, E e F *busas* e denomina os animais C, D, G e H de *busanas*. A mesma realidade, a partir de experiências culturais diversas, é categorizada diferentemente. Nenhum ser do mundo pertence a uma determinada categoria, os homens é que criam as categorias e põem nelas os seres. Isso não acontece só com os seres concretos. Imaginemos que uma pessoa mata outra. Essa ação pode ser categorizada como assassinato, como acidente, como cumprimento do dever, como ato de heroísmo, como perda temporária da razão. Essa categorização determina nossas atitudes: prendemos o assassino; perdoamos quem foi vítima das circunstâncias; elogiamos o policial que matou o sequestrador que mantinha pessoas como reféns, porque cumpriu seu dever; damos uma medalha ao herói que, na guerra, matou o inimigo. Como dissemos, a língua não é uma nomenclatura aplicada a uma realidade cuja categorização preexiste à significação.

O significado é composto de traços funcionais, como *morde/não morde*, *mata serpente/não mata serpente*, *come cereais/não come cereais*, e qualificacionais, como *com corpo grande/com corpo pequeno*; *com cabeça quadrada/com cabeça redonda*; *com cauda enrolada/com cauda reta*.

## Composição e valor dos signos

No período medieval, dizia-se que o signo era *aliquid pro aliquo* (alguma coisa em lugar de outra). Essa definição mostra que o signo não é a realidade. Saussure vai precisar bem esse fato, quando diz que o signo linguístico não une um nome a uma coisa, mas um conceito a uma imagem acústica. O que o mestre genebrino quer mostrar-nos é que o signo não é um conjunto de sons, cujo significado são as coisas do mundo. O signo é a união de um conceito com uma imagem acústica, que não é o som material, físico, mas a impressão psíquica dos sons, perceptível quando pensamos numa palavra, mas não a falamos. O signo é uma entidade de duas faces, uma reclama a outra, à maneira do verso e do anverso de uma folha de papel. Percebem-se as duas faces, mas elas são inseparáveis.

Ao conceito Saussure chama *significado* e à imagem acústica, *significante*. Não existe significante sem significado; nem significado sem significante, pois o significante sempre evoca um significado, enquanto o significado não existe fora dos sons que o veiculam. A imagem acústica /gatu/ não evoca um gato particular, mas a ideia geral de gato, que tem um valor classificatório. Na criação desse conceito, a língua não leva em conta as diferentes raças, os tamanhos diversos, as cores várias, etc. Faz abstração das características particulares de cada gato, para instaurar a categoria da /felinidade/. O significado não é a realidade que ele designa, mas a sua representação. É o que quem emprega o signo entende por ele.

A linguagem verbal não é a única linguagem existente. Há também linguagens pictóricas, gestuais, etc. Não se pode falar em imagens acústicas quando se trabalha com outros sistemas de signos. Por isso, é necessário ampliar a definição de significante, para que ela possa ser usada em todas as linguagens. Poder-se-ia então dizer que o significante é o veículo do significado, que é o que se entende quando se usa o signo, é sua parte sensível.

A definição de signo dada por Saussure é substancialista, pois ele trata do signo em si, como união de um significante e um significado. No entanto, no *Curso de Linguística geral*, ele insiste no fato de que na língua não há senão diferenças, ou seja, de que cada elemento linguístico deve ser diferente dos outros elementos com os quais contrai relação. Por isso, é preciso considerar o signo não mais em sua composição, mas em seus contornos, dados por suas relações com os outros signos. Por isso, Saussure cria a noção de *valor*, que já foi mencionada acima. Com ela, dá-se uma definição negativa do signo: um signo é o que os outros não são. O valor provém da situação recíproca das peças na língua, pois importa menos o que existe de conceito e de matéria fônica num signo do que o que há ao seu redor. A significação é, então, uma diferença entre um signo e outro signo, pois o que existe na língua são a produção e a interpretação de diferenças. No interior de uma língua, as palavras que exprimem ideias próximas delimitam-se umas às outras. Por exemplo, os sinônimos como *receio*, *medo*, *pavor* só têm valor próprio pela oposição. Eles recobrem-se parcialmente, mas também se opõem uns ao outros. Se um deles não existisse, seu conteúdo iria para os outros. Em português, *alugar* significa dar ou tomar em aluguel, enquanto, em alemão, há dois verbos distintos para isso, *mieten* e *vermieten*. O grego tem três números, o singular, o dual e o plural. Assim, o plural nessa língua tem um valor diferente do plural em português. Nesta língua, o plural relaciona-se apenas ao singular e, portanto, seu valor é de "mais de um", enquanto em grego, como se relaciona com o singular e o dual, seu valor é de mais de dois. Com o conceito de valor, Saussure mostra que o que importa na língua são as diferenças existentes entre conceitos e sons.

Hjelmslev, linguista dinamarquês, vai incorporar a noção de valor ao conceito de signo. Começa por dizer que o signo é a união de um plano de conteúdo a um plano de expressão. Não se trata aqui de uma simples substituição terminológica, em que plano de conteúdo está no lugar de significado e plano de expressão substitui o significante. Trata-se, na verdade, de uma mudança de concepção. Para Hjelmslev, cada plano compreende dois níveis: a forma e a substância. Assim, há uma forma do conteúdo e uma substância do conteúdo; uma forma da expressão e uma substância da expressão.

Comecemos por definir o que é forma e o que é substância. A forma corresponde ao que Saussure chama *valor*, ou seja, é um conjunto de diferenças. Para estabelecer uma definição formal de um som ou de um sentido, é preciso estabelecer oposições entre eles por traços, pois os sons e os sentidos não se opõem em bloco. Assim, quando tomamos os sons *p/b*, verificamos que eles se opõem, porque o primeiro apresenta o traço /surdez/, enquanto o segundo contém o traço /sonoridade/. No entanto, uma oposição só se constrói sobre uma identidade: os dois sons são oclusivos e bilabiais. Verifica-se, então, que a oposição entre eles não é feita em bloco, mas por um traço. Não é a totalidade do /p/ que se opõe à totalidade do /b/. A mesma coisa ocorre no âmbito do sentido. Em português, há uma oposição entre *homem/mulher*. Ambos têm o traço /humano/, mas se distinguem, porque o primeiro apresenta o traço /masculinidade/, enquanto o segundo contém o traço /feminilidade/. No entanto, como o português não tem um termo para indicar o ser humano em geral, esse conteúdo recai no termo *homem*. Assim, a relação entre as palavras *homem* e *mulher* determina que o termo *homem* tenha dois valores diferentes: "ser humano" e "ser humano do sexo masculino". Em línguas como o latim ou o grego, isso não ocorre, porque há três termos opondo-se: em latim, aparecem *homo* (ser humano), *uir* (ser humano do sexo masculino) *efemina* (ser humano do sexo feminino); em grego, são respectivamente *ánthropos*, *anér*, *gyné*. Além disso, os sons e os sentidos são combinados de acordo com regras muito estritas da língua. Por exemplo, o som representado pelo *nh* não pode ocupar, em português, a posição inicial de palavra. Por isso, quando emprestamos uma palavra de uma língua estrangeira que tem o *nh* em posição inicial pronunciamos esse vocábulo, acrescentando um *i* antes do *nh*, para que este fique em posição medial: *nhoque* em português vira *inhoque*. Da mesma forma, não se diz *A pedra viu o menino*, porque o sentido de *ver* exige que o sujeito seja animado.

A substância da expressão são os sons e a substância do conteúdo, os conceitos. Sons e conceitos são gerados pela forma e não preexistem a ela. O conceito de *homem*, em português, "ser humano" e "ser humano do sexo masculino" é criado pelo fato de ele se opor a *mulher* e não se opor a um terceiro termo, como em latim, em que o conceito de *homo* é apenas o de ser humano. Os sons p/b surgem da existência da oposição surdo/sonoro.

Assim, o signo, para Hjelmslev, une uma forma da expressão a uma forma de conteúdo. Essas duas formas geram duas substâncias, uma da expressão e uma do conteúdo. A forma da expressão são diferenças fônicas e suas regras combinatórias; a forma do conteúdo são diferenças semânticas e suas regras combinatórias; a substância da expressão são os sons; a substância do conteúdo, os conceitos.

Para Hjelmslev, o que a Linguística deve estudar é a forma tanto da expressão quanto do conteúdo. O signo seria representado como ERC (expressão em relação com o conteúdo) e uniria duas formas, que se manifestam por duas substâncias.

Quando se lê a explicação que Saussure dá do signo, pensa-se que ele é uma palavra, ou mais, rigorosamente, um morfema, ou seja, a menor unidade dotada de forma fônica e de significado. Assim, na palavra *amássemos*, temos quatro morfemas: *am-*, o radical, que contém o significado relativo ao ato de amar; o *a*, vogal temática, que indica que o verbo pertence à primeira conjugação; o *-sse*, que exprime o tempo e o modo da forma verbal; o *-mos*, que expressa a pessoa e o número da forma verbal. Apresentando o signo, como o resultado da semiose, união de sons e conceitos, que se efetua no ato de linguagem, Hjelmslev mostra que o morfema é apenas o signo mínimo, pois a dimensão das unidades de manifestação não é pertinente para a definição dos signos. Em outras palavras, no ato de falar, produzimos significação, não só quando enunciamos os signos mínimos, ou seja, os morfemas, mas também quando produzimos frases ou textos. Assim, as frase são signos, os textos são signos, qualquer produção humana dotada de sentido é um signo.

## Características do signo linguístico

### A arbitrariedade do signo

> – Pois bem – explicou o Gato –, um cachorro rosna quando está com raiva e balança a cauda quando está contente, compreende? Enquanto eu rosno quando estou satisfeito e balanço a cauda quando estou com raiva, está entendendo? Portanto eu sou louco.
> – Não chamo a isso rosnar, mas ronronar.
> – Chame como quiser – disse o Gato.
> (Lewis Carroll, 1980:83)

Para Saussure, o signo linguístico tem duas características principais: a arbitrariedade do signo e a linearidade do significante.

Desde a Antiguidade especula-se sobre a relação existente entre o significado e o significante. No *Crátilo*, de Platão, discute-se a respeito dela. Crátilo diz que o significante é unido ao significado por *physei* (por natureza). Hermógenes afirma que essa relação é por *thései* (por convenção). Sócrates inclina-se a reconhecer que a relação entre o significante e o significado feita por semelhança é superior àquela feita arbitrariamente, mas que, em geral, essa relação é feita por convenção.

Para Saussure, o signo linguístico é arbitrário e, portanto, cultural. Arbitrário é o contrário de motivado, o que significa que, quando ele afirma que o signo linguístico é arbitrário, está querendo dizer que ele não é motivado, ou seja, que não há nenhuma relação necessária entre o som e o sentido, que não há nada no significante que lembre o significado, que não há qualquer necessidade natural que determine a união de um significante e de um significado. Isso é comprovado pela diversidade das línguas. A palavra mar é *sea* em inglês; a palavra boi é *ox* em inglês. Verifica-se, portanto, que, nos sons *mar* ou *sea*, não há nada que lembre o significado "massas de águas salgadas do globo terrestre". Mar poderia ser chamado *estunque*, se os homens convencionassem que esse deveria ser seu nome.

Algumas pessoas criticaram a concepção da arbitrariedade do signo, mostrando que as onomatopeias, como *ai*, *oh*, *ah*, são motivadas. No entanto, é preciso dizer que, em primeiro lugar, as onomatopeias ocupam um lugar marginal na língua e, depois, que também elas são submetidas às coerções fonológicas de cada língua, o que explica que os sons produzidos pelos animais, por exemplo, variam de língua para língua. Assim, em português, o gato ronrona e o cachorro rosna; em inglês, as vozes desses animais são designadas, respectivamente, pelos verbos *purr* e *snarl*. Isso não quer dizer que, nos Estados Unidos ou na Inglaterra, os gatos e cachorros ronronem e rosnem diferentemente dos gatos e dos cachorros do Brasil ou de Portugal, mas que as onomatopeias não imitam tão naturalmente os sons, como nos querem fazer crer.

O corolário da arbitrariedade é a convenção. Diz Saussure que afirmar que o signo é arbitrário não significa que o significado depende da livre escolha do falante (1969:83), pois não está nas mãos do indivíduo a capacidade de mudar nada num signo linguístico, já que ele é social. Em *Alice*, encontramos a seguinte passagem:

> – Não sei bem o que o senhor entende por "glória" –, disse Alice.
> Humpty Dumpty sorriu com desdém. – Claro que você não sabe, até eu lhe dizer. O que eu quero dizer é: "eis aí um argumento arrasador para você".
> – Mas "glória" não significa "um argumento arrasador" –, objetou Alice.
> – Quando uso uma palavra –, disse Humpty Dumpty em tom escarninho – ela significa exatamente aquilo que quero que ela signifique... nem mais nem menos.
> – A questão –, ponderou Alice – é saber se o senhor pode fazer as palavras dizerem coisas diferentes.
> – A questão –, replicou Humpty Dumpty – é saber quem é que manda. É só isso. (1980: 196)

Humpty Dumpty recusa-se a aceitar as convenções que presidem ao uso da linguagem, estabelece suas próprias convenções e, por isso, não permite que a comunicação ocorra. Para que ela se efetue, é preciso que os falantes estejam unidos por um consenso, que constitui uma comunidade linguística.

A arbitrariedade da relação significante e significado quer dizer que ela é convencional, isto é, repousa numa espécie de acordo coletivo entre os falantes.

O próprio Saussure vai atenuar o princípio da arbitrariedade do signo, fazendo uma distinção entre o que é absolutamente arbitrário e o que é relativamente arbitrário. Um signo como *mar* é absolutamente arbitrário, porque não há nenhuma motivação no liame que une o significante e o significado. Já um signo como *dezenove* lembra os dois signos que o compõem, *dez* e *nove*. Como o significado de *dezenove* é "dez + nove" e o significante é composto dos signos *dez* e *nove*, ele é relativamente motivado. Os signos *dez* e *nove* são absolutamente arbitrários. A mesma coisa acontece com *pereira*. De um lado, esse termo evoca o signo *pera*; de outro, o sufixo *-eira*, que aparece em nomes de árvores como *cerejeira*, *macieira*, *ameixeira*, etc. A relativa motivação aparece na formação de palavras por composição ou por derivação. A limitação relativa da arbitrariedade estabelece um princípio de ordem e de regularidade na língua. Ao longo da história da língua, certas motivações relativas vão perdendo-se. Assim, ninguém mais lembra que *candidato* é formado da palavra *candidus*, que, em latim, significa "branco". O candidato vestia uma toga branca, daí seu nome. Também ninguém mais sabe que *ministro* é formado da palavra latina *minus*, que significa "menos", pois, na sua origem, *minister* significava "criado".

A arbitrariedade do signo não se aplica a todas as linguagens, pois há linguagens que têm signos em que a relação entre significante e significado é motivada. Por exemplo, nas linguagens visuais. A foto de uma paisagem é um signo em que significado e significante estão unidos por semelhança. Nos símbolos, a relação entre o significado e o significante pode ser motivada. Uma mulher com olhos vendados e com uma balança na mão é símbolo da justiça. O significante lembra o significado da justiça: a equanimidade é lembrada pelos dois pratos da balança que precisam estar na mesma altura e pelos olhos vendados, que indicam que o juiz distribui a justiça sem olhar quem é o demandante. A cruz é o símbolo do cristianismo. O significante lembra Cristo e sua morte. A foice e o martelo cruzados são o símbolo do comunismo. A foice lembra o campesinato; o martelo, o operariado; o cruzamento dos dois indica a união das duas classes.

Jakobson (1969:98-117) mostra que, embora estivesse correta a afirmação saussuriana de que os signos linguísticos são arbitrários, ela deveria ser matizada, pois, em muitos casos, em todos os níveis da língua aparecem motivações. Os sons parecem ter um simbolismo universal. A oposição de fonemas graves, como o /a/, e agudos, como o /i/, é capaz de sugerir a imagem do claro e do escuro, do pontudo e do arredondado, do fino e do grosso, do ligeiro e do maciço. Por isso, quando se vai indicar, nas histórias em quadrinho, o riso dos homens e das mulheres, usam-se, respectivamente, *ha, ha, ha* e *hi, hi, hi*. Ainda nas histórias em quadrinho, as onomatopeias que indicam ruído, sons brutais e repentinos, como pancadas, começam sempre por consoantes oclusivas, que são momentâneas, como um golpe (p/b; t/d;/ k/g): *pum*, *pá*, *tá*. Isso não ocorre, segundo Jakobson, apenas nas onomatopeias. Há regiões do léxico, em que conjuntos de palavras apresentam sentidos similares associados a sons similares. Em inglês, temos *bash*, "golpe"; *mash*, "mistura"; *smash*, "golpe duro"; *crash*, "fragor, desmoronamento"; *dash*, "choque"; *lash*, "chicotada"; *hash*, "confusão"; *rash*, "erupção"; *brash*, "ruínas"; *clash*, "choque violento"; *trash*, "repelente"; *plash*, "marulho"; *splash*, "salpico"; *flash*, "relâmpago".

Sapir, linguista norte-americano, fez uma experiência. Disse a uma série de pessoas que uma língua tinha as palavras *mil* e *mal* e que uma significava "mesona" e outra, "mesinha". Perguntava, então, qual das palavras significava cada uma das coisas. Invariavelmente, as pessoas respondiam que *mil* era mesinha e *mal*, mesona. As pessoas eram levadas a esses significados pelo grau de abertura das vogais.

Na sintaxe e na morfologia, o princípio icônico aparece muitas vezes. Quando um sujeito, por exemplo, é composto pela designação de duas pessoas hierarquicamente distintas, normalmente, a palavra que indica a pessoa de hierarquia maior aparece em primeiro lugar. A ordem dos termos reflete a diferença de posição entre as pessoas. Normalmente diz-se *O presidente e o ministro vieram jantar* e não *O ministro e o presidente vieram jantar*.

Na morfologia, algumas línguas fazem, sinteticamente, o comparativo e o superlativo de muitos adjetivos. Quando isso ocorre, os graus de comparação apresentam um aumento gradual no número de fonemas. O crescimento do significante reflete a gradação do significado. Em latim, o adjetivo *altus* tem o comparativo *altior* e o superlativo *altissimus*. Em inglês, o adjetivo *high* tem o comparativo *higher* e o superlativo *highest*. O plural das línguas é feito com o acréscimo de um morfema, como no caso do português, em que é feito com o acréscimo de um -s, ou por alternância, em que se alternam sons dentro do radical, como no inglês *foot/feet*. Nunca o plural é feito com a subtração de sons. O significante do plural tende a refletir, por meio de um acréscimo, o significado de um aumento numérico.

Há outros fenômenos que indicam a existência da motivação na língua. Um é o da etimologia popular, em que o falante, com base em certas semelhanças fônicas, liga uma dada forma a outra, com que ela não tem nenhum parentesco genético. É o caso de *terraplanagem* por *terraplenagem* (liga-se a forma a *plano*, a *tornar plano*, e não ao *ato de encher*, que está na base de *terraplenagem*, uma vez que *plenagem* vem do verbo latino *pleo,* que significa encher), *aviso breve* por *aviso prévio*. Pela mesma razão, escreve-se *deslisar* e não *deslizar,* porque se relaciona o ato de deslizar ao que é liso.

No jogo de dicionário, em que se inventam definições para palavras desconhecidas dos jogadores, o sentido é dado a partir dos sons ou a partir de formas conhecidas com que se estabelecem relações. Em *Alice*, a menina lê o poema Jaguadarte, cuja tradução em português tem a estrutura gramatical do português, mas as palavras são inventadas. Quando Humpty Dumpty vai explicar o sentido das palavras, procede como no jogo de dicionário:

> Alice repetiu os primeiros versos de "Jaguadarte":
>
> Era briluz. As lesmolisas touvas
> Roldavam e relviam nos gramilvos.
> Estavam mimsicais as pintalouvas
> E os momirratos davam grilvos.
>
> – Basta, pra começar – interrompeu Humpty Dumpty. – Há uma porção de palavras intrincadas aqui. "Briluz" significa o brilho da luz às quatro horas da tarde, quando se passa a cena descrita nos versos.
> – Agora ficou claro – disse Alice. – E "lesmolisas"?
> – Ora significa "lisas como lesmas". Veja bem, é uma palavra-valise: dois significados embrulhados numa palavra só.
> – Ah, estou entendendo – comentou Alice pensativamente. – E o que são "touvas"?
> – Bem, as "touvas" têm algo de toupeiras, algo de lagartas e algo de saca-rolhas, e têm pelos espetados como escovas.
> – Devem ser bichos bastante esquisitos.
> – E são – disse Humpty Dumpty. – Fazem ninhos nos relógios de sol e se alimentam de queijo.
> – E o que é "roldavam" e "relviam"?
> – "Roldavam" significa que os bichos rodavam em roldão e "relviam" que eles se revolviam na relva. "Roldar" também pode ser girar como uma roldana.
> – E "gramilvos", aposto, devem ser tufos de grama plantados em torno dos relógios de sol, onde se ouvem os silvos das serpentes – disse Alice espantada com sua própria sagacidade.
> – Exatamente, é isso. Quanto a "mimsicais" significa "mimosas e musicais" (e aí tem você outra palavra-valise). E "pintalouvas" são aves canoras meio pintassilgos e meio louva-a-deus.
> – E "momirratos", que é? – perguntou Alice. Espero que não esteja lhe dando muito trabalho.
> – Bom, "ratos" não precisa explicar. Mas "momi" não sei bem o que é. Talvez venha de "momices", isto é, caretas e trejeitos. E lembra também as festas de momo, o carnaval. Assim, "momirratos" talvez sejam ratos careteiros ou carnavalescos, o que vem a dar no mesmo.
> – E o que quer dizer "grilvos"?
> – Penso que deve ser uma mistura de gritos com silvos bem agudos, com algo parecido com o chilro dos grilos. (1980:197-198)

É na poesia, no entanto, que a motivação do signo aparece em toda sua força. O poeta busca motivar a relação entre o significante e o significado. Essa motivação não aparece no nível do signo mínimo, mas no do signo-texto. Por isso, no texto poético, o plano da expressão serve não apenas para veicular conteúdos, mas para recriá-los em sua organização. O material sonoro contribui para produzir significação, o plano da expressão é colocado em função do conteúdo. Os elementos da cadeia sonora lembram, de algum modo, o significado presente no plano do conteúdo. As aliterações, as assonâncias, os ritmos imitam aquilo de que fala o poema, pois ele é, na frase do poeta Valéry, "uma hesitação prolongada entre o som e o sentido". Os sons na poesia são escolhidos em razão de seu poder imitativo. Nos versos abaixo de *Os Lusíadas*, a repetição de consoantes oclusivas, especialmente do /t/, imita as explosões que a tempestade produzia:

> Em tempo de tormenta e vento esquivo,
> De tempestade escura e triste pranto (V, 18,3-4).

No poema abaixo de Manuel Bandeira, fica muito clara a motivação do signo na poesia:

**Debussy**

Para cá, para lá...
Para cá, para lá...
Um novelozinho de linha...
Para cá, para lá...
Para cá, para lá...
Oscila no ar pela mão de uma criança
(Vem e vai...)
Que delicadamente e quase a adormecer o balança
– Psio... –
Para cá, para lá
Para cá e...
– O novelozinho caiu.
(*Estrela da vida inteira.* 4ª ed. Rio de Janeiro: José Olympio, 1973, p. 64)

O poeta vai acompanhando o movimento pendular de alguma coisa. Os versos, como um metrônomo, têm um ritmo que acompanha o movimento: *para cá, para lá.*

Esse ritmo é interrompido e explica-se o que estava oscilando: um novelozinho de linha. Deve-se notar, no entanto, que, depois de anunciar o objeto, as reticências interrompem a comunicação. É como se o poeta estivesse a contemplar a criança que estava para adormecer e parasse o que ia dizer para contemplar novamente o novelozinho na mão da criança: *para cá, para lá...*

Diz que o novelozinho *oscila no ar pela mão de uma criança/* (...) *que delicadamente e quase a adormecer o balança*. Entre os dois versos da fala do poeta, há um verso, que aparece entre parênteses, a indicar que, enquanto o poeta fala, o movimento do novelo continua. Ele mostra que seu vaivém prossegue sempre igual: primeiro para cá (vem) e depois para lá (vai). As reticências revelam que o movimento é contínuo.

Depois de ter-nos informado que esse *para cá, para lá* (contínuo como mostram as reticências) é o movimento de um novelozinho de linha que oscila no ar pela mão de uma criança que delicadamente e quase a adormecer o balança, o poeta impede nossa manifestação com um *psio*, para não acordarmos a criança quase adormecida.

O ritmo do verso continua a recriar o ritmo do balanço. A interrupção do verso seguinte, que mostra o movimento apenas numa direção, significa que a criança dormiu e, portanto, derrubou o novelo. O último verso reitera esse significado para nós.

O título do poema é o nome do compositor francês Debussy, que, ligado aos movimentos simbolista e impressionista, abriu um universo sonoro inteiramente novo, em que a sugestão ocupou o lugar de uma construção temática bem definida. Uma de suas obras é *Children's corner* (Recanto das crianças), coletânea de peças infantis que ele dedicou à filha. A peça mais conhecida dessa obra é "A menina de cabelos de linho", composta de movimentos descendentes (vai) e ascendentes (vem). A cadência harmônica final tem um movimento melódico descendente (caiu).

## A linearidade do significante

O caráter auditivo do significante linguístico faz com que ele se desenvolva no tempo. Ele representa uma extensão e essa extensão é mensurável numa só dimensão, é uma linha. A escrita, ao representar a fala, representa essa linearidade no espaço.

A linearidade é uma característica das línguas naturais, segundo a qual os signos, uma vez produzidos, dispõem-se uns depois dos outros numa sucessão temporal ou espacial. Por causa dessa característica, não se pode produzir mais de um elemento linguístico de cada vez: um som tem que vir depois do outro, uma palavra depois da outra, e não se podem produzir dois sons ao mesmo tempo ou duas palavras ao mesmo tempo.

Há linguagens, como, por exemplo, a pintura, cujos significantes não são lineares e, portanto, eles se apresentam simultaneamente para quem vê um quadro.

## Denotação e conotação

A linguagem autoriza toda sorte de alterações de significado, de violações semânticas, quando se ultrapassam as fronteiras estabelecidas entre o animado e o inanimado, o humano e o não humano, o concreto e o abstrato, etc.

> De repente, na altura, a manhã gargalhou, um bando de maitacas passava, tinindo guizos, partindo vidros, estralejando de rir. (Guimarães Rosa, *Sagarana*)

Na oração *a manhã gargalhou*, temos a atribuição de um sujeito não animado a um verbo que, em princípio, deveria exigir sujeito animado. Empregamos, a todo momento, essas mudanças semânticas: cair das nuvens, sorriso amarelo, matar o tempo, matar a fome, quebrar o galho, cortar a palavra. Como explicar esse mecanismo?

Já se viu acima que o signo é a união de um plano da expressão a um plano do conteúdo: ERC. Por exemplo, o sentido da palavra *olho* é "globo colocado na parte anterior da cabeça e que serve de órgão da visão"; o sentido do termo *gato* é "pequeno mamífero carnívoro, doméstico, da família dos felídeos". Portanto, o significado da expressão *olho de gato* é "globo colocado na parte, etc.". No entanto, em português, *olho de gato* significa também "chapinha colocada em pequenos postes, instalados ao longo das estradas de rodagem, que reflete a luz dos faróis dos automóveis, para marcar os limites do leito da estrada". No primeiro caso, temos um signo denotado; no segundo, um signo conotado. Como se compõe um signo conotado? É o signo cujo plano de expressão é um signo. Assim, temos um signo denotado ERC, ao qual se acrescenta um novo plano de conteúdo *(ERC) R C*. No caso de olho de gato acrescentou-se um segundo conteúdo ao conteúdo do signo denotado: "globo colocado na parte anterior da cabeça e que serve de órgão da visão para um animal felino, etc.". Ora, poder-se-ia perguntar por que dar essa explicação complicada para o signo conotado e não simplesmente afirmar que ocorreu uma mudança de sentido. Porque, se afirmássemos apenas que ocorreu uma mudança de sentido, teríamos que admitir que qualquer mudança de sentido poderia ocorrer na língua e que, portanto, os sentidos multiplicar-se-iam aleatória e caoticamente. No entanto, não é isso que ocorre. Para criar um signo conotado, é preciso que haja uma relação entre o significado que se acrescenta e o significado já presente no signo denotado. O dispositivo que indica as margens das estradas recebe esse nome, porque, assim como o olho dos gatos, ele tem a propriedade de refletir a luz. Entre os dois significados, há então um traço comum.

Os dois mecanismos principais de conotação são a metáfora e a metonímia. A metáfora é o acréscimo de um significado a outro, quando entre eles existe uma relação de semelhança, de intersecção. Essa relação indica que há traços comuns entre os dois significados.

> Ó mar, por que não apagas
> Co'a esponja de tuas vagas
> De teu manto este borrão?
> (Castro Alves, "Tragédia no mar")

*Apagas* significa "eliminas"; *esponja* quer dizer "material usado para eliminar"; *manto*, "superfície"; *borrão*, "navio negreiro". Temos metáforas, porque, entre os dois significados, há um traço comum: por exemplo, entre *manto* e *superfície*, há em comum o traço /*parte externa e visível*/; entre *apagar* e *eliminar*, há a semelhança do traço /*supressão*/.

A metonímia é o acréscimo de um significado a outro, quando entre eles há uma relação de contiguidade, de coexistência, de interdependência.

> [Dudu] é um resto de pessoa, um resto de roupa, um resto de nome. Saberá ler? Não, a fome é sempre analfabeta (Murilo Mendes, *Idade do serrote*)

*Fome* significa, no texto, "os miseráveis". Temos uma metonímia, porque uma propriedade do ser designa o ser, uma vez que entre os dois significados há uma relação de coexistência, dado que o ser coexiste com suas propriedades.

A sinédoque é um tipo de metonímia, em que a relação entre os dois significados é uma relação de inclusão, que não deixa de ser um tipo de contiguidade, de coexistência. Essa relação ocorre quando um significado indica a parte e o outro, o todo, um expressa o conteúdo e o outro, o continente, etc. Com efeito, a parte está incluída no todo; o conteúdo está incluído no continente.

> Mais de um rapaz consumiu o tempo em se fazer visto e atraído dela. Mais de uma gravata, mais de uma bengala, mais de uma luneta levaram-lhe as cores, os gestos e os vidros, sem obter outra coisa que a atenção cortês e acaso uma palavra sem valor. (Machado de Assis. *Obras completas*. Rio de Janeiro, Nova Aguilar, 1979, vol. I, p. 1036)

No texto, *gravata*, *bengala* e *luneta* significam os rapazes que se aproximavam da moça. Toma-se um acessório da vestimenta pelo todo, a pessoa. Temos sinédoques. A mesma coisa acontece com *cores*, *gestos* e *vidros*, que são propriedades dos acessórios, que aparecem no lugar deles, que, por sua vez, querem indicar a pessoa.

Na linguagem poética, explora-se toda a força da conotação para criar efeitos de sentido.

> É a vaidade, Fábio, nesta vida,
> Rosa, que da manhã lisonjeada,
> Púrpuras mil, com ambição dourada,
> Airosa rompe, arrasta presumida.

É planta, que de abril favorecida,
Por mares de soberba desatada,
Florida galeota empavesada,
Sulca ufana, navega destemida.

É nau enfim, que em breve ligeireza,
Com presunção de Fênix generosa,
Galhardias apresta, alentos preza:

Mas ser planta, ser rosa, nau vistosa,
De que importa, se aguarda sem defesa
Penha a nau, ferro a planta, tarde a rosa?

(Gregório de Matos. In: CANDIDO, Antonio e CASTELLO, José Aderaldo. *Presença da literatura brasileira*. São Paulo: Difusão Europeia do Livro, 1973, vol. I, p. 73-74)

Nesse texto, o poeta vai explicar a Fábio o que é a vaidade. No primeiro quarteto, afirma que ela é *rosa*; no segundo, que é *planta*; no primeiro terceto, que é *nau*. Essas três palavras significam, no soneto, "vaidade". Para que o leitor entenda por que *rosa*, *planta* e *nau* têm esse sentido no texto, o poeta vai explicar a relação que estabelece entre o significado de cada um desses termos e o do vocábulo *vaidade*.

No primeiro quarteto, diz que a vaidade é rosa, mas não qualquer uma. É aquela lisonjeada pela manhã, ou seja, a rosa recém-aberta e que, portanto, está em todo seu esplendor. O que o poeta quer dizer, então, é que a vaidade é a beleza aparente, que se exibe, brilha e seduz (*Púrpuras mil, com ambição dourada,/ Airosa rompe, arrasta presumida*). No segundo quarteto, o poeta afirma que a vaidade é planta, mas em pleno esplendor da primavera, já que é *de abril favorecida* (abril é o mês em que, no hemisfério norte, a primavera está em seu apogeu). A vaidade é, então, esplendor (*planta de abril favorecida*) e ornamentos (*florida galeota empavesada*) que se exibem pela vida (*por mares de soberba desatada*) com orgulho (*sulca ufana*) e arrojo (*navega destemida*). No primeiro terceto, ao dizer que a vaidade é *nau*, o poeta mostra que o ser humano vaidoso é aquele que, apesar de ter a presunção da perpetuidade (fênix é a ave que renascia das próprias cinzas), valoriza os brilhos exteriores (*galhardias apresta*) e momentâneos (*alentos preza*). A relação que se estabelece entre os significados das palavras *rosa*, *planta*, *nau* e do termo *vaidade* é que existem traços comuns de sentido entre eles, é que existe uma relação de intersecção entre seus significados: o homem vaidoso exibe suas belezas, como a rosa recém-aberta; mostra apenas seus esplendores, como a planta na primavera; valoriza o que é exterior e momentâneo, embora tenha a presunção de perpetuidade, como a nau. Trata-se, então, de três metáforas para dar concretude ao termo abstrato *vaidade*.

No último terceto, o termo *penha* (= penhasco, rochedo) significa o "naufrágio" do navio. Como *penha* pode ter esse sentido? O penhasco é a causa do naufrágio, que é seu efeito. Dá-se à causa o significado do efeito. Entre esses dois sentidos há uma relação de contiguidade (= de união, proximidade, adjacência, vizinhança e, por conseguinte, de coexistência, de interdependência, de implicação), isto é, um efeito aparece unido, relacionado a uma causa. O vocábulo *ferro* significa o "corte" da planta. Aqui a alteração do significado se faz em duas etapas. Ferro é o material de que é feito o machado; *ferro* quer, pois, dizer "machado". No caso, o material de que um objeto é feito está designando o próprio objeto. Entre os dois significados há uma relação de implicação. Em seguida, *machado* passa a significar "corte". Utiliza-se, portanto, o instrumento com que uma ação é feita para designar a ação. Entre a ação e o instrumento, há também uma relação de implicação, pois o segundo está relacionado à primeira. A palavra *tarde* significa o "fenecer", o "murchar" da rosa. Usa-se, pois, o momento pelo evento que nele ocorre. Entre os dois significados, há uma relação de implicação, pois o evento está intrinsecamente unido a um dado momento. Temos, então, três metonímias. No entanto, como *nau*, *planta* e *rosa* não estão no soneto usadas no seu sentido próprio, mas significam o "homem vaidoso", os significados "naufrágio", "corte" e "fenecimento", contaminados pelo valor semântico das três palavras contíguas, passam a significar "morte". Entre os significados "naufrágio", "corte" e "fenecimento", de um lado, e "morte", de outro, há uma relação de semelhança, ou de intersecção, já que todos contêm o traço semântico /acabamento/, /fim/. As três metonímias em contato com as metáforas se metaforizam. O que o poeta pergunta, pois, no segundo terceto, é: de que vale ser vaidoso, se a morte é inexorável (*se aguarda sem defesa/ Penha a nau, ferro a planta, tarde a rosa?*). O soneto trata, então, de temas muito caros ao barroco: o caráter passageiro da vida e a inevitabilidade da morte.

No entanto, não devemos pensar que a metáfora e a metonímia aparecem apenas na linguagem poética. Ao contrário, a linguagem corrente está repleta de conotações: *afogar-se num copo d'água*, *forçar a barra*, *guerra contra a inflação*, *batalha dos preços*. Nem mais prestamos atenção ao valor conotado dessas expressões. Quando se observa a história da língua, por exemplo, nota-se que quase todas as palavras têm sentidos oriundos de conotações. *Argumento* provém da raiz *argu-*, que aparece também na palavra *argênteo* (= prateado) e que significa "cintilar". Na origem, *argumento* era o que fazia cintilar uma ideia. Essa raiz ocorre também em *arguto* e *argúcia*, que se relacionam à inteligência brilhante. Aliás, usar a palavra *brilhante* para referir-se a um indivíduo ou a suas ações é também uma conotação. Não percebemos mais as palavras conotadas em nossa língua, mas, quando aprendemos uma língua estrangeira, somos bastante sensíveis à conotação, que os falantes dessa língua não percebem mais. Numa língua melanésia, cabelo é expresso por uma palavra que significa, literalmente, "erva que cresce na cabeça". Um estrangeiro, que não esteja acostumado às expressões conotadas e cristalizadas de uma determinada língua, faz rir ao substituir um de seus componentes por um sinônimo: por exemplo, dizer *assassinar a fome* em lugar de *matar a fome*; *barbante vocal* em vez de *corda vocal*. Cada língua conota diferentemente e, por isso, a maneira de ver o mundo varia de língua para língua.

Mostrou-se acima que o signo pode ter diferentes dimensões, do signo mínimo, o morfema, ao texto. Signo é toda produção humana dotada de sentido. Por conseguinte, a metáfora e a metonímia, signos conotados, podem ter a dimensão de uma palavra, de uma frase, de um texto.

O texto *Um apólogo*, de Machado de Assis, é um texto metafórico. Portanto, em sua integralidade, é um signo conotado. Nesse texto, o narrador confere à linha e à agulha traços humanos: elas conversam, dão-se um tratamento próprio dos seres humanos (*você*, *senhora*), atribuem-se verbos que indicam ações humanas (por exemplo, *fingir*). Ao mesmo tempo, a narrativa relata atividades que são próprias de uma linha e de uma agulha: *coser*, *furar o pano*, *prender*, *ligar*, *ajuntar*, etc. O que se observa, portanto, é que ao significado habitual dos termos *agulha* e *linha* se acrescenta um segundo plano de sentido:

o humano. Daí se conclui que esse texto não fala propriamente de agulhas e linhas, mas de seres humanos. Se o narrador tivesse usado personagens humanas, o texto não teria a mesma expressividade. Quando se mostra que há pessoas com papel de agulha e outras com função de linha, aproveitam-se traços próprios desses objetos, para projetá-los nas pessoas. Entre as agulhas e certas pessoas há uma série de traços comuns:

a) abrem caminho para os outros;
b) ambas vão adiante, puxando, carregando o que vem atrás;
c) ambas fazem trabalho obscuro;
d) ambas têm papel subalterno;
e) ambas não desfrutam do prazer do seu trabalho.

*Agulha* significa, nesse texto, "pessoa que abre caminho para outros e não recebe qualquer reconhecimento por isso". *Linha* quer dizer "pessoa que desfruta do esforço daqueles que lhe abriram caminho e lhe criaram oportunidade". As relações entre a linha e agulha são as mesmas que se estabelecem entre a costureira e a baronesa, os batedores e o imperador. A partir daí, todos os termos referentes às atividades próprias da linha e da agulha devem ser lidos como atividades humanas: *furar o pano* = "abrir caminho", etc.

O último parágrafo confirma, com a frase *Também eu tenho servido de agulha a muita linha ordinária*, essa interpretação dada ao texto: na vida social, há os que realizam o verdadeiro trabalho e os que desfrutam do trabalho alheio.

Pode-se dizer que o texto abaixo é metonímico, porque ele fala de uma parte, de um exemplo, para significar o todo. Fala da água, para falar da ciência e da literatura.

Lição sobre a água
Este líquido é água.
Quando pura
é inodora, insípida e incolor.
Reduzida a vapor,
sob tensão e a alta temperatura,
move os êmbolos das máquinas, que, por isso,
se denominam máquinas de vapor.

É um bom dissolvente.
Embora com exceções mas, de um modo geral,
dissolve tudo bem, ácidos, bases e sais.
Congela a zero graus centesimais
e ferve a 100, quando a pressão normal.

Foi nesse líquido que numa noite cálida de Verão,
sob um luar gomoso e branco de camélia,
apareceu a boiar o cadáver de Ofélia
com um nenúfar na mão.
(António Gedeão. *Poesias completas (1956-1967)*. Lisboa: Portugalia, 1972, p. 244-245)

À primeira vista, temos a impressão de que se trata de um texto denotado, ou seja, com um só plano de leitura. Fala sobre a água. Ainda mais: temos a sensação, nas duas primeiras estrofes, de estar diante de um texto retirado de um livro de ciências das séries elementares, enquanto, na última estrofe, parece que estamos diante de um texto poético. Com efeito, as duas primeiras estrofes falam das propriedades físico-químicas da água (ausência de cor, cheiro e sabor, em estado de pureza; propriedade solvente quase universal, pois dissolve substâncias pertencentes aos três grandes grupos de elementos químicos, ácidos, bases e sais; ponto de congelamento e de fervura, em pressão normal) e falam também de sua utilidade (mover máquinas e servir de solvente). Como se disse, temos a impressão de que a palavra "água" tem um valor denotativo e de que o poeta está fazendo uma exposição, que ficaria melhor num compêndio científico, sobre as propriedades e funções de uma dada substância. No entanto, na terceira estrofe, o tom muda: um ritmo lento e majestoso substitui o ritmo quase prosaico das duas primeiras estrofes; as consoantes não momentâneas predominam; os vocábulos selecionados parecem mais sugestivos, parecem "literários".

Comecemos a análise por essa estrofe. O que chama a atenção é a utilização de adjetivos não pertinentes do ponto de vista da comunicação: noite cálida de Verão, luar branco de camélia. Esses adjetivos não são pertinentes do ponto de vista da comunicação, porque introduzem uma redundância, que, comunicacionalmente, seria viciosa, já que uma noite de verão é necessariamente cálida, quente, e o luar é, por definição, branco, assim como a camélia. No entanto, o que é redundante do ponto de vista da mensagem utilitária pode ser o elemento básico da construção poética. Temos, pois, de um lado a reiteração da quentura e, de outro, da brancura. *Verão*, grafado com maiúscula, não denota apenas a estação do ano, mas evoca o calor e, por associação, conota a vida. Isso sugere o tempo dos jogos de amor. Luar é o clima dos enamorados. É definido como de uma brancura intensa, pois "de camélia" reforça "branco". A brancura conota a pureza. Além disso, o verso sugere um clima arrebatador, pois gomoso significa viscoso, é o que prende, cativa e seduz. O terceiro verso introduz a ideia da morte, da podridão do cadáver, da frieza. Até agora mantivemo-nos na análise de mecanismos internos de produção do sentido. No entanto, é preciso ver a relação do texto com outros textos. Ofélia, cujo cadáver aparece boiando, evoca Ofélia, personagem da tragédia *Hamlet*, de Shakespeare. Esta amava Hamlet e, enlouquecida de dor, porque o próprio amado matara seu pai, morreu afogada. A evocação de uma personagem da tragédia clássica introduz no poema todos os conflitos que perpassam a tragédia, cujas personagens são dilaceradas por sentimentos contraditórios. No quarto verso, aparece o termo "nenúfar", planta aquática da família das ninfeáceas. Essa palavra traz à mente as ninfas, evocando beleza, juventude e, também, vida.

No meio de um conjunto de signos que sugerem a vida, introduz-se a morte; no interior da brancura de camélia do luar, insere-se a putrefação (o cadáver). A água é um lugar de vida (é onde crescem os nenúfares); é também o lugar de seu contraditório, a morte (é onde boia o cadáver). Estamos no plano do mito, pois todo mito reúne elementos semânticos contrários entre si. A água ganha a dimensão do mito. Ao mesmo tempo, Ofélia lança-nos no domínio da literatura.

A nitidez dos recursos poéticos da terceira estrofe obriga-nos a reler as duas primeiras, para perceber o significado global do poema, que, até agora, apresenta-se como dois blocos de significação sem aparente relação entre si.

Esse poema não fala da água. Não é, pois, denotado. Fala da ciência e da literatura. Há duas grandes maneiras de conhecer o mundo. Uma é a da ciência, que é denotativa, descreve a realidade em suas propriedades e funções. Ela define, distingue, não admite a contradição. Por isso, é uma visão da realidade sem cheiro, sem cor e sem sabor. Está vinculada ao mundo do trabalho e dos negócios ("move os êmbolos das máquinas"), pois gera uma tecnologia. Nela, a realidade é vista como um espaço em que tudo está catalogado e separado. A análise da ciência é sempre parcial, sempre incompleta, pois não leva em conta a contraditoriedade humana, expressa pelo mito. A leitura literária do mundo é o plano do entendimento mítico, que apreende simultaneamente as contraditoriedades inerentes ao real, em que a morte é a contraface da vida; a podridão, da pureza; o frio, do calor... Por isso, é uma visão com cores intensas ("o luar branco de camélia") e sensações táteis muito vivas. Está vinculada ao mundo dos sentimentos, fundindo os elementos, enquanto conserva suas propriedades. A substituição do ritmo e a predominância das consoantes não momentâneas recriam, no plano da expressão, a ideia da invasão do mito que flui pelo interior da realidade. É a única leitura do mundo que apreende os sentimentos contraditórios que movem os homens.

O poeta mostrou essas duas leituras do mundo, criando em seu texto simulacros do discurso científico e do discurso literário, a partir de seus traços mais evidentes e mais de acordo com o senso comum. Com efeito, no senso comum, pensa-se que existem matérias literárias e não-literárias e palavras literárias e não-literárias. A morte e o luar seriam temas literários. *Camélia*, *nenúfar*, *cálido* seriam termos literários, enquanto *ácidos*, *bases* e *sais* não o seriam. Por isso, temos a impressão, nas duas primeiras estrofes, de estar diante de um texto retirado de um livro de ciências das séries elementares e, na última, de estar diante de um texto literário. Pode-se dizer que esse texto é metonímico, porque fala do todo, o discurso literário e o discurso científico, a partir de um exemplo singular, um dado discurso sobre a água.

## Classificação dos signos

Diferentes autores já buscaram classificar os signos das diferentes linguagens. Vamos tomar a classificação feita por Adam Schaff (1968:158-193). Essa classificação abrange todo tipo de signo, ou seja, unidade em que há uma relação entre uma expressão e um conteúdo, e ao mesmo tempo procura respeitar as noções correntes dos termos utilizados para dar nomes aos tipos de signos, como símbolo, sinal, etc.

Levando em conta o critério da intenção comunicativa presente nos signos, eles podem classificar-se em *signos naturais* e *signos artificiais* (*ou signos propriamente ditos*). Os primeiros são os fenômenos da natureza que servem de veículo para nos fazer perceber um outro fenômeno natural. São expressões de um dado conteúdo. São denominados também *índices* ou *sintomas*. Assim, a fumaça (expressão) indica a existência de fogo (conteúdo), nuvens negras mostram que vai chover; o congelamento da água de um lago assinala o abaixamento da temperatura; a febre é um sintoma de problemas de saúde. Os signos artificiais ou propriamente ditos são os produzidos para fins de comunicação. São signos artificiais as palavras, os sinais de trânsito, enfim, os signos presentes em todas as linguagens, como o cinema, a pintura, a escultura. Esses signos são resultado de um acordo deliberado, como no caso dos sinais de trânsito, em que uma convenção estabeleceu os signos que orientariam a circulação de veículos e pedestres, ou da prática histórica, como no caso das palavras, em que a experiência dos homens as cria e as põe em circulação.

Considerando a função que os signos artificiais têm na interpretação das diferentes linguagens, eles podem ser divididos em *signos verbais* e *signos com expressão derivativa*. Os signos verbais são interpretantes de todas as linguagens, enquanto os signos das outras linguagens nem sempre podem interpretar os signos linguísticos. O que é expresso visualmente, um filme, por exemplo, pode ser contado por meio de signos verbais; no entanto, nem tudo o que se exprime verbalmente por ser dito visualmente. Num soneto de Camões há o verso *Amor é ferida que dói e não se sente*. Não se pode dizer visualmente que uma coisa dói e, ao mesmo tempo, é indolor. Pela função interpretante universal dos signos verbais, eles classificam-se separadamente dos outros signos artificiais, que são chamados signos com expressão derivativa.

Os signos com expressão derivativa distinguem-se, pela sua função na comunicação, em *sinais* e *signos substitutivos*. Aqueles são "causados ou utilizados especialmente para suscitar uma reação pré-combinada e acordada, quer em grupo, quer individualmente, sob a forma de manifestações definidas da atividade humana" (p. 183). Os sinais são os signos que levam os homens a uma ação, levam-nos a fazer ou não fazer alguma coisa. O apito do juiz num jogo de futebol paralisa o jogo; o vermelho do semáforo faz parar; o verde leva a pôr o carro em movimento; o toque de uma sirene faz começar ou parar o trabalho, etc. O sinal é resultado de acordo explícito, válido para certo grupo de pessoas; seu propósito é o de modificar, iniciar ou sustar uma ação; só é usado quando se pretende provocar o comportamento humano que ele deve suscitar. Os signos substitutivos são usados para representar alguma coisa. Uma foto de uma paisagem representa a paisagem; uma maquete, uma construção; a bandeira, a pátria; etc.

De acordo com a natureza do significado, os signos substitutivos distinguem-se em *signos substitutivos stricto sensu* e *símbolos*. Naqueles, o significante expressa um significado concreto: por exemplo, um autorretrato, cujo significado é "pessoa que pintou o quadro"; uma planta de uma casa, cujo significado é "uma determinada construção". O símbolo é um elemento concreto que representa um abstrato (religiões, sistemas sociais, noções);.a cruz gamada significa "nazismo"; a bandeira nacional significa a "pátria". A representação simbólica pode basear-se na convenção: por exemplo, no Ocidente a cor preta simboliza o luto, enquanto, em algumas sociedades orientais, é o branco que exerce essa função. Embora a representação simbólica possa ser convencional, como se nota quando se observa o simbolismo das cores, tem ela certo fundamento icônico, ou seja, há uma relação de semelhança entre o significante e o significado (por exemplo, a balança é símbolo da justiça, porque os dois pratos na mesma altura traduzem a ideia da equanimidade), ou indicial, isto é, há uma relação de contiguidade, de inclusão, entre o significante e o significado (por exemplo, a cruz é o símbolo do cristianismo, porque ela é uma parte do todo, que a imagem de Cristo morto). Existe uma mitologia do símbolo, quando ele é objeto de uma alienação específica, por se tomar independente do que ele representa, e passa a ser objeto de um culto em si mesmo. É o que acontece, às vezes, com os símbolos nacionais, que passam a valer por si mesmos e não pelo que representam.

A classificação de Schaff poderia ser esquematizada da seguinte maneira:

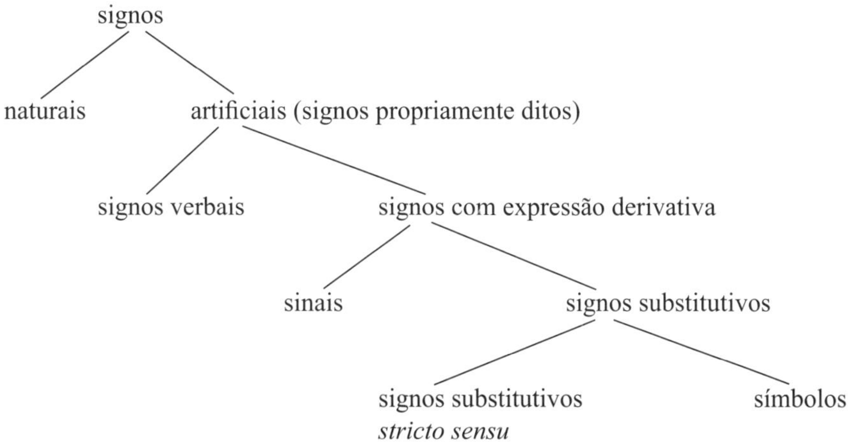


## Conclusão

No primeiro livro da Bíblia, o *Gênesis*, há dois relatos da criação. No primeiro, Deus cria o mundo falando. No início, não havia nada. Depois, há o caos. *No princípio, criou Deus o céu e a terra. A terra, contudo, estava vazia e vaga e as trevas cobriam o abismo e o Espírito de Deus pairava sobre as águas* (I, 1-2). A passagem do caos à ordem (= cosmo) faz-se por meio de um ato de linguagem. É esta que dá sentido ao mundo. O poder criador da divindade é exercido pela linguagem, já que nela e por ela se ordena o mundo. *Deus disse: Faça-se a luz. E a luz foi feita. E viu Deus que a luz era boa: e separou a luz e as trevas. Deus chamou a luz dia e as trevas noite; fez-se uma tarde e uma manhã, primeiro dia.* (I, 3-5). O mito quer mostrar o poder criador da linguagem, que dá ao homem a capacidade de ordenar o mundo, de categorizá-lo. Com os signos, o homem cria universos de sentido. As línguas não são nomenclaturas que se aplicam a uma realidade preordenada, mas são modos de interpretar o mundo. Por isso, estudar a linguagem é a forma de entender a cultura, de compreender o homem em sua marcha sobre a Terra.

## Bibliografia

Carroll, Lewis. *Aventuras de Alice.* Tradução e organização de Sebastião Uchoa Leite. 3ª ed. São Paulo: Summus, 1980.

Hayakawa, S. I. *A linguagem no pensamento e na ação.* São Paulo: Pioneira, 1963.

Hjelmslev, Louis. *Prolegômenos a uma teoria da linguagem.* São Paulo: Perspectiva, 1973.

Jakobson, Roman. *Linguística e comunicação.* São Paulo: Cultrix, 1969.

Saussure, Ferdinand de. *Curso de Linguística geral.* São Paulo: Cultrix/ Edusp, 1969.

Schaff, Adam. *Introdução à semântica.* Coimbra: Almedina, 1968.

Swift, Jonathan. *Viagens de Gulliver.* Rio de Janeiro/São Paulo: Ediouro/Publifolha, 1998.

Yaguelo, Marina. *Alice au pays du langage.* Paris: Seuil, 1981.

## Sugestões de leitura

HJELMSLEV, Louis. *Prolegômenos a uma teoria da linguagem.* São Paulo: Perspectiva, 1973.
O capítulo XIII trata da teoria hjelmsleviana do signo.

JAKOBSON, Roman. *Linguística e comunicação.* São Paulo: Cultrix, 1969.
O capítulo intitulado "À procura da essência da linguagem" discute exaustivamente a questão da motivação do signo linguístico.

SAUSSURE, Ferdinand de. *Curso de Linguística geral.* São Paulo: Cultrix/ Edusp, 1969.
Os capítulos 1 e 2 da primeira parte apresentam a teoria saussureana do signo linguístico; o capítulo 4 da segunda parte expõe a teoria do valor; o capítulo 6 discute a questão do que é absolutamente arbitrário e do que é relativamente arbitrário.

SCHAFF, Adam. *Introdução à semântica.* Coimbra: Almedina, 1968.
Nas páginas 158-193, discute-se a questão do signo e expõe-se a classificação que foi apresentada neste capítulo.

YAGUELO, Marina. *Alice au pays du langage.* Paris: Seuil, 1981.
É um livro de introdução à Linguística bastante interessante pela quantidade de exemplos com que opera. Dele se retiraram muitas sugestões, principalmente sobre passagens da obra de Carroll, para a redação deste capítulo.

# A língua como objeto da Linguística

*Antonio Vicente Pietroforte*

Entre as muitas variações do tema de que contra a força não há argumentos, encontramos esta conhecida fábula de La Fontaine, traduzida pelo poeta Ferreira Gullar (La Fontaine,1999:12-14):

**O Lobo e o Cordeiro**

Na água limpa de um regato,
matava a sede um Cordeiro,
quando, saindo do mato,
veio um Lobo carniceiro.

Tinha a barriga vazia,
não comera o dia inteiro.
– Como tu ousas sujar
a água que estou bebendo?
– rosnou o Lobo, a antegozar
o almoço. – Fica sabendo
que caro vais me pagar!

– Senhor – falou o Cordeiro –
encareço a Vossa Alteza
que me desculpeis, mas acho
que vos enganais: bebendo,
quase dez braças abaixo
de vós, nesta correnteza,
não posso sujar-vos a água.
– Não importa. Guardo mágoa
de ti, que ano passado,
me destrataste, fingido!
– Mas eu nem tinha nascido.
– Pois então foi teu irmão.
– Não tenho irmão, Excelência.
– Chega de argumentação.
Estou perdendo a paciência!
– Não vos zangueis, desculpai!
– Não foi teu irmão? Foi o teu pai

ou senão foi teu avô –
disse o Lobo carniceiro.
E ao Cordeiro devorou.

*Onde a lei não existe, ao que parece,*
*a razão do mais forte prevalece.*

Essa fábula, como a d'*A lebre e a tartaruga*, *Os dois amigos e o urso* e muitas outras vêm sendo contadas há bastante tempo. Contadas por muitos poetas e prosadores, as fábulas não possuem um só autor. A d'*A cigarra e as formigas,* por exemplo, tem uma versão do século V a.C., de Esopo, e outra, do século XVII, de La Fontaine. Algumas vezes, as personagens podem mudar. Numa versão indiana do tema de que o mais lento pode vencer uma corrida, quem perde a corrida é Garuda, o pássaro mágico de Vishnu.

Narradas há muito tempo e em muitos lugares, muitas foram as línguas dessas narrativas. Na Índia antiga, foram contadas em sânscrito, Esopo as contou em grego, Fedro, em latim, e La Fontaine, em francês. Assim, além de interessar as demais ciências humanas por seus aspectos históricos e culturais, por seus aspectos linguísticos as fábulas podem interessar o linguista.

A versão original d'*O lobo e o cordeiro*, de La Fontaine, é esta:

**Le Loup et L'Agneau**

La raison du plus fort est toujours la meilleure:
Nous l'allons montrer tout à l'heure.
Un Agneau se désaltérait
Dans le courant d'une onde pure.
Un Loup survient à jeun qui cherchait aventure,
Et que la faim en ces lieux attirait.
Qui te rend si hardi de troubler mon breuvage?
Dit cet animal plein de rage:
Tu seras châtié de ta témérité.
– Sire, répond l'Agneau, que votre Majesté
Ne se mette pas en colère;
Mais plutôt qu'elle considère
Que je me vas désaltérant
Dans le courant,
Plus de vingt pas au-dessous d'Elle,
Et que par conséquent, en aucune façon,
Je ne puis troubler sa boisson.
– Tu la troubles, reprit cette bête cruelle,
El je sais que de moi tu médis l'an passé.
– Comment l'aurais-je fait si je n'étais pas né?
Reprit l'Agneau, je tette encore ma mère.
– Si ce n'est toi, c'est donc ton frère.
- Je n'en ai point. – C'est donc quelqu'un des tiens:
Car vous ne m'épargnez guère,
Vous, vos bergers, et vos chiens.
On me l'a dit: il faut que je me venge.
Là-dessus, au fond dos forêts
Le Loup l'emporte, et puis le mange,
Sans autre forme de procès.

Uma leitura atenta do texto em francês mostra que essa língua apresenta várias semelhanças com o português: *vous* e *vós*, *vos* e *vossos*, *an* e *ano*, *raison* e *razão*, *fort* e *forte*, *loup* e *lobo*.

Se essa comparação entre o francês e o português for levada mais adiante, analisando as duas línguas sistematicamente e considerando seus momentos históricos, é possível verificar que ambas tiveram como origem comum o latim, o que explica as semelhanças lexicais e gramaticais entre elas. Esse modo de fazer Linguística, comparando as línguas na busca de semelhanças e verificando a história de cada uma delas à procura de origens comuns, foi o método dominante da Linguística do século XIX, o chamado método histórico-comparativo.

Um dos teóricos mais importantes dessa época é, sem dúvida, Ferdinand de Saussure, que, além de contribuir para os avanços da Linguística histórica e comparativa com importantes trabalhos nesse campo de pesquisa, definiu, no início do século XX, um novo objeto de estudos para a Linguística. Em seu *Curso de Linguística geral*, ao tratar dessa questão da definição de um objeto de estudos, ele afirma:

> Outras ciências trabalham com objetos dados previamente e que se podem considerar, em seguida, de vários pontos de vista; em nosso campo, nada de semelhante ocorre. Alguém pronuncia a palavra *nu*: um observador superficial será tentado a ver nela um objeto linguístico concreto; um exame mais atento, porém, nos levará a encontrar no caso, uma após outra, três ou quatro coisas perfeitamente diferentes, conforme a maneira pela qual consideramos a palavra: como som, como expressão duma ideia, como correspondente ao Latim *nudum*, etc. Bem longe de dizer que o objeto precede o ponto de vista, diríamos que é o ponto de vista que cria o objeto; aliás, nada nos diz de antemão que uma dessas maneiras de considerar o fato em questão seja anterior ou superior às outras.
>
> (Saussurre, 1969:15)

Quando Saussure comenta que a palavra *nu* corresponde ao latim *nudum*, está analisando a língua em suas mudanças históricas, já que, a partir de uma semelhança fônica entre *nudum* e *nu* e da informação histórica da antecedência do latim, ele estabelece uma relação entre elas. No entanto, quando analisa a palavra *nu* como som ou como a expressão de uma ideia, o ponto de vista histórico deixa de ser pertinente. Como som, tornam-se pertinentes informações fonéticas, e, como expressão de uma ideia, tornam-se pertinentes informações semânticas. Assim, dependendo do enfoque com o qual se trata um dado linguístico, temos um objeto de estudo diferente.

O *Curso de Linguística geral* teve sua primeira edição em 1916, três anos depois da morte de Saussure, em 1913. Ao contrário do que se poderia imaginar, tratando-se de uma das obras mais importantes da Linguística, o volume não foi escrito por Saussure. Trata-se de uma edição elaborada a partir de anotações de aula de seus alunos. Saussure ministrou três cursos na Universidade de Genebra. O primeiro data de 1907, o segundo, de 1908 e o terceiro, de 1910. Os editores do *Curso de Linguística geral* foram Ch. Bally, A. Sechehaye e A. Riedlinger.

Embora não haja menção ao termo dicotomias no texto do *Curso*, é assim que se costuma chamar os quatro pares de conceitos, que fazem uma síntese das propostas de Saussure para a criação de um novo objeto teórico para a Linguística. A palavra *dicotomia* deriva do grego *dichotomía*, que quer dizer "divisão em partes iguais". Não se deve pensar, no caso de uma dicotomia presente no texto saussuriano, que se trata de algo que é dividido em dois, deve-se pensar de outro modo. Uma dicotomia em Saussure diz respeito a um par de conceitos que devem ser definidos um em relação ao outro, de modo que um só faz sentido em relação ao outro.

Há quatro dicotomias em Saussure: *sincronia e diacronia* (1969:94-116), *língua e fala* (p. 26-28), *significante e significado* (p. 79-93) e *paradigma e sintagma* (p. 142-147). Vamos estudar uma de cada vez.

## Sincronia e Diacronia

(Saussure, 1969:94-116)

Como era feita a Linguística na época de Saussure? Não se deve pensar que Saussure foi o "inventor" da Linguística. Ele definiu um objeto de estudos para a Linguística. Ela já existia antes dele, só que desenvolvida de outro ponto de vista. Portanto, responder como era feita a Linguística na época de Saussure é investigar o que ele estudou em sua formação e o que fez com essa formação como linguista.

Durante o século XIX a Linguística estudou, basicamente, a mudança linguística. À semelhança da Biologia da época, a ponto de recorrer a uma nomenclatura própria dessa ciência, a Linguística estudava e classificava as línguas em grupos de famílias, tratando-as em termos de graus de parentesco.

A Linguística feita nessa época costuma ser chamada de Linguística Comparativa e Histórica (Robins, 1979:132-160). Chama-se comparativa porque sua metodologia de trabalho está baseada na comparação entre fenômenos linguísticos que se realizam em línguas distintas. Observando as palavras em algumas línguas modernas faladas na Europa, percebe-se, por exemplo, uma semelhança sistemática entre palavras do português, do espanhol, do francês e do italiano.

Na fábula de La Fontaine, o Cordeiro argumenta com o Lobo que não foi ele quem o ofendera; também não fora seu irmão, já que ele não tem irmãos. Em sua réplica, o Lobo diz: "Não foi teu irmão? Foi o teu pai ou senão foi teu avô." Os nomes dados aos graus de parentesco são bons exemplos para mostrar, em nível lexical, as semelhanças entre línguas distintas:

| português | espanhol | francês | italiano |
|---|---|---|---|
| pai | padre | père | padre |

Um exame mais minucioso de outras propriedades lexicais e gramaticais dessas línguas leva à conclusão de que há muitas semelhanças entre elas e de que essas semelhanças são sistemáticas. Por isso, há um "grau de parentesco" entre elas. Comparando as semelhanças e as diferenças entre essas línguas, pode-se chegar a uma língua anterior, com base na qual essas diferentes línguas se originam. Essa língua anterior é como se fosse a "língua-mãe" daquelas "línguas-filhas". Assim, pelo trabalho comparativo, é possível reconstruir o percurso histórico dessas línguas, ou seja, é possível determinar como uma língua muda através do tempo, transformando-se em outras línguas. No exemplo dado, o latim é a "língua-mãe" do português, do espanhol, do francês e do italiano que, entre outras línguas românicas, são suas "línguas-filhas".

A partir disso, pode-se chegar a duas conclusões. A primeira diz respeito à determinação de um ponto de vista com o qual se estabelece um objeto de estudos. Estuda-se a língua, só que o que se observa nela são as suas mudanças. A mudança é, então, o objeto teórico.

A segunda conclusão diz respeito aos resultados dessa Linguística Comparativa e Histórica. Ainda com o exemplo do latim e de suas "línguas-filhas", deve-se considerar que o latim, por sua vez, tem as suas "irmãs". Também pelo método comparativo, pode-se verificar semelhanças entre o latim, o grego e o sânscrito, por exemplo. Ainda com a palavra *pai*, temos estes dados:

| latim | grego | sânscrito |
|---|---|---|
| pater | patér | pitar |

Comparando-se sistematicamente os dados dessas línguas, pode-se chegar ao indo-europeu, a "língua-mãe" do latim e de suas "irmãs". Quais são, porém, os registros históricos de uma língua como o indo-europeu? A escrita apareceu tardiamente, de modo que muitas línguas não deixaram registros em documentos escritos. O trabalho do linguista, então, torna-se um trabalho de reconstrução de uma língua a partir dos vestígios que ela deixa nas línguas que dela se originaram. Ou seja, reconstrói-se a "mãe" a partir de suas "filhas" e das "filhas" de suas "filhas". Foi assim com o indo-europeu, uma língua que, sem deixar registros históricos, foi reconstruída pelo método histórico-comparativo. Os linguistas do século XIX buscavam, comparando as línguas, organizá-las em grupos e reconstruir as línguas de que os grupos se originavam.

Foi nesse ambiente de pesquisas que Saussure estudou. Seu trabalho acadêmico versava, basicamente, sobre a Linguística indo-europeia. Seus estudos *Mémoire sur le système primitif des voyelles dans les langues indo-européennes* e *L'emploi du génitif absolu en sanscrit* são trabalhos feitos dentro dessa área de pesquisa. Em sua época, Saussure foi um pesquisador brilhante. A *Mémoire* foi considerada por Antoine Meillet como "o mais belo livro de gramática comparada que já foi escrito" (Bouquet, 1997:62). Deve-se lembrar que seu autor tinha apenas 24 anos quando o escreveu.

A essa Linguística, que trabalha com mudanças que ocorrem nas línguas através do tempo, Saussure chamou linguística diacrônica (1969:96). A esse ponto de vista, ele opõe uma linguística sincrônica. *Diacronia*, do grego *dia* "através" e *chrónos* "tempo", quer dizer "através do tempo", e sincronia, do grego *syn* "juntamente" e *chrónos* "tempo", significa "ao mesmo tempo".

Fazendo uma distinção entre dois pontos de vista diferentes de olhar para o mesmo fenômeno, Saussure define um novo objeto de estudos para a Linguística. Contrariamente ao estudo da mudança linguística, o ponto de vista sincrônico vê a língua como um sistema em que um elemento se define pelos demais elementos. No estudo sincrônico, um determinado estado de uma língua é isolado de suas mudanças através do tempo e passa a ser estudado como um sistema de elementos linguísticos. Esses elementos são estudados não mais em suas mudanças históricas, mas nas relações que eles contraem, ao mesmo tempo, uns com os outros. Vamos exemplificar.

O Lobo da fábula "tinha a barriga vazia, não comera o dia inteiro". Em seu estudo sobre os morfemas do português, Valter Kehdi (1996:8-9) analisa o verbo "comer" nos dois pontos de vista, diacrônico e sincrônico. Diacronicamente, o verbo "comer" vem do latim *edere*, cujo radical é *ed-*. Como no presente do indicativo suas formas se confundiam com o verbo *esse*, no latim vulgar da península Ibérica o verbo *edere* passou a se realizar acompanhado do prefixo *cum-*, que designa companhia. Assim, *cum edere* passou a *cumedere* e, a partir dessa realização, a "comer" em língua portuguesa. Do ponto de vista diacrônico, o *com-* de comer não é um radical, mas um prefixo.

Sincronicamente, à medida que se deve isolar o português de seu processo de mudanças históricas, essa informação a respeito da origem latina dessa palavra deixa de ser pertinente, já que no ponto de vista sincrônico, os elementos linguísticos são estudados dentro de um mesmo recorte temporal. Considerando esse *com-* um elemento linguístico, que se define em relação aos demais elementos linguísticos que formam a língua portuguesa, ele define-se como um radical, já que "comer" se define em relação aos demais contextos morfológicos em que ele funciona como um radical, como em "comilança", "comilão", "comida", e em relação aos radicais dos demais verbos da mesma língua, como em "beber", "pitar" e "cair".

Saussure (1969: 103-104) lança mão de uma metáfora para fazer a relação entre sincronia e diacronia. A língua comporta-se como o tronco de uma árvore em crescimento, de modo que um corte transversal em seu lenho revela uma relação sincrônica entre os elementos que o compõem e um corte longitudinal revela um desenvolvimento diacrônico desses estados sincrônicos.

A partir da dicotomia *sincronia e diacronia*, Saussure determina uma distinção entre fatos sincrônicos e fatos diacrônicos (1969: 107-111). Os fatos sincrônicos, como são de natureza sistemática, são gerais, mas não têm caráter imperativo. Isso quer dizer que os fatos sincrônicos estabelecem princípios de regularidade. Em português, por exemplo, todo verbo possui morfemas de modo e tempo e de número e pessoa, assim como todos os substantivos possuem morfemas de gênero e número. Isso é uma regularidade sistemática dos verbos e dos substantivos dessa língua. O verbo *comer*, por exemplo, conjugado na primeira pessoa do plural do pretérito mais-que-perfeito do indicativo, tem a forma "comêramos", em que o *com-* é o radical, o *-e* é vogal temática de segunda conjugação, o *-ra* é o morfema de tempo pretérito mais-que-perfeito do modo indicativo e o *-mos* é o morfema de 1ª pessoa do número plural. O substantivo *lobos*, por exemplo, tem como radical *lob-*, o *-o* como morfema de gênero masculino e o *-s* como morfema de número plural.

Trata-se de um fato geral, mas não imperativo, o que quer dizer que essa regularidade pode ser modificada em uma mudança de língua. Os substantivos do latim, a partir dos quais se originou boa parte dos substantivos do português, possuem em sua morfologia marcas de gênero, número e caso. Em latim, lobo é *lupus*, de modo que *lupus* tem gênero masculino, número singular e caso nominativo, o que significa que *lupus* é a forma empregada para expressar o sujeito da oração em que essa palavra ocorre. Para a função de objeto direto, por exemplo, emprega-se a forma *lupum*. Ao passar para o português, portanto, os substantivos latinos conservaram as marcas morfológicas de gênero e número, mas não conservaram as de caso. Assim, na mudança do latim para o português, essa regularidade dos substantivos latinos é modificada para uma outra regularidade dos substantivos do português. A regularidade sincrônica é, portanto, geral, mas não é imperativa, já que pode ser modificada na diacronia.

Os fatos diacrônicos são imperativos, já que se impõem à língua. Continuando com o exemplo dos substantivos em latim e em português, constata-se a perda da marca morfológica de caso. Esse fato de língua é um fato de mudança linguística que se refere a uma marca morfológica que está presente em uma língua, mas não está mais presente em outra do mesmo modo. Como as línguas também têm um caráter sistemático, esse fato se realiza em todo o sistema, por isso ele é imperativo. Nenhum substantivo do português tem caso e todos os substantivos latinos o têm, pois, quando se dá a mudança, ela realiza-se em todo o sistema, recobrindo tudo o que é classificado como substantivo nessas duas línguas. Assim, o fato diacrônico é imperativo.

Não se deve pensar que Saussure acrescentou um ponto de vista sincrônico a outro ponto de vista já existente, o diacrônico. Saussure, ao definir a língua como sistema e ao pensar a sincronia como o estudo de um sistema num dado momento do tempo, abre caminho para a redefinição também do conceito de diacronia, que vai ser entendida como a sucessão de diferentes sistemas ao longo do tempo. Imaginemos, por exemplo, que, em cada século, haja um estado de língua. Faz-se um estudo sincrônico do português do século XIII, do português do século XIV, etc. A diacronia é, então, a sucessão dessas sincronias.

A definição de um ponto de vista sincrônico não está restrita somente à proposta de uma metodologia de trabalho em Linguística. A partir dela, define-se um novo objeto de estudos que é a língua como um sistema. Os alcances dessa definição, porém, são mais bem compreendidos na dicotomia *língua e fala*.

## Língua e Fala

(Saussure, 1969:26-28)

No item anterior, há uma definição importante que foi comentada muito rapidamente. Trata-se da definição da língua como sistema. Ela é importante porque é a partir dela que Saussure define um novo objeto de estudo para a Linguística. Ela foi comentada sumariamente porque o que interessava, então, era discutir as orientações sincrônica e diacrônica do estudo da língua. As dicotomias saussurianas, embora possam ser estudadas uma de cada vez, só fazem sentido quando relacionadas umas com as outras.

Na fábula de La Fontaine, há um diálogo entre o Lobo e o Cordeiro. É justamente pela argumentação do Cordeiro e pelas réplicas e acusações do Lobo que se demonstra o tema de que contra a força não há argumentos. Na fábula, a argumentação é inútil porque contra a força não há argumentos e não porque o Lobo não entenda os argumentos do Cordeiro. Suas réplicas mostram que ele entende o que o Cordeiro diz, já que, para cada defesa do Cordeiro, o Lobo encontra uma acusação diferente. Assim, o que as duas personagens compartilham, ao dialogar, é a mesma língua, embora cada uma delas tenha uma fala diferente.

Se na dicotomia *sincronia e diacronia* se estabelecem duas maneiras de estudar a língua, na dicotomia *língua e fala* há a definição do conceito de *língua*. Para Saussure, *língua* opõe-se a *fala*, porque a *língua* é coletiva e a *fala* é particular, portanto, a *língua* é um dado social e a *fala* é um dado individual. Além disso, a *língua* é sistemática e a *fala* é assistemática. Pessoas que falam a mesma *língua* conseguem comunicar-se porque, apesar das diferentes *falas*, há o uso da mesma *língua*.

Na fábula, quando o Lobo acusa o Cordeiro com a *fala* "Como tu ousas sujar a água que estou bebendo?" e o Cordeiro responde com a *fala* "Senhor (...) encareço a Vossa Alteza que me desculpeis, mas acho que vos enganais: bebendo, quase dez braças abaixo de vós, nesta correnteza, não posso sujar-vos a água", nota-se que ambos usam a mesma *língua*, já que as duas falas compartilham do mesmo vocabulário e das mesmas regras gramaticais: há o uso de palavras comuns, como *sujar*, *bebendo*, *água*; nas orações, o complemento é colocado depois do verbo, como na *fala* do Lobo "tu ousas (verbo) + sujar a água que estou bebendo (complemento)" e na *fala* do Cordeiro "não posso sujar (verbo) + vos a água (complemento)"; há o uso das mesmas vogais e das mesmas consoantes em ambas as *falas*. Enfim, o Lobo e o Cordeiro falam a mesma *língua* porque ambos dominam o mesmo sistema de elementos linguísticos, ou seja, palavras, ordem da colocação das palavras na frase, vogais, consoantes, entre outras propriedades. As *falas* são diferentes, mas o sistema linguístico usado para formá-las é o mesmo.

Para Saussure, o objeto de estudos da Linguística é a *língua* (Saussure, 1969:28), e não a *fala,* de modo que uma *língua* é definida como um sistema de elementos. Para entender essa definição, deve-se definir o que é um sistema e o que são os elementos que formam um sistema linguístico.

Pode-se definir um sistema como um conjunto organizado em que um elemento se define pelos outros. Um conjunto é uma totalidade de elementos quaisquer. Se eles estão organizados, isso quer dizer que um elemento está em função dos outros, de modo que a sua função se define em relação aos demais elementos do conjunto.

Em todas as fábulas, os animais representam funções sociais humanas, por isso é comum, em decorrência do período histórico a que as fábulas se referem, haver uma corte em que há um rei e seus súditos. O rei, geralmente, é um leão e seus súditos podem variar de bois a hienas e chacais. Uma corte é um conjunto organizado em que seus elementos estão definidos uns em relação aos outros. O que faz do rei ser um rei é o fato de ele não ser um de seus súditos, o que faz o bobo da corte ser um bobo da corte é ele não ser o rei, e assim por diante, na totalidade do conjunto.

Esse conjunto organizado em que um elemento se define pelos demais é um sistema, ou seja, uma estrutura. Pode-se definir uma *língua* desse ponto de vista e foi essa contribuição teórica de Saussure que definiu um objeto de estudos dentro da Linguística.

Se a *língua* pode ser estudada como um sistema, ela deve ser definida nos mesmos termos que um sistema. Portanto, uma língua deve ser definida como um conjunto organizado em que um elemento se define em relação aos demais elementos. Deve-se, em seguida, definir esses elementos que pertencem a esse conjunto da língua.

Dentro dos limites deste texto, vamos definir esses elementos como os signos linguísticos. A língua é, portanto, um conjunto de signos em que um signo se define pelos demais signos do conjunto. Deve-se, em seguida, definir o que é um signo linguístico.

A essa altura do texto, repete-se o mesmo que ocorreu quando da definição de *língua* como sistema no item *sincronia e diacronia*. A definição de signo será estudada com mais atenção na dicotomia *significante e significado*, de modo que ela será tratada, agora, sumariamente. No entanto, sem ela, não é possível compreender a definição sistemática de *língua*, justamente porque é com a definição de signo que se definem os elementos linguísticos.

Um signo linguístico, como já se viu no capítulo sobre a teoria dos signos, é uma relação entre um conceito e uma imagem acústica (Saussure, 1969:80). Um conceito é uma ideia, um pensamento que serve para interpretar o mundo. Uma imagem acústica é a impressão psíquica de uma sequência articulada de sons (vogais, consoantes e semivogais). A palavra *lobo*, por exemplo, é um signo, pois nela o conceito de "mamífero carnívoro, da família *canidae*, que habita grandes regiões da Europa, Ásia e América do Norte" está associado à sequência de vogais e consoantes que forma a imagem acústica /lobo/. Ao conceito, Saussure chamou significado e à imagem acústica, significante (1969:81). O significado e o significante são as duas faces do signo linguístico.

Não se deve confundir signo com palavra. A palavra "comer", por exemplo, é um signo, já que é formada pela imagem acústica /komer/ relacionada com o conceito de "ingerir alimentos sólidos". No entanto, essa palavra é formada por signos menores, ou seja, os morfemas. Há em "comer" três morfemas: o radical *com-*; o morfema *-e*, que significa que o verbo pertence à segunda conjugação; e o morfema *-r*, que indica que o verbo está no infinitivo. Um morfema também é um signo, já que possui um significado e um significante. No morfema *-r*, por exemplo, o significado é o conceito de infinitivo e o significante é a imagem acústica da consoante /r/. Atenção, a imagem acústica /r / só é um morfema quando a ela está associado um significado, o /r/ na palavra "rato", por exemplo, faz parte do radical *rat-* só como uma consoante, sem ter nenhum significado isoladamente.

A *língua*, para Saussure (1969:23-24), é um sistema de signos, em que um signo se define pelos demais signos do conjunto. Por isso, ele desenvolveu o conceito de *valor*, isto é, o sentido de uma unidade, que é definida por suas relações com outras da mesma natureza (Saussure, 1969:130-141). Em "comer", o radical só tem o seu valor linguístico em relação aos demais radicais da língua portuguesa, como o *beb-* de beber, o *viv-* de viver, etc.; o morfema *-e*, que indica a segunda conjugação, só tem esse valor em relação aos morfemas *-a* de primeira conjugação e *-i* de terceira conjugação. Em "loba", por exemplo, há também um morfema *-a*, só que é um morfema cujo significado é o de gênero feminino, porque se define como feminino em relação ao morfema *-o*, de gênero masculino. Além do mais, o que define um morfema como radical é a sua relação com os morfemas desinenciais e vice-versa.

Saussure disse que na língua só há diferenças. Portanto, não só os signos se definem uns em relação aos outros, mas também os elementos que compõem os significantes, isto é, os sons, bem como os significados. Assim, o valor do /l/ só é dado em razão de sua oposição com o /r/. O primeiro só tem um valor dentro do sistema, porque serve para opor signos como *lata* e *rata*. Os significados de *ira*, *ódio*, *rancor* e *raiva* ganham seu valor dentro do sistema porque uns se opõem aos outros, cada um tem uma diferença semântica em relação aos outros.

Pode-se utilizar a metáfora da rede para descrever esse ponto de vista sistemático. O sistema linguístico pode ser entendido como uma rede, em que cada nó está relacionado com os demais nós que formam a rede, assim como os signos que formam um sistema linguístico estão relacionados entre si. Concebendo a *língua* como um sistema de signos, Saussure (1969:23-24) define um novo objeto de estudos para a Linguística. É desse modo que um ponto de vista determina um objeto de estudos: quando se observa a *língua* do ponto de vista sistemático, o que se reconhece nela é uma estrutura. Esse conjunto de relações que as unidades linguísticas mantêm entre si constitui uma *forma*. Por isso, Saussure diz que a língua é forma e não substância. Esse conjunto de diferenças estabelece os conceitos e os sons na massa amorfa do pensamento e no plano fônico indeterminado que o aparelho fonador pode produzir. Para explicar melhor esse conceito, Saussure usa uma metáfora, a do jogo de xadrez. O que define o que é uma rainha, não é seu formato nem o material de que a peça é feita, mas seu valor no jogo, ou seja, sua oposição em relação às demais peças: os movimentos que ela pode fazer e as outras não podem. Não importa o material de que a peça é feito, nem seu formato. No limite, pode-se até jogar xadrez de memória, sem as peças. O que tem relevância é o valor das peças. Na língua, isso também ocorre. O que importa é o valor das unidades, ou seja, sua diferença em relação às demais.

Na dicotomia *língua e fala*, Saussure separa os fatos de *língua* dos fatos de *fala*: os fatos de *língua* dizem respeito à estrutura do sistema linguístico e os fatos de *fala* dizem respeito ao uso desse sistema. Nos diálogos do Lobo com o Cordeiro o que interessa, para o estudo da *língua*, é o sistema linguístico usado pelas duas personagens. Na acusação do Lobo "Como tu ousas sujar a água que estou bebendo?" e na defesa do Cordeiro "Senhor (...) encareço a Vossa Alteza que me desculpeis, mas acho que vos enganais: bebendo, quase dez braças abaixo de vós, nesta correnteza, não posso sujar-vos a água", o fato de as duas personagens usarem o radical *beb-*, na palavra *bebendo*, é um fato de *língua*, enquanto é fato de *fala* o radical ocorrer em uma acusação na *fala* do Lobo e em uma defesa na *fala* do Cordeiro.

De acordo com Saussure (1969:27), a dicotomia *língua e fala* é pertinente à medida que os fatos de *língua* podem ser estudados separadamente dos fatos de *fala*. Contudo, se nessa oposição entre *língua* e *fala* aponta-se para a diferença entre um fato de *língua* e um fato de *fala* (idem:26-27), Saussure não deixa de considerar, também, as interferências entre os dois tipos de fatos. Para ele, uma mudança no sistema pode advir de fatos de *fala* (idem:26-27), como as mudanças de produção dos sons que ocorrem na *fala* e alteram o sistema fônico. Só são pertinentes para o estudo do sistema da *língua* quando interferem diretamente nas relações internas entre seus elementos sistematizados.

O aparecimento no sistema linguístico do português dos sons palatais /lh/ e /nh/ e o resultado da ação de uma semivogal /i/ sobre as consoantes /1/ e /n/. Quando essas consoantes eram seguidas de uma semivogal /i/, elas palatalizavam-se na fala e, aos poucos, essa palatalização passou a fazer parte do sistema da língua: *filiu* > *filho*; *mulier* > *mulher*; *vinia* > *vinha*. Esses sons palatais integraram o sistema da língua, quando adquiriram um valor diferencial, passando a distinguir signos diferentes: *mala versus malha*; *mana versus manha*.

Em certas regiões do país, algumas palavras com /lh/ perderam a palatalização. Pronuncia-se *mulé* em lugar de *mulher*. Nem, por isso, o som /lh/ desapareceu do sistema do português, nem mesmo nessas regiões. Esse é um fato de fala que não afetou o sistema. À medida que o sistema é estudado em suas relações internas, uma vez ocorrida a mudança oriunda da *fala*, ela passa das ocorrências particulares da *fala* aos domínios gerais da *língua*, e é no sistema que ela passa, sincronicamente, a ser considerada.

Dirigindo novamente a atenção aos elementos linguísticos que formam o sistema linguístico, retoma-se ao estudo do signo (Saussure, 1969:79-93), que será mais bem examinado na dicotomia *significante e significado* (Saussure, 1969:81), por meio da qual ele é definido.

## Significante e Significado

(Saussure, 1969:79-93)

Se no estudo da dicotomia *sincronia e diacronia* o conceito de língua foi estudado rapidamente, para ser mais bem desenvolvido no estudo da dicotomia *língua e fala*, no estudo dessa última dicotomia o conceito estudado sumariamente foi o conceito de signo. Vamos estudá-lo com mais atenção.

Em princípio, a definição de signo linguístico parece simples. Saussure define signo como a relação entre uma imagem acústica, que ele chamou *significante*, e um conceito, que denominou *significado* (1969:81). Com essa definição de signo, ele estabelece os elementos que formam o sistema da *língua*, de modo que a definição de *língua* passa a ser a de um sistema de signos (idem:23-24).

A definição de signo, porém, traz implicações no que diz respeito ao estatuto da linguagem e a seu papel entre os fatos humanos. Há uma concepção de língua que, embora seja consensual entre muitos falantes, está completamente errada. Pensa-se, comumente, que se vive em um mundo repleto de coisas e que nos referimos a elas com palavras. Assim, há primeiro as coisas do mundo e depois aparecem as palavras para nos referirmos a elas. Nessa concepção, há uma relação direta entre palavras e coisas, de modo que a língua é entendida como uma nomenclatura.

Na tradução de Ferreira Gullar, a fábula de La Fontaine começa com uma descrição: "Na água limpa de um regato, matava a sede um Cordeiro, quando, saindo do mato, veio um Lobo carniceiro". Na história, portanto, há um regato, onde o Cordeiro mata a sede, e um mato, de onde sai o Lobo. Entendendo a língua como uma nomenclatura, quando lemos "mato" e "regato", o que se deve pensar é que há coisas no mundo, entre elas matos e regatos, e que a língua serve para nos referirmos a elas, como acontece quando lemos a fábula. Assim, há um regato, que é uma coisa, e a palavra "regato", que serve para designar essa coisa; por isso, como uma nomenclatura, a língua é entendida como uma relação entre palavras e coisas.

Com a definição de signo, Saussure demonstra que a relação não é esta, entre palavras e coisas, mas sim entre uma imagem acústica e um conceito, ou seja, entre um significante e um significado (1969:80). Isso implica que a língua não é uma nomenclatura, mas um princípio da classificação (1969:17). Vamos examinar isso melhor.

Se existe um mundo repleto de coisas e cabe à língua apenas nomeá-las, ela acaba por reduzir-se a um reflexo das coisas. Desse ponto de vista, a língua não tem um domínio próprio, pois, como um reflexo das coisas do mundo, é entendida apenas como coleção de nomes.

No ponto de vista de Saussure isso não acontece. Antes de tudo, ao afirmar que a relação é entre um *significante* e um *significado* (1969:80-81), a relação entre as coisas do mundo e as palavras deixa de ser considerada na definição de uma língua. O mundo e suas coisas passam para um domínio que está fora dos estudos linguísticos e a língua ganha uma especificidade própria. Um *significante* e um *significado* (1969:81) formam um signo, que, por sua vez, é definido dentro de um sistema (1969:23-24), ou seja, um signo ganha valor na relação com outros signos. Esse conceito de signo traz a significação para dentro da língua e de sua estrutura. O que significa são os signos em suas relações uns com os outros e não a relação entre as palavras e as coisas do mundo.

Se os signos significam dentro de um sistema linguístico, esse sistema compreende uma visão de mundo, ou seja, um princípio de classificação que, projetando-se sobre as coisas do mundo, classifica-as de acordo com sua estrutura interna. Um conceito, ou seja, um *significado*, é uma ideia que modela um determinado modo de compreender as coisas. Esse conceito deve, necessariamente, estar relacionado a um meio de expressá-lo. É preciso, então, relacionar o conceito a uma imagem acústica, ou seja, a um *significante*. Essa maneira de ver o mundo varia de língua para língua, já que cada uma delas é definida por um sistema próprio de signos. Além do mais, se é pela linguagem que se veem os fatos humanos, se definem esses fatos, eles podem ser modificados por meio dela. Isso não quer dizer que se pode modificar o mundo físico por meio da linguagem, mas que cabe a essa linguagem dar um sentido para as interpretações desse mundo. É esse mundo de sentido, formado pela linguagem, que pode ser modificado por ela.

Desse modo, pode-se afirmar que é a partir de uma língua que se veem as coisas do mundo e não o contrário. Enquanto na concepção da língua como uma nomenclatura são as coisas do mundo que determinam as "coisas" da língua, na concepção da língua como um princípio de classificação é a língua que determina as coisas do mundo. Assim, o signo não une uma palavra e uma coisa, mas um *significante* e um *significado* (Saussure, 1969:80).

Essa diferença de princípios de categorização da realidade, evidentemente, não impede a tradução de uma língua em outra, mas é justamente por sua causa que se discutem, entre os profissionais da tradução, os graus de tradutibilidade entre diferentes línguas.

Em uma de suas acusações, diz o Lobo ao Cordeiro da fábula: "Pois então foi teu irmão". Em francês, diz o Lobo: "Si ce n'est toi, c'est donc ton frère". No caso do português e do francês, há uma correspondência de sentido entre os signos *irmão* e *frère*, no entanto, essa correspondência deixa de existir se essas línguas são comparadas com o húngaro ou o malaio. O húngaro faz a diferença entre os sexos dos irmãos, como o português e o francês, mas também faz uma diferença entre a ordem dos nascimentos, de modo que *bátya* significa "irmão mais velho"; *öccs*, "irmão mais novo"; *néne*, "irmã mais velha" e *húg*, "irmã mais nova". O malaio não faz nem a diferença de sexo nem a de idade: *sudarà* significa qualquer irmão, mais velho ou mais novo, homem ou mulher.

<table>
<tr><th></th><th>húngaro</th><th>francês</th><th>português</th><th>malaio</th></tr>
<tr><td>irmão mais velho</td><td>bátya</td><td rowspan="2">frère</td><td rowspan="2">irmão</td><td rowspan="4">sudarà</td></tr>
<tr><td>irmão mais novo</td><td>öccs</td></tr>
<tr><td>irmã mais velha</td><td>néne</td><td rowspan="2">soeur</td><td rowspan="2">irmã</td></tr>
<tr><td>irmã mais nova</td><td>húg</td></tr>
</table>

Isso quer dizer que o português, o francês, o húngaro e o malaio são línguas com princípios de classificação diferentes. Caso a fábula fosse traduzida para o malaio, não haveria problemas na escolha da palavra, embora ela não expressasse todos os significados da palavra francesa. No caso do húngaro, porém, qual escolher, *bátya* ou *öccs*?

Saussure afirma que o signo é arbitrário, já que não há uma relação de causa e efeito que motive a relação que une um significado e um significante. No signo *comer*, por exemplo, nada há na imagem acústica formada pela sequência de vogais e consoantes /komer/, o significante, que leve a uma relação direta com o conceito "comer", o significado. Arbitrário significa, portanto, não motivado. O significante não é motivado pelo significado. No entanto, Saussure afirma que há signos absolutamente arbitrários e signos relativamente arbitrários. A motivação relativa é a que se estabelece entre um signo e outros signos do mesmo sistema (1969:152-155). Saussure dá dois exemplos dessa motivação relativa do signo (1969:152-153). Diz ele que o signo *vinte* não é motivado, enquanto *dezenove* o é. *Dezenove* é relativamente motivado pelos signos *dez* e *nove* e por um princípio de numeração decimal próprio do português. *Dezenove* significa "dez mais nove", de modo que o signo *dezenove* é motivado por dois signos, *dez* e *nove,* que já fazem parte do sistema linguístico do português. Com *vinte* não se dá a mesma coisa, já que não existe o signo *dezedez*. A mesma coisa acontece com alguns dos signos que designam as plantas a partir de seus frutos. *Macieira* e *bananeira*, que derivam de *maçã* e *banana* mais o sufixo *-eira*, são motivados, mas *eucalipto* e *freixo* não o são, pois aqueles são relativamente motivados por *maçã* e *banana* e pelo processo morfológico que, em português, forma *bananeira*, *cerejeira,* etc., a partir de *banana*, *cereja,* etc.

Quando se fala em signo linguístico, pensa-se na relação do conceito com uma imagem acústica. Há, porém, outras formas de expressão além da linguística. Um desenho, por exemplo, é um signo, só que não é linguístico, mas visual. Se o *significado* for definido como um conceito e o *significante* como um meio de expressão que veicula esse conceito, a definição de signo torna-se mais abrangente, já que, além do significante entendido como imagem acústica, ela recobre outras formas possíveis de realizar um significante. Pode-se, então, afirmar que os signos linguísticos são apenas um tipo particular de signo, próprio da língua, dentro de um conjunto maior de tipos de signos.

Ao estudo do signo de um modo geral, Saussure (1969:23-24) chamou Semiologia. Mostrou que, em sua época, essa ciência geral dos signos ainda não existia, mas precisaria ser criada. Sem dúvida, muitos semiólogos, em especial Roland Barthes, cuidaram de estabelecer as bases dessa ciência no decorrer do século xx. Para Saussure (1969:24), a Linguística seria a ciência dos signos verbais, que, por sua vez, faria parte da Semiologia, a ciência dos signos em geral.

Há ainda uma última observação a respeito do signo linguístico. Saussure (1969:84) chama a atenção para o caráter linear do significante desse tipo de signo. O *significante* da língua é uma imagem acústica, que, quando se realiza na *fala*, forma uma substância sonora. Sendo da ordem do som, sua realização acontece no tempo, tomando a forma de uma duração. Contrariamente aos *significantes* visuais, que se realizam no espaço, os *significantes* sonoros, como os *significantes* linguísticos ou musicais, realizam-se no tempo, de modo que dois sons só se realizam em uma sucessão.

Essa propriedade linear dos signos da língua é importante para descrever as relações que eles estabelecem entre si. A questão da distribuição dos signos e de suas relações, à medida que também define um estado sincrônico de língua, é examinada por Saussure. Elas são tratadas no estudo da dicotomia *paradigma e sintagma* (Saussure, 1969:142-147).

## Paradigma e Sintagma

(Saussure, 1969:142-147)

Para Saussure, as relações entre os elementos linguísticos podem ser estabelecidas em dois domínios distintos. Vamos definir esses domínios.

Na fábula de La Fontaine, uma parte da argumentação dos dois animais diz respeito aos graus de parentesco:

– Não importa. Guardo mágoa
de ti, que ano passado,
me destrataste, fingido!
– Mas eu nem tinha nascido.
– Pois então foi teu irmão.
– Não tenho irmão, Excelência.
– Chega de argumentação.
Estou perdendo a paciência!
– Não vos zangueis, desculpai!
– Não foi teu irmão? Foi o teu pai
ou senão foi teu avô –

Tanto os argumentos de defesa do Cordeiro quanto os de acusação do Lobo estão baseados na seleção dos graus de parentesco. Observando as orações "foi teu irmão", "foi teu pai" e "foi teu avô", é possível verificar que as relações entre os elementos linguísticos dependem, basicamente, de uma seleção deles, que no caso do exemplo são *irmão – pai – avô*, e de uma combinação entre eles, que no caso é a sequência *foi teu* _____. Desse modo, pode-se afirmar que a linguagem tem dois eixos, um eixo de seleção e um eixo de combinação, que podem ser representados assim:

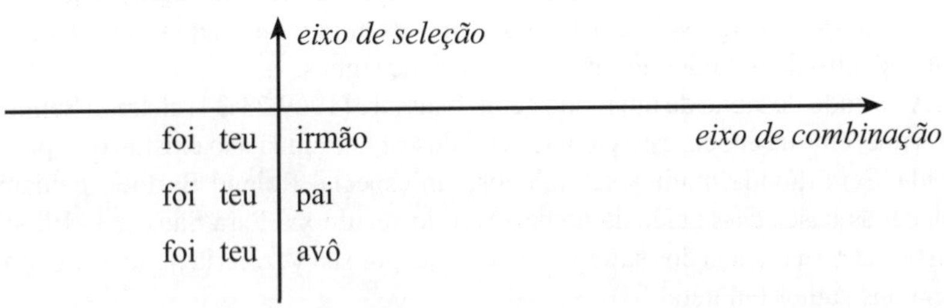


Em virtude do caráter linear dos *significantes*, há a impossibilidade de que os signos linguísticos ocorram simultaneamente na cadeia da fala. Assim, enunciados um após o outro, eles formam um alinhamento que os distribui em relações de combinação entre, no mínimo, dois elementos. Há, portanto, relações de combinação entre os signos. A essas relações, Saussure chama de *sintagmáticas* (1969: 142), do grego *syntagma*, que quer dizer "coisa posta em ordem".

Além das relações sintagmáticas, baseadas na combinação, há também relações baseadas na seleção dos elementos que são combinados (Saussure, 1969:143). Apresentando algo em comum, um signo pode ser associado a outros signos por, pelo menos, três modos: por meio de seu *significado*, com seus antônimos e sinônimos; por meio de seu *significante*, com imagens acústicas semelhantes; e por meio de outros signos, em processos morfológicos comuns.

falam em relação à situação social em que se encontram, ao uso de certos itens lexicais e à pronúncia de certos sons. Mas, certamente, não são corrigidas a respeito de violações como as que vão ser apontadas mais adiante, neste item.

Segundo, alguns linguistas têm sugerido que esse conhecimento é adquirido por meio da memorização de listas das propriedades descritivas de construções de uma língua. Entretanto, se fosse assim, o processo de aquisição deveria ser muito mais lento e, sem dúvida alguma, muito mais árduo. De novo, não se veem crianças tentando decorar construções para fazer perguntas, negações ou construções impessoais, como a que foi exemplificada em (1). Se tivéssemos de fazer isso para adquirir o conhecimento de nossa língua, os anos pré-escolares certamente seriam os piores anos de nossas vidas!

Finalmente, seja qual for o ambiente linguístico em que a criança cresça, sejam quais forem suas condições socioeconômicas, o estado inicial da faculdade da linguagem de qualquer criança é o mesmo. Em termos desse estado inicial, não existem diferenças entre crianças nascidas no hemisfério Norte ou Sul, entre crianças pobres e ricas, entre filhos de nobres e plebeus.

Esse estado inicial tem sido chamado Gramática Universal e é entendido como um conjunto de princípios linguísticos determinados geneticamente. Hoje em dia, admite-se que a Gramática Universal é constituída de dois tipos de princípios. Alguns deles são rígidos e invariáveis, enquanto outros são abertos. Esses princípios abertos são chamados de parâmetros, e seu valor só é fixado ao longo do processo de aquisição, com base na informação linguística à qual a criança é exposta. Portanto, adquirir o conhecimento de uma língua consiste, fundamentalmente, em atribuir os valores estabelecidos por essa determinada língua aos parâmetros da Gramática Universal.

É por isso que a Gramática Gerativa tem como seus objetivos centrais:

i. a descrição do conhecimento linguístico atingido por qualquer falante de qualquer língua;
ii. a caracterização da Gramática Universal; e
iii. a explicação dos processos que levam uma criança da Gramática Universal para o conhecimento de sua língua.

Com o objetivo de ilustrar o conhecimento linguístico de que se ocupa a Teoria Gerativa, vamo-nos valer de alguns fatos da sintaxe do português. Entretanto, gostaríamos de observar que fatos de outros componentes da gramática das línguas naturais, como a Morfologia e a Fonologia, poderiam também ser utilizados.

## 2.1. Duas estruturas subordinadas, duas classes de verbos

Observem-se as sentenças:

(3) O residente custou para examinar a paciente do quarto 12.
(4) O residente pretende examinar a paciente do quarto 12.

À primeira vista parece que as duas sentenças são formadas de maneira semelhante. O verbo *custar* e o verbo *pretender* têm um sujeito – *o residente* – e um complemento, que é a sentença no infinitivo – *examinar a paciente do quarto 12.*

Veja agora o que acontece se colocarmos o verbo *examinar* na voz passiva:

(5) A paciente do quarto 12 custou para ser examinada pelo residente.
(6) A paciente do quarto 12 pretende ser examinada pelo residente.

o que se espera de pares de sentença como (3)/(5) e (4)/(6) é que a alteração da ativa para a passiva não tenha reflexo no papel semântico desempenhado pelos participantes da ação. Comparem-se os exemplos (7) e (8):

(7) O Juca chutou a menina.
(8) A menina foi chutada pelo Juca.

Apesar de, em (7), *o Juca* ser sujeito e *a menina* ser objeto direto e, em (8), *a menina* ser sujeito e *o Juca* ser o agente da passiva, a interpretação que se tem, nas duas sentenças, é a de que quem chuta é sempre o Juca e quem recebe o chute é sempre a menina.

Isso é o que se verifica no par (3)/(5). O cenário que montamos para interpretar a sentença é o mesmo na versão ativa e na versão passiva: a paciente do quarto 12 se submeteu a um exame, esse exame foi realizado pelo residente e esse exame custou para ser feito. Diferentemente, no par (4)/(6), esse paralelismo se quebra. Apesar de, nas duas sentenças, ser o residente quem vai realizar o exame e ser a paciente do quarto 12 quem vai ser examinada, na sentença (4) é o residente que pretende examinar a paciente, enquanto na sentença (6) é a paciente que pretende ser examinada.

Observe-se que a substituição das sentenças infinitivas por sentenças desenvolvidas nos mostra que a estrutura das sentenças com o verbo *custar* é diferente daquela com o verbo *pretender*:

(9) Custou para que o residente examinasse a paciente do quarto 12.
(10) Custou para que a paciente do quarto 12 fosse examinada pelo residente.
(11) *Pretende que o residente examine a paciente do quarto 12.
(12) *Pretende que a paciente do quarto 12 seja examinada pelo residente.

As sentenças (9) e (10) mostram que o verbo *custar*, na verdade, é impessoal – isto é, é um verbo sem sujeito – e os constituintes *o residente* e *a paciente do quarto 12* satisfazem exigências semânticas do verbo *examinar*. Em outras palavras, o verbo *examinar* denota uma ação que envolve necessariamente alguém que realiza o exame e um objeto (ou paciente) que é examinado. Esses elementos necessariamente envolvidos na ação do verbo, que são chamados de "argumentos do verbo", no caso em questão, são *o residente* e *a paciente do quarto 12*. Portanto, *o residente* e *a paciente do quarto 12* são argumentos de *examinar* e não de *custar*. O fato de *o residente*, na sentença (3), e de *a paciente*, na sentença (5), aparecerem como sujeito de *custar* deve-se a outras razões que não a de satisfazer as exigências semânticas desse verbo. Já no caso das sentenças (11) e (12) – que aparecem marcadas com asterisco por não serem sentenças do português – além de constituintes que satisfaçam as exigências de *examinar*, o próprio verbo *pretender* exige um constituinte que preencha o papel daquele que pretende. Para que as sentenças (11) e (12) se tornem aceitáveis, é necessário que sejam realizados sintaticamente tanto o argumento que satisfaz o papel de quem pretende quanto o argumento que satisfaz o papel de examinador, como em (13) e (14):

(13) O residente pretende que o médico-chefe examine a paciente do quarto 12.
(14) O residente pretende que a paciente do quarto 12 seja examinada pelo médico-chefe.

Alguns comentários se fazem necessários. Em primeiro lugar, os fenômenos observados não são idiossincrasias dos verbos *custar* e *pretender*. Na verdade, um conjunto de verbos do português se comporta como *custar* – *parecer*, *costumar*, *começar*, entre outros –, enquanto um outro conjunto se comporta como *pretender* – *querer*, *tentar*, *desejar*, entre outros.

Vamos construir sentenças equivalentes às de (3) a (12), utilizando agora os verbos *parecer* e *tentar*.

(15) O residente parece ter examinado a paciente do quarto 12.
(16) O residente tentou examinar a paciente do quarto 12.
(17) A paciente do quarto 12 parece ter sido examinada pelo residente.
(18) A paciente do quarto 12 tentou ser examinada pelo residente.

A mesma quebra de equivalência na forma passiva da oração subordinada, observada com o verbo *pretender* (ver sentença 5), ocorreu na sentença (18), com o verbo *tentar*. Na sentença (17), em que a sentença é subordinada ao verbo *parecer*, a forma passiva da subordinada tem interpretação equivalente à da forma ativa (15). Do mesmo modo, a substituição das sentenças infinitivas por sentenças desenvolvidas nos mostra que cada um dos verbos gera uma estrutura sintática diferente:

(19) Parece que o residente examinou a paciente do quarto 12.
(20) *Tentou que o residente examine a paciente do quarto 12.

Os dados entre (15) e (20) vêm reforçar a conclusão de que estamos diante de duas classes de verbos, a que se associam duas estruturas de subordinação diferentes: uma, a dos verbos *custar* e *parecer*, em que há um único sujeito, o do verbo da oração subordinada, que pode aparecer na posição de sujeito da oração principal; e outra, a dos verbos *pretender* e *tentar*, em que existem dois sujeitos, o do verbo da oração principal e o do verbo da oração subordinada, embora esse último possa não ser foneticamente realizado e possa, muitas vezes, ter a mesma referência que o sujeito da principal.

É importante ressaltar, também, que essas duas classes de verbos são encontradas em numerosas línguas e apresentam o mesmo tipo de oração subordinada que as exemplificadas acima. Portanto, isso significa que as propriedades dessas sentenças devem ser explicadas por princípios gerais relativos ao modo como as sentenças das línguas naturais são estruturadas.

Em segundo lugar, essas propriedades são conhecidas por qualquer falante nativo do português, não são encontráveis nos compêndios que se dedicam às normas do uso linguístico adequado e, portanto, não fazem parte das regras normalmente ensinadas na escola.

## 2.2. Relações entre léxico e sintaxe

A gramática tradicional, em geral, diz que verbos que têm um sujeito e um objeto direto são passíveis de aparecer na voz passiva. Vários exemplos são fornecidos, no estilo dos pares em (21):

(21) a. O Pedro construiu esta casa.
a'. Esta casa foi construída pelo Pedro.
b. O assaltante assassinou algumas pessoas.
b'. Algumas pessoas foram assassinadas pelo assaltante.

Sendo assim, podemos assumir que um verbo como *quebrar*, que é um verbo transitivo direto, também pode ser passivizado. Podemos, então, obter pares como em (22):

(22) a. As crianças quebraram o vaso de cristal.
a'. O vaso de cristal foi quebrado pelas crianças.
b. A multidão quebrou as lâmpadas dos postes.
b'. As lâmpadas dos postes foram quebradas pela multidão.

Entretanto, note-se o par em (23):

(23) a. O Pedro quebrou a perna.
a'. *A perna foi quebrada pelo Pedro.

Em (23a), a interpretação que se tem é a de que o Pedro quebrou a própria perna. A sentença em (23a') não é uma sentença do português, se quisermos manter a interpretação de que a perna quebrada era do Pedro. Isso não seria de esperar. Por que nas sentenças (22a') e (22b') a passiva produz um bom resultado, mas não em (23a')? Afinal, trata-se de um único verbo – *quebrar* – e esse verbo é transitivo direto, como estabelecem as gramáticas. Mais interessante ainda é perguntar como é que nós, falantes nativos de português, sabemos que a passiva em (23a') não é possível com a interpretação desejada, se não aprendemos isso na escola, nem lemos nada sobre isso nas gramáticas que prescrevem as regras do português.

Uma possível resposta é pensarmos que o verbo *quebrar* deve ter alguma peculiaridade, que talvez se trate de uma exceção ou que existam dois verbos *quebrar* no léxico do português, um que aceita a passiva e outro que não. Para testarmos se o fenômeno apontado acima é mesmo uma peculiaridade do verbo *quebrar*, vamos ver o que acontece com outros verbos, como *perder*, por exemplo.

(24) a. O carteiro perdeu a carta do banco.
a'. A carta do banco foi perdida pelo carteiro.

O verbo *perder* é um verbo transitivo direto e a sentença (24a') mostra que ele pode ser passivizado. Note-se, agora, o que acontece com o par em (25):

(25) a. Meu irmão perdeu o amigo.
a'. *O amigo foi perdido pelo meu irmão.

Novamente, estamos diante de um verbo que às vezes aceita ser posto na voz passiva, às vezes não. Se tentarmos fazer a passiva de uma sentença como (26), vamos ver que também não dá certo:

(26) O João perdeu a carona.

Será que nós também temos dois verbos *perder* no léxico do português? Nossa lista de exceções está aumentando e isso não é desejável, pois não explica como a língua é adquirida. Se aprender uma língua fosse memorizar listas de palavras e de comportamentos sintáticos peculiares associados a cada uma delas, a aquisição seria um processo mais longo do que o observado nos estudos de aquisição, talvez até inatingível, e fortemente dependente de estimulação adequada, ao contrário do que tem sido demonstrado. Mas é possível contra-argumentarmos dizendo que duas exceções são facilmente memorizáveis. Vamos investigar um pouco mais para ver se as exceções param por aí. Vejamos o que acontece com o verbo *romper*:

(27) a. O Pedro rompeu o casamento dois dias depois da lua de mel.
a'. O casamento foi rompido pelo Pedro dois dias depois da lua de mel.

De novo, estamos diante de um verbo transitivo direto, e, pela sentença (27a'), vemos que se trata de um verbo que pode ser passivizado. Mas observe-se o que acontece no par em (28):

(28) a. O Pedro rompeu o ligamento durante o jogo.
a'. *O ligamento foi rompido pelo Pedro durante o jogo.

Ao que parece, o número de verbos transitivos diretos que às vezes podem ser passivizados, às vezes não, não é tão limitado a ponto de podermos tratá-los como exceções. Deve haver algum princípio que regula a possibilidade de um verbo transitivo direto aparecer na voz passiva e ao qual a tradição gramatical escolar não faz sequer menção. Além disso, esse princípio deve ser bem conhecido por nós, porque, afinal de contas, sabemos quando a passiva funciona bem e quando não. Se fizermos experiências com alguns outros verbos, vamos ver que a história se repete em pares como *A Ana queimou as cartas versus A Ana queimou o dedo*. Ou ainda O *gato arranhou o móvel versus O Beto arranhou o braço*.

Outro fenômeno que mostra que não é possível generalizar a aplicação da passiva a toda a classe de verbos transitivos diretos refere-se aos chamados verbos psicológicos, que são verbos que denotam um estado emocional. Os verbos em (29) admitem a passiva:

(29) a. O Paulo amava a Maria.
a'. A Maria era amada pelo Paulo.
b. O João respeita o pai.
b'. O pai é respeitado pelo João.

Note-se agora o que acontece com outros verbos psicológicos, como *chatear* e *preocupar*:

(30) a. A bebedeira do pai chateava a Maria.
a'. *A Maria era chateada pela bebedeira do pai.
b. O João preocupa o pai.
b'. *O pai é preocupado pelo João.

Os verbos em (30) são transitivos diretos. Portanto, deveriam poder ser passivizados, mas não podem. É interessante observar também que existe uma outra assimetria entre os verbos psicológicos do tipo de *amar* e *respeitar* e os verbos do tipo *chatear* e *preocupar*. Os primeiros aceitam a passiva sintática, feita com o verbo *ser*, mas não aceitam a passiva adjetiva, feita com o verbo *ficar*; os segundos não aceitam a passiva sintática, mas aceitam a passiva adjetiva. Observem-se essas diferenças nos exemplos (31) e (32):

(31) a. Os filhos são amados pelos pais.
a'. *Os filhos ficam amados pelos pais.
b. Os professores são respeitados pelos alunos.
b'. *Os professores ficam respeitados pelos alunos.
(32) a. *Os moradores foram chateados pelos feirantes.
a'. Os moradores ficaram chateados com os feirantes.
b. *Os amigos foram preocupados pelo João.
b'. Os amigos ficaram preocupados com o João.

Vejam agora o que acontece com um verbo como *intimidar* ou *influenciar*:

(33) a. O João foi intimidado pela polícia.
a'. O João ficou intimidado com a agressividade da polícia.
b. A Ana foi influenciada por seu professor.
b'. A Ana ficou influenciada com os ensinamentos de seu professor.

Existe, então, uma outra classe de verbos psicológicos que aceita os dois tipos de passiva. E esses fenômenos não são meras idiossincrasias dos verbos usados nos exemplos. Ao construirmos passivas dos dois tipos com outros verbos, como *temer versus horrorizar*; *desejar versus deprimir*; *menosprezar versus aborrecer*, vamos ver que as assimetrias descritas acima se mantêm. A questão fica ainda mais interessante quando fazemos experiências com verbos como *apavorar*, *atormentar*, *desiludir*, *motivar*, *seduzir*, e percebemos que eles aceitam os dois tipos de passivas!

Esses fenômenos demonstram a existência de uma sistematicidade nas relações entre léxico e sintaxe, que pode também ser observada em outro conjunto de fatos linguísticos. Ao tratar das possibilidades de realização sintática dos argumentos associados aos verbos (entendendo por argumentos tanto o sujeito como os objetos direto e indireto), o ensino de análise gramatical pode nos levar à seguinte classificação dos verbos:

i. verbos que têm um sujeito, um objeto direto e um objeto indireto:
(34) O João deu o livro para o Pedro.

ii. verbos que têm um sujeito e um objeto direto:
(35) O Paulo adorou o filme.

iii. verbos que têm um sujeito e um objeto indireto:
(36) O conferencista argumentou contra a proposta da diretoria.

iv. verbos que têm apenas um sujeito:
(37) O irmão da Maria trabalha muito.

v. verbos que não têm nem sujeito nem objetos:
(38) Está chovendo.

Vamos olhar para a classe dos verbos de um argumento, ou monoargumentais, mais de perto. Eles exibem uma assimetria interessante, que, em geral, não é mencionada pela gramática tradicional. Considerem-se os seguintes pares:

(39) a. Alguns alunos riem à toa.
a'. *Riem alguns alunos à toa.
b. Várias meninas dançavam pelo menos duas vezes por semana.
b'. *Dançavam várias meninas pelo menos duas vezes por semana.
c. Muitos amigos meus correm todos os dias.
c'. *Correm muitos amigos meus todos os dias.
d. Algumas pessoas andam no parque todos os dias.
d'. *Andam algumas pessoas no parque todos os dias.
e. Os professores trabalham duro.
e'. *Trabalham os professores duro.

As sentenças em (39) exibem verbos que têm apenas um argumento, o sujeito. As comparações feitas entre os pares em (39) mostram que a ordem verbo-sujeito não é possível em português brasileiro. Observe-se, agora, o que acontece nos pares em (40):

(40) a. O livro chegou ontem.
a'. Chegou o livro ontem.
b. Algumas flores-do-campo cresceram no meu jardim.
b'. Cresceram algumas flores-do-campo no meu jardim.
c. Vários brasileiros morreram na tragédia.
c'. Morreram vários brasileiros na tragédia.
d. Acidentes na marginal ocorrem todos os dias.
d'. Ocorrem acidentes na marginal todos os dias.
e. Muitos amigos vieram à minha festa.
e'. Vieram muitos amigos à minha festa.

Todos os verbos em (40) são também monoargumentais. Entretanto, com eles a ordem verbo-sujeito é possível. Observe-se que, de novo, não se pode pensar que esse seja um fenômeno excepcional, que se aplica a um ou outro verbo isoladamente. Em (39) e (40) foram dados exemplos de dez verbos, dos quais cinco aceitam só a ordem sujeito-verbo e cinco aceitam tanto a ordem sujeito-verbo quanto verbo-sujeito. Portanto, parece que a classe de verbos monoargumentais, chamados de "intransitivos" na nomenclatura da tradição gramatical, não é homogênea.

Existem ainda outras evidências que corroboram a assimetria entre os verbos monoargumentais em (39) e aqueles em (40): os verbos em (39), em geral, não admitem construções com o particípio absoluto, enquanto os verbos em (40) geralmente sim. Observem:

(41) a. *Uma vez ridos os alunos, todos foram impedidos de terminar a prova.
b. *Uma vez dançadas várias meninas, a professora decidiu quais iriam participar do espetáculo.
c. *Uma vez corridos os amigos, todos foram celebrar no bar da esquina.
d. *Uma vez andadas várias pessoas, os dirigentes do parque fecharam os portões.

(42) a. Uma vez chegado o livro, dei início imediato à leitura.
b. Uma vez crescidas as flores, pude chamar os fotógrafos para registrarem aquela beleza.
c. Uma vez mortos vários brasileiros, o Itamaraty teve de tomar providências.
d. Uma vez ocorridos vários acidentes na marginal, a prefeitura decidiu remodelar a pista.

Portanto, o reconhecimento da existência de duas classes de verbos monoargumentais é reforçado pelos resultados assimétricos obtidos com sua participação em construções do mesmo tipo. Novamente, então, estamos diante de fatos que sugerem que a classificação dos verbos feita simplesmente com base no número de argumentos que eles tomam não é suficiente. Claramente, há outras propriedades em jogo, que mostram que existe uma regularidade no comportamento dessas duas subclasses de verbos monoargumentais e que precisam ser analisadas. É importante notar, mais uma vez, que nós todos, falantes nativos de português, temos um conhecimento sobre essas duas subclasses, que nos permite ver as diferenças entre elas, sem que jamais tenhamos sido expostos a qualquer ensino formal a respeito delas.

Sugerimos que testes como os apontados entre (39) e (42) sejam aplicados a verbos como *aparecer*, *acontecer*, *desaparecer*, *surgir*, *ocorrer*, *cair* e *nascer*, para que se determine a qual das duas subclasses de verbos monoargumentais eles pertencem.

Um outro fenômeno relativo ao número de argumentos dos verbos que atesta a existência de um conhecimento linguístico desenvolvido independentemente do ensino diz respeito a verbos que ora se apresentam como verbos que tomam dois argumentos, ora se apresentam como verbos monoargumentais. Voltemos para o verbo *quebrar*. Notem quantas possibilidades de realização sintática ele tem:

(43) a. O Pedro quebrou a jarra de água.
b. A jarra de água quebrou.
c. Quebrou a jarra de água.

Poderíamos pensar de novo que essa é uma idiossincrasia, ou uma peculiaridade única, do verbo *quebrar*. Mas outros verbos também exibem as mesmas possibilidades de realização sintática:

(44) a. O professor terminou a aula às 10 horas.
b. A aula terminou às 10 horas.
c. Terminou a aula às 10 horas.
(45) a. Os porteiros já abriram a porta do cinema.
b. A porta do cinema já abriu.
c. Já abriu a porta do cinema.
(46) a. Os alunos já estão xerocando o último texto do Chomsky.
b. O último texto do Chomsky já está xerocando.
c. Já está xerocando o último texto do Chomsky.

Notem que, no que diz respeito à realização desses verbos como monoargumentais, eles se comportam como os verbos introduzidos no exemplo (40) acima: eles aceitam tanto a ordem sujeito-verbo quanto verbo-sujeito e também aceitam construções com o particípio absoluto: *depois de quebrada a jarra*, *uma vez terminada a aula*, *depois de aberta a porta*, *uma vez xerocado o último texto do Chomsky*.

Observe-se, ainda, que outros verbos semanticamente parecidos com os verbos em (43), (44), (45) e (46) não exibem essas possibilidades:

(47) a. O Pedro destruiu a jarra de água.
b. *A jarra de água destruiu.
c. *Destruiu a jarra de água.
(48) a. O professor concluiu a argumentação antes da prova.
b. *A argumentação concluiu antes da prova.
c. *Concluiu a argumentação antes da prova.
(49) a. O porteiro escancarou a porta do cinema.
b. *A porta do cinema escancarou.
c. *Escancarou a porta do cinema.
(50) a. Os alunos já reproduziram o último texto do Chomsky.
b. *O último texto do Chomsky já reproduziu.
c. *Já reproduziu o último texto do Chomsky.

É interessante aumentar o número de exemplos, fazendo experiências com verbos como *afundar*, *aumentar*, *amolecer*, *fechar*, *encher* para ver como se comportam. É interessante, também, trocar os objetos dos verbos dos exemplos (43), (44) e (45) e perceber que nem sempre esses verbos são tão bem comportados. Dependendo do objeto direto que tomam, eles podem deixar de exibir essas alternâncias de realização sintática:

(51) a. O Pedro quebrou a promessa.
b. *A promessa quebrou.
c. *Quebrou a promessa.
(52) a. O professor só terminou o texto ontem.
b. *O texto só terminou ontem.
c. *Só terminou o texto ontem.
(53) a. Os bandeirantes abriram o caminho para o oeste.
b. *O caminho para o oeste abriu.
c. *Abriu o caminho para o oeste.

É importante observar que esses mesmos fenômenos acontecem com verbos semelhantes aos verbos apresentados aqui em um número incontável de línguas, das mais diversas origens. Os falantes dessas línguas têm, sobre elas, o mesmo tipo de intuição que nós temos sobre o português e também não aprenderam nada disso nas aulas de gramática da escola.

Outros fatos podem ser ainda arrolados para comprovar que a alteração da estrutura de argumentos de certos verbos não é um processo isolado característico de um único verbo, mas é comum a um conjunto de verbos:

(54) a. A Lúcia cozinhou o feijão.
b. O feijão cozinha fácil.
c. O feijão já cozinhou.
d. O feijão não cozinha nunca.
e. *O feijão cozinha.

As sentenças em (54) mostram que certos verbos transitivos diretos, em determinados ambientes linguísticos, podem ter uma realização sintática de verbo monoargumental, em que o sujeito desaparece e o objeto direto se realiza em posição pré-verbal. Os ambientes linguísticos que possibilitam essa alternância envolvem, normalmente, a presença de um advérbio, como *fácil*, *já*, *não*, *bem*, entre outros. Na sentença (54e), é possível ver que, sem um desses advérbios, esse tipo de realização sintática não produz um bom resultado.

Outro verbo que admite esse tipo de alternância é *vender*:

(55) a. O Pedro vai vender o apartamento.
b. O apartamento vende fácil.
c. O apartamento vende bem.
d. O apartamento já vendeu.
e. O apartamento não vende nunca.
f. *O apartamento vende.

Para aumentar o número de exemplos, é interessante fazer experiências com as expressões *desfiar a meia*, *rasgar o tecido*, *amassar as calças*, *sujar a blusa*. Como fica claro, estamos, novamente, diante de uma classe de verbos que permite o tipo de realização sintática exemplificada em (54) e (55). Observe-se como essas alternâncias não são possíveis com outros verbos transitivos diretos:

(56) a. A Lúcia plantou o feijão.
b. *O feijão planta fácil.
c. *O feijão já plantou.
d. *O feijão não planta nunca.
e. *O feijão planta.

(57) a. O Pedro vai comprar o apartamento.
b. *O apartamento compra fácil.
c. *O apartamento já comprou.
d. *O apartamento não compra nunca.
e. *O apartamento compra.

É possível considerarmos a hipótese de que é alguma coisa relativa ao significado dos verbos que está envolvida em todos esses fenômenos. De fato, essa hipótese tem sua razão de ser. Mas a questão não é tão simples assim. Afinal de contas, como já foi visto, muitas vezes, ao trocar alguns verbos por outros de significado semelhante, obtemos resultados opostos.

O que acontece é que o tipo de fenômeno analisado neste item refere-se não ao significado do verbo isoladamente, mas ao tipo de relação semântica que o verbo estabelece com seus argumentos. Assim, por exemplo, nas questões relativas à possibilidade de formação da voz passiva, percebe-se que ela só pode ocorrer quando o sujeito da sentença tem controle sobre a ação expressa pelo verbo. Retomando as sentenças com o verbo *quebrar*, já apresentadas em (22) e (23),

(58) a. As crianças quebraram o vaso de cristal.
a'. O vaso de cristal foi quebrado pelas crianças.
b. O Pedro quebrou a perna.
b'. *A perna foi quebrada pelo Pedro.

observe-se que, em (58a), o sujeito – *as crianças* – tem controle sobre a ação do verbo, no sentido de que ele tem uma função no desencadeamento da ação. Diferentemente, em (58b), o sujeito – *o Pedro* – é interpretado como um elemento afetado pelo processo expresso pelo verbo e não como o desencadeador desse processo.

No que diz respeito às duas subclasses de verbos monoargumentias, note-se que os que aceitam as duas ordens (sujeito-verbo e verbo-sujeito) são, em geral, verbos que envolvem a "entrada ou saída de cena" da entidade denotada pelo argumento – *nascer*, *morrer*, *aparecer*, *ocorrer*, *chegar*, e assim por diante. Esse argumento não tem qualquer controle sobre a ação expressa pelo verbo, sendo interpretado tão somente como um objeto locado ou movido no espaço e/ou no tempo. Já verbos que só aceitam a ordem sujeito-verbo, como *rir*, *dançar*, *correr*, *andar*, *trabalhar*, são verbos que implicam um sujeito desencadeador do processo. Ao avançarmos nos estudos de sintaxe, vemos que existem evidências que demonstram que, no caso dos verbos de "entrada e saída de cena", o seu único argumento é seu objeto direto. Por razões que não podemos apresentar neste texto, esse objeto pode ser tanto sintaticamente realizado em posição pós-verbal, que é a posição em que normalmente aparecem os objetos diretos, quanto na posição do sujeito. Diferentemente, no caso dos verbos monoargumentais da classe de *correr*, *andar*, *dançar*, *rir*, seu único argumento é um sujeito, que só pode ser realizado na posição pré-verbal, que é a posição em que os sujeitos em geral se realizam sintaticamente.

No caso de verbos como *quebrar* ou *cozinhar*, que podem ter tanto dois quanto um argumento, nota-se que esses são verbos que implicam uma mudança de estado para seu objeto direto. Esses verbos expressam um processo que afeta seu objeto. Por operações de natureza lexical, esses verbos podem sofrer uma alteração em sua estrutura argumental. O argumento desencadeador do processo, que, geralmente, é chamado de agente, pode deixar de ser realizado na sintaxe. Como a posição pré-verbal é a posição preferida por argumentos que têm a natureza de agente e como esse argumento pode não ser realizado, o outro argumento – o objeto direto – passa a poder ser realizado tanto em sua posição normal, que é a posição pós-verbal, quanto na posição de sujeito.

Como se vê, esses fatos têm todos uma natureza parcialmente semântica. Eles envolvem o que tem sido chamado, no âmbito da Gramática Gerativa, de papéis temáticos. Mas, apesar de sua natureza semântica, é importante observar, primeiramente, que esse tipo de fato semântico tem um reflexo inquestionável na sintaxe. Em segundo lugar, dizem respeito a fenômenos que apresentam uma regularidade tanto dentro de uma única língua, como o português, como entre várias línguas. E, por último, e mais importante, nós todos temos um conhecimento claro desses fenômenos e de suas regularidades, sem nunca ter aprendido nada disso na escola.

## 2.3. A interpretação das expressões nominais

Ao observarmos o comportamento de algumas palavras ou expressões nominais que usamos para fazer referência às entidades de nosso mundo ou de outros mundos possíveis, notamos que algumas delas, por si sós, não são capazes de estabelecer referência com – ou denotar – um objeto do mundo. Algumas delas, para estabelecer sua referência, dependem necessariamente da presença, na mesma sentença em que se encontram, de uma outra expressão linguística que seja um antecedente em potencial para elas. Para outras, a presença de um antecedente em potencial na mesma sentença não é exigida, sendo elas capazes de recuperar sua denotação no contexto situacional ou linguístico. Reparem nos seguintes exemplos:

(59) A Joana não gosta de si mesma.
(60) A Joana não gosta dela.

Em (59), Joana é a única interpretação possível para a expressão *si mesma*. Diferentemente, em (60), o pronome *ela* não pode se referir à Joana. Ele tem de buscar sua referência fora da sentença, no contexto de fala, ou no discurso. Portanto, pronomes como *ele(s)/ela(s)* podem estabelecer sua referência fora do domínio da sentença, enquanto expressões como *si mesmo(s)/a(s)*, para poder referir, dependem totalmente de uma outra expressão linguística que com ela coocorre na sentença. Isso pode ser claramente constatado pela estranheza de (61), em que *si mesmo* é a única expressão nominal na sentença. Como (61) não apresenta nenhuma outra expressão nominal à qual *si mesmo* possa recorrer para estabelecer sua referência, a sentença se torna inaceitável.

(61) *Si mesmo correu.

Não há situação ou contexto que possa salvar a sentença (61). Expressões como *si mesmo* precisam de um antecedente. O pronome *ele/ela*, diferentemente, não precisa coocorrer com nenhuma outra expressão nominal na sentença. Uma sentença em que ele é a única expressão nominal não é estranha, porque ele pode recorrer à situação para determinar sua referência:

(62) Ele correu.

Essas duas classes de expressões nominais não diferem somente em termos de sua dependência em relação a outras expressões linguísticas. Elas diferem também, como já vimos no caso das sentenças (59) e (60), com relação às restrições gramaticais impostas à sua interpretação. O pronome *ela* não pode tomar o sujeito da sentença – *a Joana* – como seu antecedente. Por outro lado, *si mesma* tem de necessariamente tomar o sujeito – *a Joana* – como seu antecedente. Essas restrições gramaticais são bastante precisas e sem exceções. Vejamos mais alguns dados para tornar um pouco mais explícitas essas restrições:

(63) A Joana acha que o Pedro não gosta dela.
(64) *A Joana acha que o Pedro não gosta de si mesma.
(65) A Joana acha que o Pedro não gosta de si mesmo.

Mais uma vez, constatamos a diferença de comportamento entre as duas classes de exprcssões nominais. A sentença (63) mostra que o pronome *ela*, que não pode tomar como seu antecedente o sujeito da oração subordinada à qual pertence, pode tomar como seu antecedente o sujeito da oração principal. Já a expressão *si mesma* tem de ter o seu antecedente na mesma oração em que se encontra. É por isso que a sentença (64) não é uma sentença do português. A expressão *si mesma*, no feminino, nos leva a buscar um antecedente feminino. Como esse tipo de expressão exige que seu antecedente esteja na mesma oração, a única expressão nominal disponível é o sujeito da subordinada. Entretanto, esse sujeito está marcado com o traço masculino. Há, portanto, um choque de concordância de traços. Esse problema não ocorre na sentença (65).

A introdução da noção de antecedente sem maiores explicações e a análise dos dados apresentados podem levar à conclusão de que a expressão nominal dependente busca sua referência em uma outra expressão nominal que a precede linearmente na sentença. Entretanto, precisamos de mais dados para ver se isso é mesmo verdade.

(66) A Joana disse que ela não gosta do Pedro.
(67) Ela disse que a Joana não gosta do Pedro.

Em (66) o pronome *ela* pode retomar *a Joana*. Entretanto, essa retomada é impossível em (67). Portanto, à primeira vista, parece que a hipótese sobre o antecedente preceder a expressão dependente tem razão de ser. No entanto, um refinamento se faz necessário:

(68) *O irmão da Joana não gosta de si mesma.
(69) O irmão da Joana não gosta de si mesmo.
(70) O irmão da Joana não gosta dela.
(71) O irmão da Joana não gosta dele.

A estranheza de (68) mostra que, embora precedendo a expressão nominal *si mesma*, *a Joana* não é um antecedente possível para ela. Só o *irmão da Joana*, como um todo, pode funcionar como antecedente da expressão *si mesmo/a*, como mostra a sentença (69). Exatamente o oposto acontece com o pronome *ele/ela*. Com um pronome como *ele/ela*, é possível retomar uma expressão que é parte do sujeito da sentença na qual ele se encontra, como mostra a sentença em (70), mas nunca o sujeito como um todo, como mostra a sentença em (71), em que o pronome *ele* não pode tomar *o irmão da Joana* como seu antecedente. Portanto, a característica relevante para a noção de antecedente parece não ser exatamente precedência, mas estar mais diretamente ligada à estrutura de constituintes das sentenças. Vamos explicitar esse modo de estruturação com este exemplo:

(72) Embora não goste de si mesma, a Joana tenta esconder seus sentimentos.

Em (72), *a Joana* funciona como antecedente da expressão *si mesma*. Parece estranho que seja possível ao antecedente de *si mesma* aparecer em uma posição linearmente subsequente a *si mesma*. Entretanto, note que *si mesma* está numa oração subordinada, encaixada na oração principal, com verbo no subjuntivo, que, por sua vez, tem *a Joana* como seu sujeito. Como se vê, o que está em jogo é uma relação estrutural de dependência hierárquica e não uma relação de precedência linear. Portanto, para entender por que um determinado constituinte pode ou não funcionar como antecedente de uma expressão nominal dependente é necessário entender o próprio processo de construção e estruturação hierárquica das sentenças das línguas naturais. É por isso que dissemos, no início desta seção, que, para serem interpretadas, essas expressões obedecem a restrições de natureza gramatical.

Estamos lidando aqui com características bastante peculiares, mas, por outro lado, bastante precisas e gerais do conhecimento linguístico, entendendo-se gerais como não idiossincráticas, comuns a um conjunto de construções e, por isso, passíveis de serem explicitadas em termos de princípios. Entender por que as coisas são assim deve nos levar a entender a mente humana.

## 2.4. Interrogativas

Até o momento, precisamos contar exclusivamente com nossa intuição sobre a língua que falamos para discutir os dados apresentados. É, de fato, surpreendente que nós e todos os outros falantes da nossa língua saibamos tanto sobre ela, sem que tenhamos sido formalmente expostos a qualquer explicação que dê conta dos fatos apresentados. Em outras palavras, sabemos muito mais sobre a língua que falamos do que nossos professores nos ensinaram.

Vamos explorar um pouco mais nossa intuição e observar atentamente mais alguns conjuntos de dados:

(73) a. O Juca comprou o carro em 12 parcelas mensais.
b. Quem comprou o carro em 12 parcelas mensais?
c. O que o Juca comprou em 12 parcelas mensais?
d. Como o Juca comprou o carro?

Os exemplos em (73) formam o paradigma de perguntas de constituintes em períodos simples. Em (73a), tem-se uma sentença declarativa e, em (73b-d), perguntas que se podem fazer a respeito dos participantes e das circunstâncias da situação descrita em (73a). Assim, (73b) terá como resposta o seu sujeito, (73c) será respondida por seu objeto e (73d) pelo modo como a compra foi feita, pelo adjunto adverbial da sentença.

Inicialmente, vamos refletir um pouco sobre o que aconteceu na formação de cada uma das perguntas de (73b-d). Ao considerar os exemplos em (73c/d), vemos, em primeiro lugar, que o foco da pergunta – o objeto em (73c) e o adjunto adverbial em (73d) – estão deslocados da posição em que aparecem na sentença declarativa. É preciso apenas comparar essas duas sentenças a (73a) para verificar esse deslocamento. O mesmo poderá ser dito sobre o foco da pergunta em (73b). Mesmo que seja difícil observar isso à primeira vista, o sujeito de (73b) também está deslocado de sua posição original e a sentença em (74), uma variante de (73b), pode ser uma primeira evidência desse deslocamento:

(74) Quem que comprou o carro em 12 parcelas mensais?

A presença do *que* entre o sujeito *quem* e o verbo sugere que o sujeito se deslocou para uma posição na sentença que abriga os constituintes foco de uma pergunta. Assim, de modo geral, diremos que, em cada uma das sentenças de (73b-d), houve extração do constituinte foco da pergunta. Isso quer dizer que o constituinte foco da pergunta sai de sua posição original e vai para uma posição que fica mais à esquerda na sentença.

Os fatos linguísticos que vamos observar a seguir dizem respeito a essa possibilidade mais geral que as línguas naturais apresentam: muitas vezes, um elemento deverá ser interpretado em uma posição que não coincide com aquela em que é realizado foneticamente, evidenciando o deslocamento pelo qual o elemento considerado passou. Os exemplos de (73b-d) apenas refletem essa propriedade.

Se deslocamento é, por assim dizer, uma propriedade geral das línguas, então será interessante observarmos os exemplos em (75), que pretendem refletir a mesma propriedade:

(75) a. O Pedro disse que o Juca comprou o carro em 12 parcelas mensais.
b. Quem que o Pedro disse que comprou o carro em 12 parcelas mensais?
c. O que que o Pedro disse que o Juca comprou em 12 parcelas mensais?
d. *Como que o Pedro disse que o Juca comprou o carro?

Esses exemplos diferem dos primeiros em (73) por formarem o paradigma dos períodos compostos, em que as orações subordinadas, ou encaixadas, em (75a-d) são, respectivamente, as sentenças dos exemplos em (73a-d). De modo paralelo ao primeiro paradigma, (75a) é uma sentença declarativa e (75b-c) são as perguntas que se podem fazer a respeito dela, mais especificamente, a respeito dos constituintes de sua oração encaixada. A pergunta em (75b) terá como resposta o sujeito da encaixada e, em (75c), seu objeto. Diferentemente do que ocorre com o primeiro paradigma, no entanto, (75d) não é uma pergunta possível, se a palavra *como* se aplicar a um constituinte da oração encaixada, ou seja, se for interpretada como o modo pelo qual a compra foi feita.

Repare que essa pergunta é possível, se *como* se aplicar a um constituinte da oração principal, ou matriz. Nesse caso, a resposta à pergunta explicitará o modo como o Pedro disse que o Juca comprou o carro: se em voz baixa, se gritando, se entusiasmado, se indiferente, etc. Essa não é, no entanto, a interpretação relevante para nossa discussão, já que, nesse caso, a pergunta seria feita sobre a oração matriz e não sobre a oração encaixada, como acontece em (75b-c).

Como se vê, então, o paradigma dos períodos compostos é mais restritivo do que o paradigma dos períodos simples, no que concerne à extração de elementos de uma sentença encaixada. No caso do paradigma dos períodos compostos, só as extrações de sujeito e objeto são permitidas. A extração do adjunto resulta em uma sentença malformada.

Ao deparar com esses fatos, devemos perguntar por que, no paradigma dos períodos simples, todas as perguntas são possíveis, enquanto no paradigma dos períodos compostos há uma pergunta sobre a oração encaixada que não pode ser feita. Em outras palavras, por que tanto as extrações de sujeito e objeto quanto a extração de adjunto são possíveis em períodos simples e apenas as extrações de sujeito e objeto são possíveis a partir da sentença encaixada no paradigma dos períodos compostos?

Antes de sugerirmos qualquer resposta para essas indagações, vamos observar e pensar sobre mais alguns paradigmas. O que temos em (76), por exemplo, se assemelha ao que vimos em (75), pelo fato de exibir períodos compostos por subordinação, mas difere dele já que, em cada caso, o verbo da oração matriz exige um tipo diferente de oração complemento: o verbo *perguntar* só aceita como complemento uma oração interrogativa.

(76) a. O Rui perguntou onde o Juca comprou o carro em 12 parcelas mensais.
b. *Quem que o Rui perguntou onde comprou o carro em 12 parcelas mensais?
c. *O que que o Rui perguntou onde o Juca comprou em 12 parcelas mensais?
d. *Como que o Rui perguntou onde o Juca comprou o carro?

Também como no primeiro paradigma, (76a) é uma sentença declarativa e (76b-d), as tentativas de perguntas a respeito de sua oração encaixada. As sentenças (76b-c) não são aceitáveis em português, diferentemente de (75b/c), se as palavras intenogativas *quem* e *o que* se aplicarem à oração encaixada. Por sua vez, (76d) é tão malformada quanto

(75d), se a palavra intenogativa *como* se aplicar à oração encaixada. O que esses exemplos mostram é que esse paradigma se revela ainda mais restritivo que o anterior, já que, agora, as extrações de sujeito, objeto e adjunto se mostram absolutamente impossíveis.

Observemos, agora, o paradigma que segue:

(77) a. O carro que o Juca comprou em 12 parcelas mensais é zero.
b. *Quem que o carro que comprou em 12 parcelas mensais é zero?
c. *Como que o carro que o Juca comprou é zero?

Ao compararmos os exemplos acima aos de (75a-d) e aos de (76a-d) vemos que, por um lado, existe uma semelhança entre eles, à medida que são períodos compostos de cujas sentenças encaixadas se tentam extrair alguns elementos. Por outro, essas sentenças encaixadas são de natureza diversa das encaixadas dos paradigmas anteriores: são sentenças relativas.

Mais uma vez, como no primeiro paradigma, (77a) é uma sentença declarativa e (77b-c), as tentativas de perguntas sobre constituintes de sua oração encaixada. Como no paradigma anterior, nenhuma delas é possível em português, se as palavras interrogativas se aplicarem à oração relativa encaixada. Assim, *quem* não pode remeter ao sujeito da relativa *o Juca*, e *como* não pode remeter à forma como o Juca parcelou o carro e não pode ter *em 12 parcelas mensais* como resposta.

Há ainda mais alguns fatos relacionados à propriedade deslocamento. Passemos à descrição das sentenças em (78):

(78) a. O Juca gosta de comprar carro zero.
b. O que que o Juca gosta de comprar?

A sentença (78a) é uma sentença declarativa e a sentença (78b) é uma pergunta sobre seu objeto. Entretanto, a pergunta não é feita sobre todo o objeto *comprar carro zero*. Não houve extração do objeto *comprar carro zero* como um todo. Apenas a parte *carro zero* do objeto foi extraída. O restante *comprar* ainda permanece na sentença, em sua posição original. Passemos agora aos exemplos em (79):

(79) a. Comprar carro zero agrada ao Juca.
b. *O que que comprar agrada ao Juca?

A sentença (79a) é uma sentença declarativa e (79b) é a tentativa de pergunta sobre parte de seu sujeito. De novo, a pergunta não é feita sobre todo o sujeito *comprar carro zero*. Se fosse assim, não haveria problemas, como se pode ver em (80):

(80) O que que agrada ao Juca?

O problema se deu justamente porque a pergunta foi feita sobre parte do sujeito *comprar carro zero*, numa tentativa de extração de dentro do sujeito. Isso quer dizer que há uma outra restrição à propriedade de deslocamento da qual não havíamos falado antes e que está refletida em (79b): embora seja possível extrair de dentro de um objeto, como se vê em (78b), não é possível extrair de dentro do sujeito.

Finalmente, considerem-se os exemplos de (81).

(81) a. O Juca vai comprar o carro da Maria.
b. O que o Juca vai comprar?
c. O Juca vai comprar o quê?
d. O que que o Juca vai comprar?

e. O que é que o Juca vai comprar?
f. *Que o Juca vai comprar o quê?
g. *É que o Juca vai comprar o quê?

Em todos os paradigmas anteriores, analisamos exemplos que apresentavam restrições à realização da propriedade de deslocamento. Os exemplos (81b-c), por outro lado, nos mostram casos em que o deslocamento de um determinado elemento é opcional. Em (81b), o constituinte foco da pergunta foi deslocado de sua posição original. Ao contrário, em (81c), esse constituinte não precisou ser deslocado. Ao passarmos agora para os exemplos em (81d-e), observamos a presença dos elementos *que* e *é que* entre o constituinte interrogativo *o que* e *o Juca*. Nos dois casos, o deslocamento do constituinte foco da pergunta é obrigatório, como demonstra a má formação das sentenças (81f-g). Devemos nos perguntar, portanto, por que isso é assim.

Essas observações que fizemos nos sugerem a hipótese de que, da mesma forma que há contextos que restringem a aplicação da propriedade de deslocamento, há outros que a favorecem. Mas por que tudo isso é importante? O que todos esses fatos linguísticos que observamos estão nos apontando?

Vamos recapitular o que vimos sobre os exemplos de (73) a (81). Todos os paradigmas formados por esses exemplos envolvem casos de extração. Em períodos simples – exemplos em (73) –, as extrações de sujeitos e objetos são tão possíveis quanto a de adjuntos. Em períodos compostos em que a subordinada é o complemento do verbo da principal – exemplos em (75) –, só as extrações de sujeitos e objetos se verificam. Em períodos compostos em que a subordinada é uma pergunta – exemplos em (76) –, tanto as extrações de sujeitos e objetos quanto a extração de adjunto são impossíveis. Em orações relativas – exemplos em (77) –, nenhum tipo de extração pode se realizar. Além disso, vimos, nos exemplos em (78) e (79), que é possível extrair de dentro de um objeto, mas não se pode extrair de dentro de um sujeito. Finalmente, os exemplos em (81) nos mostram que há casos em que o deslocamento de um constituinte é obrigatório, por oposição a outros, em que o constituinte foco da pergunta pode permanecer em sua posição original.

O estudo da sintaxe leva-nos a entender os fatores envolvidos nas assimetrias mostradas nos vários paradigmas de interrogativas. Primeiramente, vemos que a possibilidade de extração do sujeito e do objeto em sentenças subordinadas completivas por oposição à impossibilidade de extração do adjunto – paradigma (75) – diz respeito à diferença de relação que cada um desses constituintes tem com o verbo: sujeito e objeto são argumentos do verbo e sua interpretação é dependente do verbo; por outro lado, adjuntos não são argumentos do verbo. A maior ou menor dependência do verbo está também na base da explicação do fato de que é possível extrair de dentro de um objeto, mas não de dentro de um sujeito – paradigmas (78) e (79).

Aprendemos também que sentenças encaixadas que são perguntas – paradigma (76) – ou orações relativas – paradigma (77) – são contextos que têm sido chamados de "ilhas" sintáticas. Por razões complexas que não podemos discutir aqui, a extração de qualquer elemento de dentro dessas ilhas é considerada, em geral, impossível. Somos apresentados, também, a algumas hipóteses que têm sido levantadas na busca de uma explicação para o fato de que o deslocamento do constituinte foco da pergunta para uma posição à esquerda da sentença é obrigatório, quando os constituintes *que/é que* são realizados foneticamente, como em (81f-g).

Parece-nos extremamente interessante que, embora numerosos falantes de nossa língua possam não ter pensado nos fatos descritos neste item, nenhum deles deve ter qualquer dificuldade em interpretá-los e reconhecê-los como corretos. Mais ainda: é particularmente interessante ver que falantes nativos de português sabem de tudo o que sabem sem que tenham aprendido isso na escola ou mediante instrução formal.

## 3. O conhecimento linguístico como visto pela Gramática Gerativa

Os exemplos apresentados no item 2 mostram que o falante de uma língua, como o português, desenvolveu um sistema de conhecimento que é, de alguma forma, representado em sua mente/cérebro. O mesmo é verdade para falantes de inglês, francês, chinês, panará, ticuna ou de língua de sinais brasileira, americana ou japonesa.

É importante fazermos algumas observações a respeito desse tipo de conhecimento. Primeiro, muitos linguistas consideram esse conhecimento linguístico um conjunto de hábitos comportamentais, ou seja, um sistema de tendências que nos levam a certos comportamentos linguísticos em determinadas condições e não em outras. Dentro dessa visão, as regras da língua são explicadas em termos de analogia com outras regras. Mas as correlações feitas no item 2 mostram que essa visão é equivocada. Para ilustrar, voltemos a alguns exemplos. Retomemos o verbo *xerocar*, apresentado no exemplo (46). Trata-se, indiscutivelmente, de um neologismo do português, empregado em linguagem coloquial. É difícil imaginarmos esse verbo sendo ensinado para as crianças na escola. Vamos considerar agora a possibilidade de que os falantes do português tenham estabelecido o padrão de comportamento desse novo verbo por analogia. A primeira pergunta que se faz é: analogia a quê? Será que esse novo verbo deve se comportar como *quebrar* – cujo significado nada tem a ver com *xerocar* – ou como *reproduzir* – que poderia ser considerado um quase sinônimo de *xerocar*? Como os exemplos atestam, seu comportamento sintático mostra que o novo verbo se enquadrou na classe de verbos como *quebrar*. Mas isso não pode ter sido estabelecido por analogia, porque havia outras opções para comparação e não havia ninguém para estabelecer que a analogia deveria ser feita em relação a uma classe e não a outra.

Segundo, poderíamos adotar a visão de que os fatos linguísticos descritos no item 2 são específicos de cada uma das construções analisadas para a língua considerada. Essa conduta foi adotada por correntes linguísticas que tomaram por objetivo a descrição das construções de certa língua natural. No entanto, para uma teoria como a Gerativa, que tem como um de seus objetivos a investigação do conhecimento linguístico do falante nativo, descrever esse conhecimento em termos de regras que compõem a gramática da língua não basta. Como já foi visto no item 1, é necessário, também, explicar a maneira como esse conhecimento é adquirido.

Uma outra observação que precisa ser feita é a de que esse conhecimento linguístico que nós temos, e ilustramos no item 2, tem natureza diferente da de nossa habilidade linguística. Essa distinção é a base da dicotomia que se faz entre competência e *performance*. Dessa forma, o conhecimento que temos de nossa língua materna do tipo que foi descrito no item 2 corresponde à noção de competência. E nossa habilidade no uso concreto da língua, nas mais variadas situações de fala, corresponde à noção de *performance*.

Para ilustrar essas duas noções, considerem-se, por exemplo, políticos e jornalistas habilidosos. Qualquer um de nós, falantes nativos de português, temos a mesma competência linguística que eles. Nós, tanto quanto eles, temos os mesmos julgamentos a respeito das sentenças possíveis e impossíveis do português, como as que foram apresentadas no item 2. Mas quantos de nós somos capazes de usar a língua de tal forma que um ato de fala soe como uma promessa sem, na verdade, o ser? Quantos de nós têm a habilidade de usar a língua de modo a transformar fatos corriqueiros em matérias de meia página de jornal ou a fazer sugestões que são interpretadas como asserções ou insinuações que passam à primeira vista despercebidas? Em alguns casos, essa habilidade é, em parte, natural. Mas ela é, em geral, em muito aperfeiçoada pelo estudo e análise de textos, e pela prática incansável de redação. Essa habilidade começa a ser desenvolvida na escola, e continua a ser lapidada pelo resto da vida desses profissionais.

Da mesma forma, qualquer um de nós, falantes de português, tem o mesmo conhecimento linguístico que tinham Manuel Bandeira, Carlos Drummond de Andrade, Cecília Meireles, João Cabral de Melo Neto, Mario Quintana, ou que têm Chico Buarque ou Arnaldo Antunes. Isso equivale a dizer que nós temos a mesma competência que eles. Entretanto, em termos de *performance*, somos muito diferentes deles. Pouquíssimos de nós têm a habilidade que eles tinham ou têm de criar poesia a partir desse conhecimento linguístico.

Assim, por exemplo, suponhamos que, com a aproximação do dia de finados, um amigo que perdeu o pai recentemente e que parece também ter perdido o gosto pela vida escreva o seguinte bilhete:

> "Como amanhã é dia de finados, eu queria pedir pra você ir ao cemitério visitar o meu pai. Eu gostaria que você pusesse umas flores no túmulo dele e que rezasse, não por ele, mas por mim que, por ter guardado na lembrança somente os momentos de amargura, me sinto tão morto quanto ele."

Se esse amigo fosse, por ventura, Manuel Bandeira, poderíamos receber um bilhete em forma de poema, como o seguinte:

**Poema de Finados**

Amanhã que é dia dos mortos
Vai ao cemitério. Vai
E procura entre as sepulturas
A sepultura de meu pai.

Leva três rosas bem bonitas.
Ajoelha e reze uma oração.
Não pelo pai, mas pelo filho:
O filho tem mais precisão.

O que resta de mim na vida
É a amargura do que sofri.
Pois nada quero, nada espero.
E em verdade estou morto ali.

(Manuel Bandeira. *Estrela da vida inteira.* Rio de Janeiro: José Olympio/Instituto Nacional do Livro, 1970, p. 128-9)

Qual é a diferença entre nosso amigo e Manuel Bandeira? Se pensarmos em termos de competência, ou de conhecimento linguístico, como o ilustrado no item 2, podemos dizer, tranquilamente, que não existe diferença entre eles. Ambos são falantes nativos da mesma língua. Isso quer dizer que eles possuem a mesma gramática, se por gramática entendemos o sistema de princípios que constrói as sentenças produzidas e interpretadas pelo falante de uma língua. A diferença entre eles está na maior ou menor habilidade de usar esses princípios, esse conhecimento. A habilidade que Manuel Bandeira tinha de fazer um pedido em forma de poema é o que o diferencia de nosso amigo ou de qualquer outra pessoa que não tenha desenvolvido esse mesmo tipo de habilidade. Note-se que, novamente, em muitos casos, parte dessa habilidade pode ser considerada natural. Mas muito dela se deve a muita leitura e muita prática. É normal ouvirmos alguém dizer: "Eu também sei dizer isso, mas não assim bonito".

Note-se que, contrariamente ao que dizem muitos linguistas, a poesia não é o rompimento das regras que constituem esse conhecimento linguístico. Nenhum poema, por mais moderno que seja, causa qualquer desvio do tipo dos que vêm sendo apontados neste texto. Ao contrário, como sempre dizia Carlos Franchi (c.p.), a poesia reflete a habilidade que certos falantes têm de manipulação de seu conhecimento linguístico dentro de seu limite máximo, ou seja, até o ponto a partir do qual as regras que compõem esse conhecimento passariam a ser violadas. Tomemos como exemplo o poema de Carlos Drummond de Andrade:

**Quadrilha**

JOÃO AMAVA Teresa que amava Raimundo
que amava Maria que amava Joaquim que amava Lili
que não amava ninguém.
João foi para os Estados Unidos, Teresa, para o convento,
Raimundo morreu de desastre, Maria ficou para tia,
Joaquim suicidou-se e Lili casou com J. Pinto Fernandes
que não tinha entrado na história.

(Carlos Drummond de Andrade. *Alguma poesia.*
Rio de Janeiro: Nova Aguilar, 1977, p. 69)

Nesse poema, Carlos Drummond explora uma possibilidade oferecida pelo conhecimento linguístico, que é o encaixamento *ad infinitum* de sentenças dentro de sentenças. Ele leva essa possibilidade de recursividade das estruturas linguísticas ao extremo, subordinando orações relativas a orações relativas na primeira parte do poema. O que é importante observar é que, com isso, ele não causa nenhuma violação do sistema de princípios que constitui o conhecimento linguístico que temos do português, do qual algumas atualizações foram descritas no item 2.

À primeira vista, essa nossa afirmação pode parecer estranha. Afinal de contas, alguma violação deve ter ocorrido para causar a dificuldade que temos para processar a informação a respeito de quem amava quem! A princípio, seria possível pensar que essa dificuldade é semelhante à dificuldade que temos para processar interrogativas feitas a partir de orações relativas, como as exemplificadas em (77b-c).

Na realidade, estamos diante de fenômenos de natureza diferente. A estranheza que sentimos em relação à extração dos constituintes de dentro de orações relativas é causada por uma violação dos princípios e regras que constituem nosso conhecimento linguístico, ou nossa competência. Por outro lado, a dificuldade que temos com o processamento de uma construção como a feita por Drummond decorre de fatores relacionados a outras partes de nossa capacidade cognitiva, como a memória. A dificuldade que temos está relacionada aos mecanismos psicológicos de percepção e processamento da língua que constituem a *performance*.

Para facilitar a compreensão da diferença que existe entre competência e *performance*, pensemos nas inúmeras vezes em que ouvimos conversas do seguinte tipo:

> Ontem eu conheci um cara, que é amigo do João, se lembra?, aquele João que estudou comigo no primário, que era filho de um homem importante, agora não me lembro o nome dele, mas acho que ele era dono de um jornal ou de uma revista, ou talvez fosse um político, não sei mais, só sei que ele tinha um bigode de todo tamanho... Mas do que é mesmo que eu tava falando?

Nossas falas diárias estão repletas de fatos como esses. Agora pensemos em quantas vezes, em uma situação real de fala, ouvimos alguém dizer algo como **pretende que o residente examine a paciente do quarto 12*, ou **a argumentação concluiu antes da prova*, ou **si mesmo chegou*, ou **quem que o Rui perguntou onde comprou o carro em 12 parcelas?*, ou **quem que o carro que comprou é zero?* Certamente, nunca. Vemos, portanto, que estranhezas causadas por questões de *performance* são parte do nosso dia a dia, enquanto violações dos princípios que constituem nossa competência não ocorrem na realidade. O que é realmente fascinante é que, sem nunca termos aprendido quais são esses princípios, nem com nossos pais, nem na escola, e sem nunca termos ouvido alguém violar algum deles e ser corrigido em consequência, conhecemos todos eles e respeitamos cada um deles em qualquer ato de fala de que participamos, seja ele formal ou coloquial.

## Bibliografia


Burzio, L. *Italian Syntax. A Government-Binding Approach.* Dordrecht: Kluwer, 1986.

Cançado, M. *Verbos psicológicos:* a relevância dos papéis temáticos vistos sob a ótica de uma semântica representacional. Tese de doutoramento, IEL-Unicamp, 1995.

Chagas de Souza, P. *A alternância causativa no português do Brasil: defaults* num léxico gerativo. Tese de Doutoramento, Departamento de Linguística, USP, 2000.

Chomsky, N. O *conhecimento da língua: sua natureza, origem* e *uso.* Tradução Anabela Gonçalves e Ana Teresa Alves. Lisboa: Editorial Caminho, 1986.

______. *Barriers.* Cambridge, Mass.: MIT, 1986.

______. *Language and Problems of Knowledge. The Managua Lectures.* Cambridge, Mass.: MIT, 1988.

Haegeman, L. *Introduction to Government and Binding Theory.* Cambridge, Mass.: Blackwell, 1991.

Mioto, C. M. C.; Figueiredo-silva; Lopes, R.V. *Manual de sintaxe.* Florianópolis: Insular, 1999.

Negrão, E.V. *Anaphora in Brazilian Portuguese Complement Structure.* Tese de Doutoramento, Madison. Universidade de Wisconsin, 1986.

Raposo, E. *Teoria da Gramática: a faculdade da linguagem.* Lisboa: Editorial Caminho, 1972.

Rizzi, L. *Relativized Minimality.* Cambridge, Mass.: MIT, 1990.

Ross, J. R. *Constraints on Variables in Syntax.* Tese de doutoramento, MIT, 1967.

Whitaker-franchi, R. *As construções ergativas:* Um estudo sintático e semântico. Dissertação de Mestrado, IEL-Unicamp, 1989.

## Sugestões de leitura

BURZIO, L. *Italian Syntax. A Government-Binding Approach*. Dordrecht: Kluwer, 1986.
O livro de Luigi Burzio é um dos clássicos da Gramática Gerativa, em sua versão de Princípios e Parâmetros. Seu capítulo 2, que trata dos verbos intransitivos e auxiliares, é particularmente relevante para a compreensão dos dados relacionados aos verbos monoargumentais, discutidos na seção 2.2. deste capítulo. Em seu capítulo 1, o livro traz um panorama geral do modelo de Princípios e Parâmetros, o que torna a leitura do capítulo 2 mais fácil.

CANÇADO, M. *Verbos psicológicos:* a relevância dos papéis temáticos vistos sob a ótica de uma semântica representacional. Tese de doutoramento, Campinas, IEL-Unicamp, 1995.
A leitura dessa tese é relevante para a discussão dos dados aqui apresentados na seção 2.2, não só por tratar diretamente da sintaxe e da semântica relacionadas a verbos psicológicos, mas por trazer os fundamentos da Teoria Generalizada dos Papéis Temáticos, proposta por C. Franchi, que nos ajuda a entender as peculiaridades de todos os verbos lá discutidos. A Parte 1 desse trabalho, que traz a parte empírica (em especial o capítulo 1), é de leitura bastante acessível.

CHAGAS DE SOUZA, P. *A alternância causativa no português do Brasil: defaults* num léxico gerativo. Tese de Doutoramento, Departamento de Linguística, São Paulo, USP, 2000.
O trabalho de Chagas de Souza tem por objetivo a comparação de duas grandes linhas de pesquisa sobre a natureza do Léxico. A discussão é ilustrada por meio da análise de alternâncias como as que foram apresentadas no item 2.2. deste capítulo, sendo, portanto, de bastante interesse para quem quiser se aprofundar no assunto. O capítulo 1 da tese traz os dados relevantes, discute a terminologia usada na literatura, de maneira geral, e não é difícil de ser lido.

CHOMSKY, N. *O conhecimento da língua: sua natureza, origem e uso*. Tradução Anabela Gonçalves e Ana Teresa Alves. Lisboa: Editorial Caminho, 1986.
Os dois primeiros capítulos desse livro tratam dos fundamentos da Gramática Gerativa, especialmente em sua versão conhecida como Princípios e Parâmetros. São discutidas, em detalhes, manifestações do tipo do conhecimento linguístico de que trata a Gramática Gerativa, semelhantes às que foram apresentadas aqui na seção 2. A leitura desse trabalho é bastante difícil, mas é absolutamente necessária para qualquer pessoa que tenha interesse em estudar sintaxe.

CHOMSKY, N. *Barriers*. Cambridge: MIT, 1986.
Nesse livro, de leitura bastante difícil, Chomsky parte da intuição de que certas categorias em determinadas configurações servem de barreiras para regência e movimento de constituintes. Seu objetivo é determinar o que, exatamente, constitui uma barreira. Seu conteúdo está, portanto, particularmente relacionado ao item 2.4 deste capítulo.

Chomsky, N. *Language and Problems of Knowledge. The Managua Lectures*. Cambridge, Mass.: mit, 1988.
Dentre os livros e artigos de Chomsky sobre o programa de pesquisa da Gramática Gerativa e os princípios que lhe servem de base, essa coletânea das conferências proferidas por ele em Manágua é, possivelmente, a obra de leitura mais acessível. Além de apresentar os fundamentos de sua teoria, Chomsky discute a natureza do tipo de conhecimento linguístico de que se ocupa a Gramática Gerativa, por meio da análise de dados como os que foram abordados aqui, nos itens 2.1 e 2.3.

Chomsky, N. Chomsky no Brasil. *D.E.L.T.A.* 13, número especial, 1997.
Esse número da revista D.E.L.T.A. traz os textos das conferências que Noam Chomsky proferiu durante sua visita ao Brasil, no final de 1996, em sua versão original, em inglês, e em sua tradução para o português. Os textos são acompanhados das perguntas e respostas que se seguiram às conferências. O conjunto dos textos fornece uma visão geral das ideias de Chomsky sobre a língua humana. Recomendamos, de maneira especial, a leitura do texto intitulado "Novos horizontes no estudo da linguagem", que apresenta uma introdução às teorias sobre a faculdade da linguagem, a aquisição de língua e sobre os princípios e parâmetros linguísticos.

Haegeman, L. *Lectures on Government and Binding*. Cambridge, Mass.: Blackwell, 1991.
Esse livro inclui as noções e conceitos mais importantes do programa da Gramática Gerativa desenvolvido por Chomsky na década de 1980 e tem por objetivo habilitar o leitor a ler, entender e avaliar independentemente a literatura na área. Seus capítulos 4 e 5 relacionam-se ao que foi apresentado em nossa seção 2.3, enquanto os capítulos 6, 7 e 10 relacionam-se à nossa seção 2.4.

Mioto, C. M. C.; Figueiredo-silva; Lopes. R. V. *Manual de sintaxe*. Florianópolis: Insular, 1999.
Esse manual apresenta a versão da Gramática Gerativa conhecida como Teoria de Regência e Ligação para alunos de graduação, e pretende levá-los a refletir sobre os aspectos formais de uma teoria linguística. Dados semelhantes aos apresentados em nossa seção 2.1 são discutidos em seu capítulo III. Os capítulos V e VI estão particularmente relacionados aos dados apresentados e discutidos em nossas seções 2.3 e 2.4, respectivamente.

Negrão, E. V. *Anaphora in Brazilian Portuguese Complement Structure*. Tese de Doutoramento, Madison, Universidade de Wisconsin, 1986
O objetivo dessa tese é dar um tratamento sintático e semântico às categorias vazias e aos pronomes do português brasileiro. Para tanto, explora amplamente as estruturas de complementação, à medida que essas estruturas são um contexto particularmente interessante para o comportamento dos sintagmas nominais em geral, dos pronomes e das categorias vazias em particular. Esse trabalho é especialmente relevante para a compreensão dos dados aqui tratados nas seções 2.1 e 2.3. A leitura da parte teórica não é fácil, mas a apresentação dos dados é bastante clara e funciona como uma excelente ilustração das questões relevantes.

RAPOSO, E. *Teoria da gramática: a faculdade da linguagem*. Lisboa: Editorial Caminho, 1972.
Um livro escrito com o objetivo de introduzir a Teoria de Regência e Ligação a estudantes de graduação e ao público em geral, esse manual tem, em seu capítulo 1, uma boa apresentação das noções de competência e *performance*, discutidas em nossa seção 3. Seus capítulos 4, 5 e 14 relacionam-se aos fatos apresentados e discutidos em nossa seção 2.4., e a questão da interpretação das expressões nominais, discutida na seção 2.3, aparece em seus capítulos 8 e 15. Apesar de não tratar especificamente de dados como os apresentados na seção 2.2., seus capítulos 9 e 10 cobrem os módulos da teoria que são mais diretamente relevantes para o exame da questão.

RIZZI, L. *Relativized Minimality*. Cambridge, Mass.: MIT, 1990.
Nesse texto, o autor avalia os efeitos de um tipo especial de intervenção sobre a teoria de regência do quadro da Gramática Gerativa, procurando, dessa forma, reduzir a importância das barreiras na definição de regência. A leitura desse livro pode ser bastante difícil, mas será imprescindível para o leitor que se interessar pelos fatos discutidos na seção 2.4.

ROSS, J. R. *Constraints on Variables in Syntax*. Tese de doutoramento, MIT, 1967.
Depois da obra de Chomsky, a tese de doutoramento de Ross é, possivelmente, o trabalho mais citado em toda a literatura que trata da Gramática Gerativa. Sua contribuição mais importante foi a de mostrar que restrições a várias estruturas sintáticas não precisavam ser particulares às regras de construção dessas estruturas, mas poderiam ser tratadas como um conjunto universal de restrições, a serem aplicadas a classes de regras. Um desses conjuntos de restrições mostra que certas partes da estrutura sintática das sentenças podem ser caracterizadas como "ilhas", cujos limites funcionam como barreiras a operações de vários tipos. Portanto, esse trabalho é particularmente relevante para a compreensão dos dados tratados na seção 2.4 deste capítulo. Sua leitura é difícil, mas é indispensável para o desenvolvimento de qualquer estudo sintático mais aprofundado.

WHITAKER-FRANCHI, R. *As construções ergativas*: Um estudo sintático e semântico. Dissertação de Mestrado, Campinas, IEL-Unicamp, 1989.
A dissertação de mestrado de Whitaker-Franchi é o trabalho-chave para a compreensão de grande parte dos dados discutidos na seção 2.2 deste capítulo. As construções geradas por vários verbos lá exemplificados são explicadas por princípios gerais que operam em diferentes planos de representação, nomeadamente um sintático e um semântico. Sua proposta é a de que uma teoria de papéis temáticos e uma teoria de hierarquia temática explicam várias manifestações sintáticas apresentadas naquela seção. A leitura dos capítulos 1 e 2 não é particularmente difícil, e vale, especialmente, pela riqueza dos dados.

# A variação linguística

*Ronald Beline*

> É justamente porque a língua é um tipo de comportamento estritamente social, assim como tudo numa cultura, e também porque ela revela, em suas linhas gerais, regularidades que só o cientista tem o hábito de formular, que a Linguística é de estratégica importância para a ciência social. Por trás de uma aparente ausência de regras do fenômeno social, existe uma regularidade na sua configuração que é tão real quanto aquela dos processos físicos do mundo mecânico... Uma língua é sobretudo um produto social e cultural e como tal deve ser entendida... É peculiarmente importante que os linguistas, que são frequentemente acusados – e justamente acusados – de falhar em olhar mais além dos padrões da sua matéria de estudo, tornem-se mais conscientes do que a sua ciência pode significar para a interpretação da conduta humana em geral.
>
> Edward Sapir, 1929

## 1. As línguas variam

"Como assim?", pode perguntar o iniciante nos estudos linguísticos. O que se quer dizer com "as línguas variam"?

Em sentido bastante amplo, podemos de início pensar nas diferentes línguas que existem no mundo. Falamos português no Brasil. Praticamente em qualquer região de fronteira em que estejamos em nosso país, sabemos que do outro lado falam outra língua – o espanhol. Sabemos também que dentro de nosso país ainda há indígenas que se comunicam, quando estão em suas aldeias, em suas línguas, e não em português. Para citar um exemplo, temos uma aldeia no noroeste do Rio Grande do Sul, na região de Ijuí, chamada caingangue, mesmo nome dado à língua que falam seus habitantes. Podemos atravessar o Atlântico, ir para outros continentes, e citar um sem-número de outras línguas diferentes: o basco, uma língua falada numa pequena região no norte da Espanha; o galês, falado numa região do Reino Unido, o País de Gales; o kabiye, na região norte do Togo, um país da África Ocidental; e tantas centenas de outras, até mais conhecidas do que as citadas aqui.

Se afunilarmos um pouco nosso foco, contudo, podemos nos lembrar de um fato linguístico com que sempre convivemos, mas ao qual talvez nunca tenhamos dado tanta importância, em termos científicos: o fato de que detectamos diferenças entre o português que falamos em São Paulo, em termos genéricos, e o português que se fala na cidade do Rio de Janeiro, ou nas cidades de Salvador e Porto Alegre. É claro também que tais diferenças não impedem que nos comuniquemos entre nós. Quando ouvimos um carioca típico, podemos entender tudo o que ele fala. É verdade que pode haver problemas quando estamos conversando com pessoas de regiões de cultura muito diferente da nossa, principalmente no que diz respeito ao léxico, ou o vocabulário que as pessoas de uma dada região usam. Pode ser que o falante não saiba que "jerimum", palavra muito usada na Bahia, corresponde a "abóbora", termo muito mais comum nos estados do Sul e Sudeste de nosso país. É contudo inegável que, ainda que haja tais diferenças lexicais nas diversas regiões do país, falamos a mesma língua. Falamos uma mesma língua, em São Paulo e na Bahia, com diferenças detectáveis entre o que se considera mais comum num e noutro lugar.

O que acabamos de ver, ou rever, é um exemplo de variação no léxico do português: "jerimum" e "abóbora" são palavras do português falado no Brasil. Não importa se uma é mais comum num lugar e menos comum no outro. E também não importa se em algum lugar apenas um dos termos seja usado invariavelmente – fato que denominamos uso categórico. O que importa inicialmente, no estudo da variação linguística, é que ambos os vocábulos podem ser usados para fazer referência a um determinado fruto, de uma determinada planta, que tem um determinado tamanho, uma determinada cor, enfim, um conjunto de características que não permite que ele seja chamado "tomate", por exemplo. Além disso, ainda que o falante possa não saber o significado de um vocábulo ou de outro, ao ouvi-lo pela primeira vez, ele não questiona o fato de que ambos são palavras do português, pois reconhece os sons que participam de sua constituição e também reconhece o seu padrão silábico.

Esse tipo de variação, a lexical, é, entretanto, apenas um dos modos como uma língua pode variar. Em outras palavras, fazer referência a um elemento do mundo por mais de um termo linguístico é apenas um dos casos que mostram que, de fato, as línguas variam. Numa mesma língua, um mesmo vocábulo pode ser pronunciado de formas diferentes, seja conforme o lugar – variação diatópica –, seja conforme a situação (mais formal ou mais informal) em que se está falando – variação diafásica.

Pensemos primeiro em casos de variação diatópica. O exemplo de variação lexical dado, quando vimos que há uma palavra diferente na Bahia para o que no estado de São Paulo chamamos de *abóbora*, já constitui um caso de variação diatópica. Para seguir na exemplificação, focalizando a variação agora nos sons, podemos lembrar a clara diferença que distingue falantes cariocas de paulistanos: o modo como eles pronunciam o -r em final de sílaba. Paulistanos tendem a pronunciar tal -r como uma vibrante simples – um "flap", como costumam dizer os foneticistas –, enquanto os cariocas são conhecidos por aspirar o mesmo -r.

Temos então, aqui, um exemplo de variação diatópica no nível fonético do português falado no Brasil (doravante PB). Usando símbolos gráficos internacionalmente arbitrados para a representação gráfica dos sons das línguas, podemos dizer, em termos correntes da sociolinguística variacionista, que o /r/ (o flap paulistano) e o /h/ (o aspirado carioca) são variantes linguísticas. Ambos constituem uma variável, qual seja, a pronúncia do -r em final de sílaba no PB. A variável linguística é, portanto, um conjunto de duas ou mais variantes. Estas, por sua vez, são diferentes formas linguísticas que veiculam um mesmo sentido.

Para dar outro exemplo de variação fonética, podemos citar uma variável presente no inglês falado nos Estados Unidos. O ditongo de palavras como *alive* ("vivo") e *bride* ("noiva") não é pronunciado do modo como nos ensinam nos cursos de inglês como língua estrangeira – /aj/ – em todas as regiões dos Estados Unidos. Essa é, de fato, a pronúncia considerada padrão e mais frequente naquele país. Nos estados do sul, entretanto, sobretudo Mississipi e Alabama, a pronúncia mais comum é um /a/ alongado, cujo símbolo fonético pode ser /a:/, em que a semivogal do ditongo não é pronunciada (Woods, 2001). Nesse caso, então, as variantes seriam respectivamente /aj/ e /a:/.

Quando falamos em termos de variação fonética, na verdade, é comum termos mais de duas variantes numa mesma variável. No caso desse ditongo inglês, pode-se detectar um espectro: entre as duas pronúncias consideradas, o /aj/ (padrão, e mais frequentemente presente quando o inglês é ensinado como língua estrangeira) e o /a:/ (a pronúncia sulista), existe pelo menos uma outra variante relevante, uma pronúncia mais centralizada do ditongo, em geral chamada de ditongo parcial. Seria algo como /a$^{e}$/. Não vamos nos aprofundar nessa questão aqui, por não ser esse nosso objetivo. É contudo necessário que fique claro que, quando falamos de variação fonética, é sempre provável que existam outras variantes, além daquelas mais obviamente perceptíveis e marcadas no lugar em que são usadas.

Se pensarmos num tipo especial de -r, o que encontramos no final dos verbos em sua forma infinitiva, temos então não mais uma variação fonética, pois esse -r é, na verdade, um morfema flexional – um signo linguístico que tem como significado não um referente externo à língua (como "jerimum"), um elemento no mundo, mas sim uma categoria linguística. Nesse caso, o significado é justamente "verbo no infinitivo". Sabemos que "andar" significa "uma forma verbal no infinitivo", diferentemente de "anda" (presente do indicativo) por causa do próprio -r.

Podemos dizer "andar", pronunciando o -r, ou então o que seria grafado como "andá", colocando o acento agudo sobre o "a" da última sílaba. Desse modo, as variantes seriam respectivamente "presença do -r final" e "ausência do -r final". Em outros termos, temos dois morfemas – as variantes – para expressar a noção gramatical de "infinitivo": o morfema {-r} e o morfema ø (vazio, decorrente do apagamento do -r). Esse é um exemplo, portanto, de variável morfológica.

Pensando agora que tal variação não se dá necessariamente conforme o lugar que levamos em conta dentro do Brasil, temos de diferenciá-la das anteriormente citadas. Tal variação morfológica não é obrigatoriamente uma variação diatópica. Não precisamos pensar em regiões diferentes para vislumbrar essa variação. Um paulistano, embora possa aspirar o -r em final de sílaba, parece nunca fazê-lo. O mesmo paulistano, por outro lado, pode dizer "andar" ou "andá", "fazer" ou "fazê", "sair" ou "saí". Se estabelecemos a hipótese de que o falante nativo de PB "apaga" partes de palavras quando está numa situação de bastante informalidade (como numa conversa de bar, falando sobre futebol), diferentemente do que muito provavelmente faria numa situação de maior formalidade (como numa apresentação de um projeto, diante de uma plateia), temos um caso de variação diafásica.

Tal hipótese parece bastante defensável, podendo ser até mesmo óbvia, para um falante nativo de PB. Entretanto, não é a única. Poderíamos ainda estabelecer a hipótese de que o falante pronunciaria o -r do infinitivo com maior ou menor frequência de acordo com seu nível de escolaridade. Podemos imaginar que o uso da variante -r em verbos no infinitivo estaria numa relação diretamente proporcional à escolaridade do falante: quanto maior o nível de escolaridade, maior a frequência de uso da variante.

Essa hipótese, por sua vez, não parece tão óbvia quanto a anterior. Ora, podemos imaginar um falante de inegável alto nível de escolaridade – um professor universitário, por exemplo – que nunca, ou quase nunca, pronuncie o -r do infinitivo. Nesse caso, nossa hipótese da proporcionalidade direta estaria equivocada. Mais uma vez, ainda não vamos nos aprofundar na questão, mas devemos prestar atenção ao fato de que temos aqui um tipo especial de variante, possivelmente definida por mais de um fator de natureza extralinguística, ou social: a situação de fala e a escolaridade do falante.

Até aqui, portanto, vimos exemplos de variação linguística no léxico, na fonética e na morfologia. Haveria algum outro nível em que podemos constatar a presença de variantes, ou seja, diferentes elementos linguísticos veiculando um mesmo significado? Até aqui, de um modo ou de outro, falamos de variação dentro dos limites da palavra. Será que poderíamos estender esses limites e pensar em variação nos limites da frase de uma língua?

Continuando com exemplos do PB, podemos pensar que há mais de uma forma para expressar a negação em nossa língua. Vejamos as duas sentenças abaixo:

(1) Olha, eu não vou sair agora...
(2) Olha, eu não vou sair agora não...

Percebemos, observando essas duas frases, que em PB é indiferente colocar o advérbio de negação antes da forma verbal ou colocá-lo antes dela e repeti-lo no final da frase. Podemos falar então em variação sintática. Afirmar que é igual dizer (1) ou (2) significa afiançar que temos duas construções sintáticas diferentes que expressam o mesmo sentido em PB. Teríamos então, na sintaxe da negação, duas variantes.

Por outro lado, se considerarmos que o sentido da negação em (2) é de algum modo diferente do de (1), nossa primeira afirmação pode ficar um tanto comprometida; podemos argumentar, por exemplo, que (2) é mais enfática e, por isso, teria seu uso restrito a alguns contextos, não podendo ser usada exatamente nos mesmos contextos que (1). Ora, se (1) e (2) não forem intercambiáveis, por ter sentidos diferentes, ainda que a diferença entre as duas formas seja sutil, não teríamos um caso de variação sintática. Em outras palavras, não teríamos aqui um exemplo sintático paralelo ao exemplo morfológico que vimos anteriormente, em que não parece haver dúvida sobre o fato de que "andar" (-r final pronunciado) e "andá" (-r final apagado) significam exatamente a mesma coisa.

De fato, a observação da variação na sintaxe não se dá de forma tão pacífica como no caso da morfologia e da fonética. Se pensarmos bem, tampouco é simples abordar a variação lexical: "jerimum" pode fazer referência a um determinado tipo de "abóbora" e não necessariamente a qualquer tipo. Nesse caso, pode-se até discutir se os vocábulos são sinônimos perfeitos uns dos outros e, portanto, variantes de uma variável.

De todo modo, muito embora já tenhamos começado a levantar questionamentos acerca da variação linguística, parecemos estar cumprindo um primeiro passo de nossa tarefa: verificar que as línguas variam. É verdade que a maioria dos exemplos aqui apresentados vem do PB, mas basta entrar em contato com outra língua para que o falante se dê conta de que a variação está presente nos diferentes níveis.

Ainda com relação à abordagem de variantes sintáticas, também existem os casos em que o paralelo com a variação na fonética e na morfologia se dá sem grandes problemas. Em português mesmo, temos o caso dos pronomes relativos:

(3) ...essa aqui é a pessoa *em cuja* casa eu fiquei quando viajei para a Europa...
(4) ...essa aqui é a pessoa *que* eu fiquei *na* casa quando viajei...
(5) ...essa aqui é a pessoa *que* eu fiquei *na* casa *dela* quando viajei...

Aqui, não parece haver dúvida de que as sentenças são livremente intercambiáveis, no que diz respeito ao seu sentido. O sentido da combinação do relativo *cuja* com a preposição *em* da sentença (3) se repete em (4) e em (5), ainda que, nessas duas últimas, outro pronome relativo seja usado, em construções sintáticas bastante diferentes. Temos então, aqui, três variantes, o que nos permite afirmar que é indiferente dizer (3), (4) ou (5).

É indiferente, é claro, com relação ao seu significado. Sabemos, contudo, que não é conveniente falar (3) numa conversa informal com seus amigos de escola (seria, no mínimo, pedante). Assim como não seria exatamente adequado usar a frase (5) numa situação mais formal. Começamos então, mais uma vez, a nos perguntar: até que ponto as línguas podem variar? Quais são os limites da variação?

Essas são questões essenciais para um variacionista. Atualmente, quando se fala em variação, é comum fazer referência à sociolinguística, essa área da ciência da linguagem que procura, basicamente, verificar de que modo fatores de natureza linguística e extralinguística estão correlacionados ao uso de variantes nos diferentes níveis da gramática de uma língua – a fonética, a morfologia e a sintaxe – e também no seu léxico. De uma perspectiva variacionista quantitativa, como veremos com mais detalhes nos itens a seguir, a sociolinguística ocupa-se em desvendar como a heterogeneidade – ou seja, a variação – se organiza. O sociolinguista variacionista tem como principal interesse compreender de que modo a variação é regulada.

De uma perspectiva dialetológica, por outro lado, a sociolinguística pode se ocupar mais em estabelecer as fronteiras entre os diferentes falares de uma língua. Dessa perspectiva, interessa ao pesquisador verificar se os falantes de uma mesma língua apresentam diferenças nos seus modos de falar de acordo com o lugar em que estão (variação diatópica, como chegamos a exemplificar anteriormente), de acordo com a situação de fala, ou registro (variação diafásica), ou ainda de acordo com o nível socioeconômico do falante (variação diastrática). Para o dialetólogo, portanto, o interesse principal é o de localizar e descrever, regional e socialmente, os dialetos de uma língua – os diferentes falares que ela pode apresentar.

Neste texto, concentramo-nos na dimensão quantitativa da variação linguística. E o primeiro passo que devemos dar nessa direção é o do estabelecimento dos limites. É o que fazemos a seguir.

## 2. Os limites da variação

### 2.1. Até que ponto as línguas variam?

Até aqui, viemos basicamente colecionando exemplos que mostram que as línguas variam. Começamos com a constatação de que existem várias línguas no mundo, um primeiro indício de heterogeneidade. Partimos daí para casos de variação linguística detectáveis no léxico, na fonética, na morfologia e na sintaxe do PB, explicando-os com base na localização geográfica dos falantes e em aspectos sociais, tais como escolaridade do falante e formalidade ou informalidade da situação de fala.

Antes de ir adiante, tentando responder à pergunta sobre como estudar a variação, temos de nos perguntar sobre quais são os seus limites. Ou seja, antes de decidir como prosseguir no estudo, temos de saber bem o que vamos estudar.

Se nos lembrarmos de uma das primeiras lições de Saussure, em seu *Curso de Linguística geral* – com tanta frequência utilizado e tão importante nos estudos introdutórios de linguística por seus esforços em reconhecer o caráter autônomo dessa ciência – é inevitável que retomemos sua afirmação de que "o ponto de vista cria o objeto". Essa seria uma característica especial da ciência da linguagem, pois de acordo com o autor, diferentemente das outras ciências, para o linguista seria como se não existisse um objeto de estudo definido *a priori* ao seu olhar científico sobre as línguas.

Para entender melhor a dimensão do que o linguista suíço afirmou, podemos traçar um paralelo entre a Linguística e a Biologia. Logo após estabelecer as definições mais simples, como "a primeira é a ciência que estuda as línguas" e "a segunda é a ciência que estuda os seres vivos", damo-nos conta de que, para a Linguística, parece ser absolutamente necessária uma definição subsequente – a definição de *língua*. Já para a Biologia, como a definição de *seres vivos* é natural, definir seu objeto não parece tão decisivo como no caso da Linguística.

Em outras palavras, responder à pergunta "o que são seres vivos?", para seguir na definição do objeto da Biologia, é um procedimento apenas delimitador: a Biologia estuda esses seres e não outros. No caso da Linguística, responder à pergunta "o que é língua?" significa, além de delimitar nos moldes do que ocorre na Biologia e em outras ciências, criar o objeto em si. Há apenas uma definição possível para *seres vivos*, que os separa dos que não são vivos e que por isso não vão interessar à Biologia. Todavia, há mais de uma definição possível para *língua*. E, para cada definição diferente, temos um objeto de interesse. Assim, ao definir língua, delimitamos nosso objeto, criando-o.

Para terminar o paralelo, portanto, podemos dizer que os *seres vivos* preexistem a sua definição como objeto científico, enquanto a *língua*, embora seja um fato presente em nossa vida cotidiana, não existe como objeto científico antes de sua definição. Foi isso que Saussure vislumbrou e expressou em sua afirmação de que, na Linguística, o ponto de vista é que cria o objeto.

Tais questões são de extrema importância, pois devem estar na base do pensamento linguístico. E não vai deixar de ser assim aqui, para nós, em nossos estudos introdutórios de variação. Quando nos perguntamos até que ponto as línguas podem variar, o que na verdade estamos perguntando-nos é o seguinte: a língua é um fenômeno inerentemente variável, heterogêneo por definição, ou, diferentemente, é um sistema homogêneo que pode apresentar casos eventuais de heterogeneidade? O que é a *língua*, portanto, para um linguista variacionista?

Antes de tomar uma posição, temos de ter claro que a escolha de uma dessas alternativas define o tipo de investigação linguística a ser feita, mas não exclui a outra como possibilidade. Se fosse assim, estaríamos equivocadamente negando a afirmação saussuriana que expusemos acima. Além disso, ainda antes de nos posicionar, retomemos os exemplos que vimos no item anterior, por meio dos quais constatamos que as línguas variam.

Quando admitimos a variedade de línguas no mundo, intuitivamente consideramos um rol de características linguísticas que faz com que o PB seja diferente do espanhol, do inglês, do kabiye. Se quisermos ser mais técnicos, em vez de "características", vamos preferir o termo "regras": regras de combinação de fonemas (sons), regras de combinação de morfemas, regras de combinação de palavras na frase, regras de combinação de frases no texto. Quando observamos que o espanhol e o português são línguas diferentes, portanto, podemos concluir que a primeira tem um conjunto de regras que, no todo, a faz distinta da outra.

Nesse primeiro momento, parece razoável considerar que a variedade se dá num nível mundial, cada língua sendo um domínio sem variação. Representando esquematicamente cada língua como um conjunto de quatro regras, o português seria definido pelas regras A, B, C e D, enquanto o espanhol seria definido pelas regras C, D, E e F. Duas regras aparecem nas duas línguas, simbolizando o fato de que há semelhanças gramaticais entre elas, tais como a existência de morfemas flexionais para marcar número e pessoa verbais em concordância com o sujeito. Aliás, até mesmo sem interesse científico dizemos que as duas línguas são muito parecidas. Entretanto, o que importa aqui é notar que um conjunto de regras é diferente do outro, como um todo.

Continuando na retomada de nossa exemplificação do item 1, contudo, vamos facilmente julgar equivocados os esquemas acima propostos para o português e o espanhol. Como vimos, uma mesma língua pode variar de acordo com a localização geográfica e com aspectos sociais. A língua que chamamos português, portanto, pode apresentar variantes lexicais, fonéticas, morfológicas e sintáticas.

Sendo assim, um esquema representativo mais fiel da realidade do português não parece ser um conjunto de regras A, B, C e D. Precisaríamos pensar num conjunto formado por regras selecionáveis dentro de subconjuntos: A, A', A", B, B', B", C, C', C" e D, D', D". Nesse esquema, conforme o lugar e os aspectos sociais que estão sendo levados em conta, podemos ter diferentes regras selecionadas dentro de cada subconjunto.

De todo modo, também aqui vamos ter um domínio em que não haverá heterogeneidade. Pensando, por exemplo, no português falado em São Paulo, em situação informal, por falantes universitários de alto poder aquisitivo, na faixa dos 25 anos, podemos imaginar que as regras que compõem "esse" português sejam A", B, C' e D'. Chegamos, então, de novo a um ponto em que a variação parece ausente.

Voltando ao problema da definição de nosso objeto de estudo, pareceria razoável optarmos pelo ponto de vista de que as línguas são sistemas homogêneos, em algum nível caracterizado por um conjunto de regras que não varia. Pelo menos é o que os esquemas de regras até aqui apresentados vêm sugerindo.

Mas não tomemos nossa decisão definitiva antes de lembrar o último exemplo que vimos no item 1. Concordamos, naquele item, que um mesmo falante de português, numa mesma localização geográfica, numa mesma situação de fala, pode usar variantes. Um falante universitário de alto poder aquisitivo, na faixa dos 25 anos, nascido e criado na capital de São Paulo, pode utilizar variantes como *andar* e *andá*, *fazer* e *fazê*, e assim por diante. O mesmo falante parece também poder usar as variantes "*essa aqui é a pessoa em que eu fiquei na casa*" e "*essa aqui é a pessoa que eu fiquei na casa dela*".

Se realmente concordamos com tal raciocínio, o próximo passo é admitir que a variação pode chegar até o nível do indivíduo. Aliás, "concordar" acaba não sendo o termo mais conveniente aqui. Com efeito, estamos constatando um fato linguístico. Nosso acordo não vem ao caso, mas sim a decisão de que concepção de língua vamos tomar a partir de tal constatação.

Dando importância ao fato de que um mesmo indivíduo opera com regras variáveis, parece natural optar por uma perspectiva a partir da qual vemos a língua como um sistema inerentemente variável. Os linguistas que assim veem a língua são comumente chamados de sociolinguistas ou variacionistas. O cientista mais conhecido, dada a importância de seus estudos para o desenvolvimento da teoria variacionista, é William Labov.

A opção científica de que a língua é um sistema inerentemente variável não exclui a possibilidade de ver a língua como um sistema homogêneo, em que a variação ocupa um lugar não central. Não vamos discutir, nem mesmo apresentar aqui outras teorias além da variacionista, mas não podemos deixar de mencionar que estudos diferentes são feitos a partir de concepções diversas a respeito da língua.

Feita a nossa opção, temos de nos tornar conscientes das consequências que ela implica. Se vamos entender que as línguas são inerentemente variáveis, vamos ter de nos dar ao trabalho de responder às seguintes questões:

- se cada indivíduo pode usar variantes no uso da língua, por que não vivemos num caos linguístico?
- se fizermos um trabalho descritivo das gravações de conversas de vinte falantes de português numa grande cidade do Brasil, cada um com características sociais diversas, vamos ter uma coleção de vinte "tipos de português" diferentes ou podemos dizer que temos um estudo do português da cidade onde habitam esses falantes?
- o que define o português que reconhecemos como paulistano em relação ao que reconhecemos como carioca ou como gaúcho?
- como podemos definir uma comunidade linguística?

São essas as questões que vamos abordar nos itens seguintes.

## 2.2. A comunidade de fala

Admitimos que a variação linguística pode chegar até o nível do indivíduo. Começamos a estabelecer nossos limites e deparamos com um problema: se cada pessoa pode fazer uso de variantes, ora apresentando as regras A', B, C", D, ora apresentando as regras A", B", C, D', seguindo nosso esquema de conjunto de regras, por que não vivemos numa total anarquia linguística?

Esse é o limite que temos de estabelecer. Embora o indivíduo possa utilizar variantes, é no contato linguístico com outros falantes de sua comunidade que ele vai encontrar os limites para a sua variação individual. Como o indivíduo vive inserido numa comunidade, deverá haver semelhanças entre a língua que ele fala e a que os outros membros da comunidade falam.

Interessa para nós, portanto, identificar agrupamentos de falantes que têm características linguísticas comuns. Em outras palavras, interessa saber como se constitui uma comunidade de fala. Vamos aqui usar a definição proposta por Guy (2001), para quem a comunidade de fala é formada por falantes que:

- compartilham traços linguísticos que distinguem seu grupo de outros;

- comunicam-se relativamente mais entre si do que com outros; e
- compartilham normas e atitudes diante do uso da linguagem.

O primeiro dos quesitos evidencia a existência de fronteiras externas para as comunidades: as variantes linguísticas que aparecem em uma são distintas, seja na qualidade, seja na quantidade, das que aparecem em outras. Os limites da fala carioca, por exemplo, são definidos em parte pela pronúncia chiante do -s em final de sílaba, assim como pela aspiração do -r em final de sílaba. Os limites da fala dos gaúchos de Porto Alegre estão, do mesmo modo, em grande parte definidos pelo amplo uso do pronome *tu*, assim como pela baixa frequência de uso de *você*, diferentemente do que acontece na maior parte do Brasil.

O quesito seguinte, por sua vez, acaba por explicar o primeiro: a fala do carioca é da maneira que é porque a comunicação, no sentido de contato linguístico, entre os membros da comunidade de fala carioca é muito mais intensa do que sua comunicação com membros de outras comunidades. As chances cotidianas de um carioca falar com outro carioca são muito maiores do que suas oportunidades de falar com um paulistano ou com um gaúcho. Desse modo, ao mesmo tempo que a comunicação intensa entre membros de uma comunidade leva à manutenção de suas características linguísticas, a falta de contato linguístico entre comunidades favorece o desenvolvimento de diferenças linguísticas. Tendemos a falar *como* aquelas pessoas *com quem* mais falamos.

É comum depararmos com pessoas expressando seu pensamento sobre os usos linguísticos de outras comunidades, muitas vezes até fazendo julgamentos de valor do tipo "não gosto do jeito como os cariocas pronunciam o -r..."; "a maneira como os paulistas pronunciam o -r é feia". Indo mais longe, temos de notar que não basta que os membros de uma comunidade tenham contato linguístico com membros de outra para adotar suas características linguísticas: não assumimos as características linguísticas daqueles de que, de algum modo, não gostamos ou daqueles de quem queremos nos distanciar ou ainda daqueles com quem não queremos ser parecidos. É necessário, portanto, reconhecer a atitude que todos nós, como membros de uma comunidade linguística, temos em relação ao que falamos e em relação ao que os outros falam, escolhendo como queremos falar. É disso que trata o terceiro quesito da lista.

Quando falamos em atitude diante do uso linguístico, temos de nos transportar das diferenças geograficamente marcadas – que é o caso dos exemplos que acabamos de percorrer – para as diferenças socialmente marcadas. Não temos atitudes apenas diante da língua falada em lugares diferentes, também nos posicionamos diante de modos de falar correlacionados a fatores sociais, tais como escolaridade e nível econômico. Sabemos, intuitivamente, que, no PB, por exemplo, deixar de fazer a concordância de número no sintagma nominal (artigo, núcleo nominal e eventuais adjuntos) é um indício de baixa escolaridade, que em geral vem de mãos dadas com baixo nível econômico. Desse modo, um grupo de indivíduos de maior nível de escolaridade e de melhor situação econômica possivelmente tenderá a evitar realizações como "*as pessoa*" e "*uns carro*", em vez de "*as pessoas*" e "*uns carros*". Trata-se então de um exemplo claro de que as atitudes linguísticas não estão delimitadas apenas por fronteiras geográficas, mas também por fronteiras sociais.

Por outro lado, mesmo o falante que é membro de uma comunidade caracterizada pelo alto nível escolar e econômico pode deixar de realizar a chamada concordância nominal, em alguns casos. Afinal de contas, o indivíduo pode fazer uso de variantes dentro de sua comunidade. Será que os falantes de tal comunidade que vez por outra deixam de marcar o plural no núcleo do sintagma nominal deveriam ser considerados membros de um subgrupo dentro dessa comunidade? Seria conveniente fazer um novo agrupamento de indivíduos dentro de uma comunidade, criando subcomunidades?

Parece que estamos num beco sem saída: de um lado, temos a comunidade de fala, do modo como definimos, de outro, continuamos tendo o falante-indivíduo, que pode usar a língua de maneira variável mesmo dentro da comunidade. Como dar conta, então, do fato de que a variação não é caótica? Como determinar a relação entre os usos linguísticos dentro de uma comunidade e os fatores sociais que caracterizam seus indivíduos membros?

Chegamos a um ponto, portanto, em que não basta falar em termos do que é diferente e do que é igual no interior das comunidades linguísticas e entre elas. Precisamos saber o quanto se é diferente e o quanto se é igual. Nesse sentido, para estudar a variação linguística, torna-se necessário usar um modelo de análise que opere com quantidades de dados. No caso do exemplo do falante que usa "*as coisa*" em vez de "*as coisas*", mas que é membro de uma comunidade em que o uso dessa forma é inesperado, a pergunta que se coloca é: com que frequência esse uso ocorre na fala do indivíduo?

A quantificação dos dados, na análise da variação linguística, é o foco do último.

## 3. Estudar a variação: quantificar as diferenças

Distinguimos comunidades quando as diferenças entre elas são categóricas: uma comunidade tem um traço e a outra não o tem. Já vimos exemplos disso: na cidade de São Paulo, não encontramos o /r/ aspirado do Rio de Janeiro, assim como o uso do pronome *tu,* a exemplo do que ocorre na cidade de Porto Alegre.

Nossa capacidade de captar distinções nos usos linguísticos, entretanto, parece ser muito mais refinada. Além das diferenças categóricas, somos capazes de perceber distinções mais sutis, que se revelam não na presença ou ausência de uma determinada forma linguística, mas na quantidade com que tal forma aparece na fala de um indivíduo ou de um grupo.

Num de seus estudos sobre o inglês falado na cidade de Nova Iorque, nos Estados Unidos, Labov (1972) mostrou que os falantes de lá reconheciam diferenças da ordem de 10% no uso do -r pós-vocálico, operando com essas distinções para fazer julgamentos acerca do *status* social dos falantes. Nessa cidade americana, deixar de pronunciar o -r e substituí-lo por um alongamento da vogal anterior é considerado sinal de baixo *status* social e uma pequena diferença na quantidade do uso de tal variante já é suficiente para perceber a classificação social do falante.

Podemos pensar no mesmo tipo de fenômeno variável – o apagamento do fonema /r/ – no caso do PB. Já vimos que podemos dizer "andá" em vez de "andar", "comê" em vez de "comer". De uma perspectiva variacionista quantitativa, contudo, temos de lembrar que haverá falantes brasileiros que vão apagar o /r/ muito mais frequentemente do que outros. Para efeito de exemplificação, vamos considerar a seguinte tabela:

## Tabela 1. Taxas-limites de apagamento do /r/ pós-vocálico no PB

| Falantes que mais apagam o /r/ | 60% |
|---|---|
| Falantes que menos apagam o /r/ | 5% |

De acordo com essa tabela, quem apagar mais o /r/ final em PB vai fazê-lo em 60% dos casos, ao passo que quem o apagar menos vai fazê-lo em 5% deles. É evidente que haverá falantes com diferentes taxas de apagamento entre esses limites. Tais valores são, portanto, uma espécie de *quadro geral* da variação na pronúncia do /r/ final no Brasil. Trata-se, na verdade, de uma primeira dimensão quantitativa.

Por outro lado, como viemos demonstrando, os falantes podem apagar o /r/ em final de sílaba de modo variável. Podemos ter falantes que apagam mais o /r/ nos verbos em forma infinitiva e falantes que o apagam também consideravelmente em substantivos, como "colhé" e "senhô". Estamos falando de contextos linguísticos relacionados à aplicação de uma regra: a regra do apagamento do /r/ final em PB. Trata-se de uma regra variável, à medida que é aplicada ou não conforme fatores linguísticos, tais como classe de palavras (o -r está num verbo infinitivo ou num substantivo), e também conforme fatores extralinguísticos, tais como idade e nível econômico do falante.

Para prosseguir no entendimento de "regra variável", temos de atentar para o fato de que, matematicamente, as taxas dadas na Tabela 1, de um lado, e a frequência com que falantes (individualmente ou em grupo) apagam o /r/ nos diferentes contextos, de outro, podem variar independentemente.

Estudos têm mostrado que essa possibilidade matemática é encontrada na realidade linguística. Cameron (1993), por exemplo, demonstra isso ao estudar o uso do sujeito nulo em dois lugares diferentes em que se fala espanhol. De modo semelhante ao português, naquela língua o falante pode expressar o sujeito na frase ou não:

- Él escribió la carta y salió a pasear ("Ele escreveu a carta e saiu para passear")
- Escribió la carta y salió a pasear ("Escreveu a carta e saiu para passear")

De acordo com o autor, a frequência com que o sujeito é expresso varia nos diferentes lugares em que o espanhol é falado. Pesquisando o espanhol falado por porto-riquenhos (cidade de San Juan) e por falantes espanhóis (cidade de Madri), Cameron constatou que o pronome *tú* é usado distintamente nas duas comunidades, com base no seguinte fator de natureza linguística: o pronome é usado para fazer referência a uma pessoa específica ou é usado para fazer referência a qualquer pessoa (uso genérico). Os resultados a que ele chegou estão expressos na Tabela 2.

## Tabela 2. Expressão do sujeito *tú* em espanhol

| | San Juan | | | Madri | | |
|---|---|---|---|---|---|---|
| | Número de casos | % | Peso relativo | Número de casos | % | Peso Relativo |
| [+ específico] | 145 | 48 | 0,51 | 58 | 40 | 0,72 |
| [– específico] | 188 | 69 | 0,72 | 150 | 19 | 0,50 |

Na Tabela 2, os pesos relativos indicam, com maior precisão do que os valores porcentuais, a proporção com que o sujeito é expresso. Matematicamente, 40% de sujeitos expressos num universo de 58 casos em que o pronome é usado para fazer referência a uma pessoa específica (Madri) é um valor maior do que 48% de sujeitos expressos num total de 145 casos (San Juan).

Os pesos relativos são valores que vão de zero a um e que indicam matematicamente o peso com que um fator (linguística ou extralinguístico) influencia o uso de uma variante, em relação a todos os fatores levados em conta na observação de um fenômeno de variação linguística. Quando o peso relativo de um fator é próximo de zero, significa que tal fator desfavorece o uso da variante. Quando o peso relativo é igual a 0,50, significa que ele não está correlacionado ao uso da variante – tal valor é, pois, o ponto denominado neutro. Finalmente, quanto mais próximo for de 1 (um), maior será o peso com que o fator favorece o uso da variante. Os valores dos pesos relativos são obtidos a partir de fórmulas estatísticas complexas, do tipo de regressão logística, em que se comparam as porcentagens com que os dados se distribuem pelos diferentes fatores. Pelos objetivos deste capítulo, não vamos nos dedicar ao desenvolvimento dessa fórmula matemática, nem ao modo como ela é aplicada à variação linguística.

Em termos linguísticos, a Tabela 2 evidencia um fato muito interessante. Observando a coluna do número de casos relativos a ambas as cidades, vemos que o panorama geral é o mesmo: os falantes expressam mais o pronome *tú* quando fazem referência a qualquer pessoa e não a uma pessoa específica. Por outro lado, se atentarmos para a coluna dos pesos relativos, vamo-nos dar conta de que a restrição contextual da especificidade opera de modo diametralmente oposto nelas. Em San Juan, a referência específica é neutra para a expressão do sujeito pronominal, ao passo que em Madri a referência específica favorece sua manifestação.

Tais resultados nos permitem ver, portanto, que temos duas dimensões quantitativas na variação linguística. Na primeira delas, temos o quadro geral da variação: o fato de que, numa língua, um mesmo sentido pode ser veiculado por mais de uma forma (A, A', A"...), cada uma delas com uma determinada frequência de uso. No caso do exemplo de Cameron, as formas seriam A = sujeito pronominal expresso ou A' = sujeito nulo. Na segunda dimensão quantitativa, temos o efeito dos contextos linguísticos sobre a variação, de modo que as quantidades de A e A' podem variar de indivíduo para indivíduo e de comunidade para comunidade.

Com base no que foi dito, a teoria da variação vai prestar atenção a basicamente dois fatos:

- falantes que compartilham os mesmos números (pesos relativos) quando aplicam uma regra de acordo com os contextos linguísticos, ainda que possam apresentar números diferentes dentro do quadro geral; e
- falantes que apresentam pesos diferentes, com relação aos contextos linguísticos, mas que têm um mesmo comportamento dentro do quadro geral.

No primeiro caso, consideramos que os falantes envolvidos apresentam *identidade estrutural*, revelando uma mesma *gramática*, apesar de os números do quadro geral poderem ser diferentes. Já no segundo, consideramos que os falantes estão usando *gramáticas diferentes*, pois os efeitos de contexto linguístico são diferentes, apesar de os números do quadro geral serem uniformes. O estudo de Cameron, portanto, é um exemplo desse último caso, pois a gramática do uso do pronome *tú* é diferente em San Juan e em Madri. Na primeira, expressa-se o pronome na frase quando se faz referência a qualquer pessoa (uso genérico) e, na segunda, expressa-se o pronome quando se faz referência a uma pessoa específica.

Há muitos casos, contudo, em que comunidades diferentes apresentam uma mesma gramática, ou seja, os pesos relativos são os mesmos ou muito próximos entre si, quando se correlaciona o uso de formas variantes a um fator linguístico. Podemos citar o estudo desenvolvido por Zilles (2000), sobre a posição do sujeito em relação ao verbo no português falado em quatro cidades do Rio Grande do Sul: Porto Alegre, São Borja, Flores da Cunha e Panambi. Nesse exemplo, vamos considerar cada cidade uma comunidade de fala diferente, mas devemos ter claro que, numa mesma cidade, pode ocorrer de haver mais de uma comunidade de fala, de acordo com a definição de Guy (2001). Não se pode confundir comunidade de fala com cidade.

Em PB, sabemos que a ordem mais comum é a sujeito-verbo (ou ordem SV), como na frase *Ele chegou cedo*. Por isso, a preocupação da linguista neste trabalho foi a de verificar em que contextos linguísticos seria favorecida a ordem verbo-sujeito (ou ordem VS), como nas frases a seguir (Zilles, 2000):

- Entrava uma pessoa idosa.
- Aí foi construída uma ponte.

Após ter procurado os dados em conversas que foram gravadas e transcritas – o chamado conjunto de dados, ou *corpus* – a autora organizou a seguinte tabela:

### Tabela 3. Frequência de ordem SV e VS

| | Porto Alegre | | São Borja | | Flores da Cunha | | Panambi | |
|---|---|---|---|---|---|---|---|---|
| | Número de casos | % | Número de casos | % | Número de casos | % | Número de casos | % |
| SV | 4.585 | 95 | 5.469 | 93 | 4.550 | 93 | 4.601 | 95 |
| VS | 256 | 5 | 407 | 7 | 344 | 7 | 223 | 5 |
| Total | 4.841 | 100 | 5.876 | 100 | 4.894 | 100 | 4.824 | 100 |

A Tabela 3 mostra então o óbvio: a ordem SV é muitíssimo mais frequente do que a ordem VS. Isso se repete nas diferentes cidades consideradas no estudo e provavelmente reflete o que ocorre em todo o Brasil, ainda que em outros lugares possa haver uma distância não tão grande de valores. Temos, assim, o *quadro geral da variação*, ou seja, uma primeira distribuição dos dados, em valores absolutos e em porcentagens, nas diferentes cidades.

Numa pesquisa como essa, quando se observam os dados nas transcrições das entrevistas que foram usadas como material de análise, várias hipóteses são levantadas a respeito da relação entre o uso de uma forma e um fator linguístico. Zilles analisou quantitativamente seus dados com base nas seguintes relações:

- tipo de verbo: transitivo, intransitivo e de ligação;
- animacidade do sujeito: [+ animado] (cachorro), [- animado] (mesa);
- forma de expressão do sintagma nominal (SN): SN pleno (uma pessoa idosa), pronome reto (ela), pronome indefinido (tudo), pronome demonstrativo (este);
- extensão do SN: SN pesado (mais de três palavras) e SN não pesado (até três palavras);
- *status* informacional do sujeito: o referente foi mencionado pela primeira vez no discurso ou foi mencionado anteriormente; e
- continuidade da referência do sujeito: mesmo sujeito da oração anterior e sujeito diferente da oração anterior.

Para cada um desses fatores linguísticos, a hipótese era sempre de natureza quantitativa: os casos de ordem VS seriam mais frequentes em alguns casos e mais raros em outros. Vamos verificar os resultados a que Zilles chegou apenas no que se refere à primeira das hipóteses acima.

### Tabela 4: A ordem VS em relação ao tipo de verbo

| | Porto Alegre | | | São Borja | | | Flores da Cunha | | | Panambi | | |
|---|---|---|---|---|---|---|---|---|---|---|---|---|
| | Número de casos | % | Peso | Número de casos | % | Peso | Número de casos | % | Peso | Número de casos | % | Peso |
| Intransitivo | 137/906 | 15 | 0,86 | 229/1.210 | 19 | 0,82 | 188/995 | 19 | 0,83 | 149/1.168 | 13 | 0,85 |
| Ligação | 89/978 | 9 | 0,57 | 110/1.212 | 9 | 0,48 | 89/909 | 10 | 0,43 | 50/437 | 5 | 0,52 |
| Transitivo | 30/2.955 | 1 | 0,35 | 68/3.454 | 2 | 0,38 | 67/2.990 | 2 | 0,39 | 24/2.719 | 1 | 0,32 |

A ordem VS aparece predominantemente com verbos intransitivos (pesos relativos entre 0,82 e 0,86). Verbos transitivos desfavorecem tal ordem, nas quatro cidades (pesos relativos entre 0,32 e 0,38). Quanto aos verbos de ligação, Porto Alegre apresenta um peso relativo consideravelmente diferente dos das outras cidades: o peso 0,57 mostra que, nesta cidade, verbos de ligação favorecem um pouco a colocação do sujeito após o verbo. Em São Borja e Panambi, o peso relativo para os verbos de ligação está próximo do ponto neutro (0,50), de modo que o efeito do verbo de ligação é fracamente correlacionado ao uso da ordem VS naquelas cidades. Finalmente, com relação a Flores da Cunha, verbos de ligação desfavorecem o uso da ordem SV (peso relativo abaixo de 0,50).

Comparando os resultados obtidos no estudo desenvolvido por Zilles com aqueles a que chegou Cameron, vemos que aqui não temos diferença de estrutura linguística entre as comunidades. No caso de Cameron, os pesos relativos em San Juan e Madri eram opostos, no que dizia respeito à especificidade ou genericidade do uso do pronome *tú*. No estudo de Zilles, os pesos relativos são praticamente os mesmos nas diferentes cidades. Ou seja, ao passo que Madri e San Juan mostraram ter *gramáticas diferentes* no uso do pronome *tú*, Porto Alegre, São Borja, Flores da Cunha e Panambi apresentam *identidade de gramática* no uso da ordem vs. Madri e San Juan, portanto, são duas cidades que constituem comunidades de fala diferentes, ao passo que as quatro diferentes cidades gaúchas constituem uma mesma comunidade de fala.

Podemos então, agora, tendo em mãos esses dados, responder com mais propriedade a algumas perguntas que apareceram quando fazíamos nossas constatações empíricas sobre a variação linguística. Para a teoria variacionista, diferenças entre comunidades de fala deverão corresponder a diferenças gramaticais, ou seja, diferenças nos efeitos dos contextos linguísticos sobre o uso das variantes. Como foi dito, para saber se tais efeitos são diferentes ou não devemos sempre considerar não os valores porcentuais de distribuição de dados, mas o peso relativo com que eles se distribuem, nas diferentes comunidades em questão.

Voltando à questão da variação individual, a conclusão a que se chega é a de que as diferenças entre os indivíduos de uma mesma comunidade de fala não poderão ser de natureza gramatical, ou seja, os pesos relativos dos efeitos dos contextos linguísticos no uso de variante pelos diferentes falantes de uma comunidade deverão ser os mesmos ou ser muito próximos. As diferenças que percebemos entre indivíduos de uma mesma comunidade, portanto, são diferenças no nível geral de usar um fenômeno variável.

Finalmente, podemos responder a uma pergunta que enunciamos no final do item 2.1: podemos estudar a língua de uma comunidade inteira partindo da fala de alguns de seus membros, pois os pesos relativos que vão definir os usos de formas variantes pelos falantes são os mesmos pesos relativos que definem a comunidade inteira, ainda que possa haver diferenças nas quantidades de dados de cada falante, dentro do quadro geral de variação.

## 3.1. Desenvolvendo um estudo variacionista

Fazer análises quantitativas de dados linguísticos é a palavra de ordem da Sociolinguística Variacionista. Mas o iniciante nesses estudos deve estar se perguntando: onde eu consigo os "dados"? Para fazer linguística variacionista também tenho de saber operar estatisticamente com números?

O conjunto de dados, ou *corpus*, deve ser obtido pelo pesquisador por meio da gravação de conversas entre falantes de um determinado lugar. Não poderemos desenvolver aqui os detalhes procedimentais necessários para a coleta de dados, mas há vários problemas a serem tecnicamente minimizados durante sua obtenção ou evitados no momento de sua análise, tais como:

- o fato de que os falantes não se comportam com naturalidade diante de um gravador, podendo deixar de usar variantes que usariam normalmente no dia a dia, quando não há nenhum gravador ou pesquisador inibindo sua fala; e

- o fato de que, dependendo do caso de variação que se quer estudar, em muitas horas de gravação, são obtidos uns poucos dados e não se podem fazer estudos estatísticos quando se tem em mãos pouca quantidade de dados.

Existem, contudo, várias bases de dados estabelecidos no Brasil e no mundo. Com o desenvolvimento da Sociolinguística, desde os primeiros estudos efetuados por William Labov no nordeste dos Estados Unidos, os centros de estudos linguísticos vêm coletando e armazenando dados, em diferentes regiões. Só no Brasil há vários. Um dos mais conhecidos é o banco de dados estabelecido pelo Projeto NURC (Norma Urbana Culta), que durante a década de 1970 coletou dados da fala de pessoas com formação universitária, de diferentes faixas etárias, em cinco capitais brasileiras: São Paulo, Rio de Janeiro, Porto Alegre, Salvador e Recife. Algumas das transcrições dessas entrevistas sociolinguísticas foram publicadas em livros, como é o caso de Preti & Castilho (1986 e 1987), em São Paulo. Um outro projeto, ainda em curso e de grande importância, é o VARSUL (Variação Linguística nos Estados do Sul), que vem coletando dados em diferentes cidades do Rio Grande do Sul, Santa Catarina e Paraná, constituindo um imenso conjunto de dados. O pesquisador interessado em analisar o português falado em algum desses lugares pode ter acesso aos *corpora* já estabelecidos.

Quanto à análise quantitativa, existem programas estatísticos especialmente elaborados para o tratamento de dados linguísticos. O mais conhecido e utilizado é um pacote de programas chamado VARBRUL (Pintzuk, 1988; Sankoff, 1988), que tem hoje diferentes versões para uso em sistema DOS e Windows, em computadores do tipo PC e Macintosh. Saber usar tal pacote estatístico é essencial num estudo variacionista quantitativo, pois ele fornece os pesos relativos com que cada fator linguístico e extralinguístico está correlacionado ao uso de uma variante.

Para usar esse pacote de programas, o pesquisador tem de primeiro isolar os dados em que está interessado, separando-os das entrevistas que gravou e transcreveu ou obteve em algum banco de dados. Após fazer uma análise qualitativa dos dados, observando como as variantes são usadas nos diferentes contextos linguísticos que compõem as entrevistas, o pesquisador levanta suas hipóteses a respeito da correlação do uso das variantes que está estudando com fatores de natureza social e linguística. Deve-se então proceder a uma codificação dos dados, antes de submetê-los ao tratamento estatístico.

Coleta e isolamento dos dados, levantamento de hipóteses explicativas para a variação (estabelecimento dos grupos de fatores sociais e linguísticos possivelmente relacionados ao uso das variantes), codificação dos dados e uso do VARBRUL são itens de todo um curso de Sociolinguística Variacionista. Não seria possível, pelo grande número de detalhes envolvidos nessa metodologia, desenvolvê-la num capítulo de um livro introdutório como este.

Se alguém estiver interessado nas questões relativas ao estudo da variação, mais de um estudo introdutório pode ser citado como leitura paralela. Um bastante conhecido é *Introdução à Sociolinguística Variacionista*, elaborado pelo grupo de sociolinguistas da cidade do Rio de Janeiro e editado pela Universidade Federal daquela cidade. Um outro volume, bastante didático na abordagem dos problemas envolvidos na análise sociolinguística, é *A pesquisa sociolinguística*, de autoria de Fernando Tarallo, publicado pela editora Ática.

Uma última questão que merece ser abordada aqui é a dos fatores sociais envolvidos na variação. Também não poderemos desenvolver amplamente o modo como os usos linguísticos estão correlacionados a características sociais, como o sexo do falante, sua idade, seu nível econômico e sua escolaridade. As obras citadas desenvolvem mais longamente a questão.

Entretanto, como o foco de nossa preocupação aqui foi o de demonstrar que diferenças entre comunidades são de natureza quantitativa, é necessário que tenhamos ao menos alguma ideia de como os fatores sociais, portanto extralinguísticos, operam na variação.

Vazzata-Dias (2000), em seu estudo sobre a marcação do plural em predicativos e em particípios passivos na fala do sul do Brasil, demonstrou como o nível de escolaridade é decisivo na escolha de variantes como as seguintes:

- Eles são *rebelde* mesmo.
- Os vizinho da gente é *melhor* que os parente.
- Os presos foram *mandado* pra Ponta Grossa.

De acordo com o estudo por ela desenvolvido, os pesos relativos para os diferentes níveis de escolaridade são os da tabela abaixo:

**Tabela 5. Influência da variável escolaridade na escolha da variante "presença de marca de plural nos predicativos/particípios passivos"**

| Escolaridade | Número de casos | % | Peso Relativo |
|---|---|---|---|
| Primário | 45/217 | 21 | 0,27 |
| Ginásio | 90/253 | 36 | 0,43 |
| Colegial | 192/298 | 64 | 0,72 |

Conforme o que era esperado, antes mesmo da análise qualitativa, os resultados mostram que há uma relação direta entre o aumento dos anos de escolarização e o favorecimento do emprego da marca de plural nos predicativos/particípios passivos.

Na verdade, a correlação aqui demonstrada é um tanto fácil de vislumbrar, uma vez que estamos tratando de um caso de variação em que uma das variantes – a não marcação do plural – é estigmatizada. Portanto, espera-se que, com um maior nível de escolaridade, menor seja seu número de ocorrências.

Entretanto, não é fácil prever o peso que a escolaridade tem no uso de uma forma como "a gente" utilizada em lugar de "nós", uma vez que nenhuma das formas é estigmatizada no uso diário. Desse modo, qual seria a relação entre nível escolar e escolha de uma das variantes? Por outro lado, podemos imaginar que, nos textos escritos, a frequência de uso de "nós" seja maior do que na fala. Daí podemos perguntar qual a relação entre frequência de leitura, por parte dos falantes de uma comunidade, e frequência de uso dos pronomes "nós" e "a gente".

Questões desse tipo são de grande interesse para o desenvolvimento da teoria sociolinguística. O estudo desse e de outros fatores de natureza social vem sendo amplamente discutido e revisto nos fenômenos de variação linguística. E ainda há muito o que se pesquisar sobre as relações entre uso de variantes e fatores extralinguísticos, tais como idade, escolaridade e nível econômico do falante, a fim de se entender melhor de que modo diferenças sociais contribuem para a formação de comunidades de fala diferentes.

Mais além, constatar as variantes usadas por falantes de diferentes características sociais dentro de uma mesma comunidade é essencial para o entendimento de como uma língua se estabelece como tal, permanece como tal, ou muda através do tempo. Mas essa já é uma outra história, de que não trataremos aqui.

## Conclusão

Após a leitura deste texto, o iniciante nos estudos linguísticos pode pensar que as grandes perguntas, que nos fizemos a partir do momento em que começamos a constatar o fato da variação, já estão respondidas. De fato, conseguimos dar conta de questões importantes, sobretudo a da possibilidade de estudar uma língua falada por uma comunidade, a partir da análise da fala de alguns de seus membros.

Observando como se realiza a análise do uso das variantes, poder-se-ia pensar que o trabalho do sociolinguista seria um tanto braçal, uma vez que ele teria a tarefa de estabelecer os limites de uma comunidade de fala, estudando a proporção com que diferentes variantes linguísticas são usadas em diferentes comunidades e verificando que comunidades são, linguisticamente, mais próximas entre si e quais são mais distantes.

Não seria pouco trabalho. Na verdade, o Brasil não está muito adiantado na descrição dos seus dialetos e no traçado de suas fronteiras. Estudos dessa natureza – reconhecida como a perspectiva dialetológica da Sociolinguística – constituem ainda um amplo campo de trabalho.

Por outro lado, embora tenhamos respondido a algumas questões, temos de reconhecer que a maioria delas era relacionada ao nosso próprio ponto de vista científico, isto é, em grande parte do texto estivemos às voltas com a delimitação do objeto de estudo para uma determinada teoria sobre língua. Definimos limites e estabelecemos um método de trabalho. Contudo, no que diz respeito ao funcionamento das línguas, bem como no que concerne às relações entre uso de variantes e fatores sociais, ainda existem muitas perguntas a serem respondidas. E também perguntas cujas respostas precisam ser revistas, de modo que a teoria linguística seja cada vez mais refinada e o conhecimento da linguagem humana cada vez mais preciso.

Podemos voltar, por exemplo, a uma das dicotomias saussurianas. Saussure opôs língua (*langue*), sistema abstrato, homogêneo, à fala (*parole*), execução momentânea e individual da língua. O mesmo autor sugeriu que a Linguística deveria ocupar-se, sobretudo, da língua, uma vez que a fala não teria, de acordo com ele, qualquer caráter sistemático. Saussure deixou claro, em sua obra, que língua e fala são universos distintos, embora inter-relacionados. Levando isso em conta, os estudos variacionistas têm especial importância, pois acabam sugerindo que língua e fala estão mais do que inter-relacionadas, uma vez que a relação entre elas parece ser de interdependência. Em PB, podemos usar as variantes "beijo" e "bejo", "cheiro" e "chero", "queixo" e "quexo", "treino" e "treno", mas não podemos fazer variações entre "jeito" e "*jeto", "peito" e "*peto". As variações individuais no momento da fala parecem então estar limitadas por regras sistemáticas que caracterizam o português.

Temos, por outro lado, a questão: será que não podemos pensar em inovações que ocorrem na fala e que, com o passar do tempo, acabam sendo incorporadas ao sistema? Mais uma vez, não vamos nos aprofundar nessa questão, mesmo porque se trata de uma questão a respeito da mudança linguística. Entretanto, a possibilidade de encaminhar uma resposta a tal pergunta está na continuidade dos estudos sobre variação, bem como na realização de outros estudos, feitos a partir de outras perspectivas. No final das contas, a rigor, ainda temos muito o que descobrir a respeito das línguas.

## Bibliografia

CAMERON, R. Ambiguous agreement, functional compensation, and inespecific *tú* in Spanish of San Juan, Puerto Rico, and Madrid, Spain. *Linguistic Variation and Change*. 5, 3, p. 305-334, 1993.

LABOV, W. The social estratification of (r) in New York city department stores. In: LABOV, W. *Sociolinguistic Patterns*, Philadelphia: University of Pennsylvania Press, 1972.

_____. *Principles of Linguistic Change. Internal Factors.* Oxford UK, Cambridge USA: Blackwell, 1993.

_____. *Principles of Linguistic Change. Social Factors.* Oxford UK, Cambridge USA: Blackwell, 2000.

MOLLICA, M. C. (org.) *Introdução à Sociolinguística Variacionista.* Cadernos Didáticos da UFRJ. Rio de Janeiro: UFRJ, 1992.

PINTZUK, S. *VARBRUL programs.* Manuscrito não publicado, 1988.

PRETI, D. & CASTILHO, A. T. *A linguagem falada culta na cidade de São Paulo.* v. 1. São Paulo: T.A. Queiroz, 1986.

_____. *A linguagem falada culta na cidade de São Paulo.* v. 2. São Paulo: T. A. Queiroz, 1987.

SANKOFF, D. Variable rules. In: AMMON, U.; DITTMAR, N.; MATTHEIR, K. L. (eds.) *Sociolinguistics.* Nova Iorque: Walter de Gruyter, 1988. pp. 984-987.

SAPIR, E. *Language, an Introduction to the Study of Speech.* Nova Iorque: Harcourt, Brace and Company, 1929.

TARALLO, F. *Fotografias sociolinguísticas.* Campinas: Pontes Editores e Editora da Unicamp, 1989.

_____. *A pesquisa sociolinguística.* São Paulo: Ática, 1991.

VAZZATA-DIAS, J. F. A concordância de número nos predicativos/particípios passivos na fala do Sul do Brasil – motivações extralinguísticas. *Letras de Hoje,* v. 35, pp. 209-228, Porto Alegre: PUC-RS, 2000.

WOODS, L. Accent and Attitude – White Southerners Living in New York. Manuscrito, 2001.

ZILLES, A. M. S. A posposição do sujeito ao verbo no português falado no Rio Grande do Sul. *Letras de Hoje,* v. 35, pp. 75-95, Porto Alegre: PUC-RS, 2000.

## Sugestões de leitura

MOLLICA, M. C. (org.) *Introdução à Sociolinguística Variacionista.* Cadernos Didáticos da UFRJ. Rio de Janeiro: UFRJ, 1992.

Este volume dos Cadernos Didáticos da Universidade Federal do Rio de Janeiro, editado pela mesma universidade, é provavelmente o guia introdutório mais completo para quem está iniciando seus estudos sociolinguísticos, de uma perspectiva variacionista quantitativa. Diferentes autores contribuíram para a constituição desse manual, que contém artigos sobre cada um dos fatores sociais mais comumente abordados na análise da variação linguística – como sexo, idade e escolaridade do falante –, bem como artigos sobre os diferentes tipos de condicionamentos linguísticos, nos diferentes níveis linguísticos – a fonética, a morfologia, a sintaxe e o discurso. Esse singular manual também traz um artigo sobre como coletar dados linguísticos, abordando os principais problemas envolvidos na constituição de um *corpus* e um artigo muito esclarecedor sobre o modelo matemático que caracteriza o pacote estatístico VARBRUL. Trata-se, na verdade, de um minicurso de Sociolinguística compilado na forma de livro, o que faz dele uma leitura obrigatória.

Tarallo, Fernando. *A pesquisa sociolingüística*. São Paulo: Ática, 1991.
Editado pela Ática, este é também um pequeno manual de particular interesse nos estudos introdutórios de Sociolinguística. A particularidade desse texto está no fato de que o autor evidencia muito didaticamente as relações entre variação e mudança linguísticas, chamando a atenção do leitor iniciante para a importância do estudo da heterogeneidade de um ponto de vista sincrônico (a língua vista num determinado recorte temporal de sua história) e de um ponto de vista diacrônico (a língua vista através dos tempos, em diferentes momentos de sua história).

Tarallo, Fernando. *Fotografias sociolingüísticas*. Campinas: Pontes Editores e Editora da Unicamp, 1989.
Trata-se de um clássico na literatura sobre Sociolinguística no Brasil. Editado pela Pontes Editores e pela Editora da Universidade Estadual de Campinas (1989), esse é um volume que não pode ser chamado de introdutório, do mesmo modo como os já comentados. Essa reunião de textos, como o próprio nome metafórico sugere, constitui um retrato do português do Brasil a partir de análises teórica e empiricamente bastante elaboradas. Tendo sido introduzido no campo da pesquisa sociolinguística, o leitor encontrará nessa obra abordagens exemplares.

Labov, Willian. *Principles of Linguistic Change*. (Princípios de Mudança Linguística) Oxford UK, Cambridge USA: Blackwell.
Volume 1 – Internal Factors (Fatores Internos, ou linguísticos), 1993.
Volume 2 – Social Factors (Fatores Sociais), 2000.
Ambos editados pela Blackwell, o primeiro em 1994 e o segundo, em 2000, infelizmente ainda não foram traduzidos para o português. Evidentemente, são leituras menos laboriosas quando já se tem alguma maturidade no trabalho sociolinguístico. O interesse para o iniciante, contudo, está no fato de que tais volumes trazem uma riquíssima bibliografia, cuja consulta pode ser bastante ilustrativa para quem está iniciando seus estudos em sociolinguística. Dando especial atenção ao modo como dialetos urbanos vieram modificando-se rapidamente no decorrer do século xx (os exemplos são basicamente do inglês falado nos Estados Unidos e na Inglaterra), Labov dedica-se ao estudo dos princípios mais gerais que governam a alteração da estrutura linguística. Apesar de focalizar sobretudo a mudança linguística, esses volumes são de grande importância para o entendimento das características da variação, bem como para o entendimento da língua vista como produto social.

# A mudança linguística

*Paulo Chagas*

## Introdução

O fato de as línguas passarem por mudanças no tempo é algo que pode ser percebido de mais de uma forma. Uma delas é o contato com pessoas de outras faixas etárias. Quanto maior a diferença de idade, maior a probabilidade de encontrarmos diferenças na forma de falar de duas pessoas. Suponhamos que um falante de cerca de vinte anos converse com outro falante de cerca de setenta anos. Ambos poderão perceber diferenças, por pequenas que sejam, de vocabulário, construções diferentes, pronúncia diferente de certas palavras ou de certos sons.

Além dessa maneira, acessível a todo falante de uma comunidade linguística, outro modo de percebermos a realidade da mudança linguística é entrarmos em contato com textos escritos ou falados de outras épocas. Textos falados seriam gravações, filmes ou qualquer outro tipo de registro que permita que escutemos os sons utilizados. Textos desse tipo nos permitiriam recuar apenas cerca de um século no tempo. Se pretendermos ter uma noção das mudanças de alguma língua num período mais extenso ou mais distante do atual, precisaremos recorrer a textos escritos. Ao fazer isso, devemos estar preparados para interpretar o que está registrado nesses textos e em que medida eles são um retrato fiel da língua falada. Embora seja algo conhecido que as línguas mudam, tanto em sua forma falada quanto em sua forma escrita, a língua escrita é sempre mais conservadora do que a língua falada. Quando a língua escrita já se encontra em um estado normalizado, sujeita a regras socialmente estabelecidas e estáveis, ela pode dar a impressão de que certas mudanças ocorrem em bloco e em saltos, o que não é verdade para todos os teóricos. O problema é que o contato com textos escritos de certa forma filtra bastante a nossa percepção da ocorrência de mudanças linguísticas. Se nos limitarmos à forma como a escrita registra a pronúncia dos sons e palavras do português, por exemplo, podemos constatar facilmente que já há algum tempo vários tipos de palavras tiveram sua pronúncia alterada, mas continuam a ser grafadas da mesma forma. Por exemplo, palavras como *ouro*, *beijo* ou *cadeira* não são mais pronunciadas pela maioria dos falantes com ditongo na sílaba tônica, mas continuam a ser grafadas dessa forma. Esse afastamento da língua escrita e da língua falada é algo normal e que pode ser verificado em qualquer língua que seja representada graficamente.

Das línguas mais familiares para nós brasileiros, o inglês é um caso extremo de discrepância entre grafia e pronúncia, já que as consoantes iniciais em *know* e *psychology* são mudas, bem como a consoante final em palavras *bomb*, por exemplo. Algumas sequências gráficas como *-ough* podem ter várias pronúncias inteiramente diferentes, como ocorre nas palavras *though* [ðoU] "embora", *through* [θru:] "através", *tough* [tʌf] "duro" e *cough* [kɔf] "tosse".

São conhecidos também exemplos como o do francês, em que palavras como *haie* ("sebe, cerca-viva") e *est* ("é, está"), com grafias tão díspares, são homófonos com a pronúncia [E], ou seja, são usadas três ou quatro letras para representar um único som. É importante assinalar que esses não são casos isolados.

Voltando para o português, podemos verificar que se a língua escrita tivesse como objetivo principal representar de forma diferente o que soa diferente e de forma igual o que soa igual, não teríamos palavras homófonas, mas com grafia diferente, como o par *caçar* e *cassar*. Mas não é isso o que ocorre. O som [s] é um caso extremo no português, podendo receber nove transcrições diferentes. Por incrível que pareça, é isso o que temos em: *som*, *nosso*, *centro*, *preço*, *exceto*, *sintaxe*, *voz*, *crescer* e *cresça*.

Além desse exemplo em que o mesmo som é representado de nove maneiras diferentes, podemos ter também situações um tanto estranhas. Um outro exemplo do português pode nos mostrar como devemos interpretar com cautela as informações que nos são dadas por textos escritos. Se olharmos a grafia das formas *preso* e *prezo* do português, perceberemos que a grafia delas nos sugere que o terceiro som da palavra deve ser pronunciado da mesma maneira nas duas palavras, ao passo que o quarto som deve ser pronunciado diferentemente. Uma transcrição fonética das duas palavras nos mostraria o quanto essa hipótese estaria equivocada, já que a primeira palavra seria transcrita [pɾezʊ] e a segunda seria transcrita [pɾɛzʊ]. Um falante de outra língua que visse a grafia dessas formas do português poderia, portanto, imaginar erroneamente a existência de diferenças onde elas não existem e semelhanças igualmente onde elas não existem. A lição que devemos tirar dessas considerações é que é necessário antes de tudo saber interpretar o que o texto escrito nos diz para não ficarmos com um quadro falso de como a língua é, de como ela já foi e, portanto, também do que mudou.

No item seguinte, após termos visto dois textos de épocas diferentes da nossa, veremos diversos exemplos de mudanças gráficas que deverão ser analisadas com desconfiança, antes de virmos a atribuir-lhes o caráter de mudança linguística propriamente dita.

Apesar de precisarmos usar de cautela, podemos reconhecer a presença de alterações também nos textos escritos. Qualquer falante da língua portuguesa que tome contato com textos de outras épocas perceberá que nossa língua sofreu modificações no tempo. Mesmo que nos limitemos a textos em prosa veremos que a língua de um texto do século XIII, época dos primeiros registros escritos em português, não era igual à de um texto do século XVII, e que nenhum dos dois é igual à forma como escrevemos hoje em dia. Evidentemente, a distância de cerca de alguns séculos entre os textos facilitaria a localização de elementos que mudaram. É isso o que faremos inicialmente neste capítulo. Examinaremos inicialmente um texto de cada um desses dois séculos (o XIII e o XVII), a fim de nos familiarizarmos com certas mudanças que ocorreram no português nesse período. Há, então, um intervalo de cerca de 400 anos entre os dois textos e entre o do século XVII e o do período atual. Evidentemente, o conhecimento do português atual fica pressuposto neste capítulo. Os textos são extraídos de Tarallo (1991), que compreende textos desde o século XIII até o século XX.

Fazendo, então, um recuo de cerca de oitocentos anos, vejamos inicialmente o texto do século XIII, a Lei dos Almuxarifes de D. Afonso II, datada de 1211, e contida nos *Portugaliae Monumenta Historica, Leges et Consuetudines*, p. 164-165.

> *Como el-rey manda aos seus almuxarifes que nom leuem nenhuma cousa d'aqueles a que acaeçe prigoo no mar.*
>
> Stabeleçemos que nenhuum nom leue aaqueles que acaeçer perigoo no mar, assy dos da terra come dos das outras, se acaeçer por britamento de naue ou de nauio, alguma cousa que andasse na naue ou no nauio que aportase na rribeyra ou en alguum porto, mais os ssenhores d'essas cousas ajam-nas todas em pax, assy que os nossos almuxarifes nom leuem d'eles cousa, nem aquelles que de nos as terras teuerem, nem nenhuum outro. Ca ssem rrazom pareçe que aquel que he atormentaado dar-lhi homem outro tormento. Se per uentuyra alguum contra esta nossa constetiçom quizer hir, reteendo-lhi o sseu auer, leuando dos dauamdictos alguma cousa, fecta primeiramente entrega das cousas que lhi filharom ou perderom, perça quanto ouver.

Avançando cerca de quatrocentos anos no tempo, vejamos em seguida o texto do século XVII, que é um parágrafo do Capítulo XXIII da Jornada dos Vassalos da Coroa de Portugal, escrita pelo padre Bartolomeu Gomes.

> *Do que succedeo na Bahya, sendo Capitão Mor, Francisco Nunez Marinho de Eça*
>
> Ainda que sabia o Gouernador Matthias de Albuquerque, quam bem prouido estaua o lugar de Capitão Mòr na Bahya, na pessoa do Bispo, pello acordo, valor & vigilancia, com que o bom pastor se desuelaua a fazer guerra ao inimigo, pedia toda a rezão o aleuiasse de tanto trabalho, pera com mayor cuidado o ter no gonerno [sic] pera sua Igreja, porque doutrinas hereticas, não tiuessem entrada nella. E atè deste particular, se não esqueceo sua Magestade, que o não encomendasse aos senhores Gouernadores, Bispo, & Gouernador do Brazil, vigiassem com grande cuidado, não espalhassem os inimigos alguns liuros de seus erros. Por este respeito, se resolueo o Capitam Mòr da Bahya, ao Capitam, Francisco Nunez Marinho de Eça, do habito de Christo, pessoa de muyta confiança, & experiencia da guerra, na India, & fora della: & que fora Capitam Mòr, na Parahiba, em cujos rebaldes aposentado viuia. Leuou socorro de muniçoens, quanto se lhe podia dar, em tempo tam necessitado dellas. Levou poderes, não sò na sua Capitania, mas na de Seregipe, Ilheos, & Porto Seguro, pera se valer dellas em toda a necessidade que tiuesse de socorro, & mantimentos.

Qualquer um desses textos apresenta características que se afastam das do texto deste capítulo, por exemplo, escrito no início do século XXI.

Se pensarmos um pouco mais detidamente sobre a mudança linguística, poderemos formular pelo menos três tipos de perguntas, que nos darão uma perspectiva geral sobre ela. Poderíamos perguntar: (1) o que muda nas línguas?; (2) por que elas mudam?; (3) como elas mudam? Essas perguntas são a essência dos três itens seguintes.

## 1. O que muda nas línguas

Observando mais atentamente os textos dos séculos XIII e XVII que vimos, podemos detectar uma série de diferenças entre esses textos e o português atual.

Tendo em mente a ressalva feita na introdução quanto à fidedignidade do texto escrito e seu uso como representação da língua falada, devemos ser cautelosos também ao atribuir a toda e qualquer distinção ortográfica o *status* de mudança linguística. Se as letras da escrita atual não correspondem uma a uma a sons diferentes, é aconselhável submeter os dados escritos a um crivo bem rigoroso para não ficarmos com ideias falsas a respeito do que mudou. Tendo feito isso, deveremos descartar, por não serem exemplos de mudanças linguísticas propriamente ditas, diversas distinções que provavelmente são apenas mudanças ortográficas.

Mesmo que examinemos o trecho mais recente, o da *Jornada dos Vassalos*, que é do século XVII, ao encontrarmos palavras como *mayor* e *Magestade*, podemos pensar numa mudança de pronúncia, já que a escrita é utilizada para representar os sons da língua. Ou seja, podemos raciocinar da seguinte maneira: se a escrita representa os sons da língua e se alterou, isso quer dizer que os sons que ela representa também se alteraram. Na verdade, podemos estar completamente equivocados, o que pode ter acontecido em razão de mudanças gráficas ocorridas por dois motivos distintos. O primeiro relaciona-se a textos de épocas como o século XIII, que têm como característica o fato de não apresentarem uma ortografia oficializada, não estarem sujeitos a regras de ortografia estabelecidas e aceitas por todos.

Assim, autores diferentes podiam grafar a mesma palavra de forma diferente. Na verdade, isso acontecia inclusive com o mesmo autor, que podia grafar a palavra *um* a seu bel-prazer como *um*, *hum*, *ũ*, etc. Mesmo em períodos em que a ortografia está fixada por regras definidas, uma mudança de ortografia pode refletir uma mudança de pronúncia ou não. Palavras como *sciencia* tinham até o início do século XX uma grafia etimológica, ou seja, uma grafia que tinha o objetivo de refletir sua grafia na língua de origem, o latim. Se se passa de uma grafia com preocupações fortemente etimológicas para outra que tenha o objetivo primordial de representar os sons das palavras em sua pronúncia atual, ou pelo menos em uma delas, certos elementos gráficos que não correspondem a uma diferença atual de pronúncia deixam de ser utilizados.

Esses exemplos são em maior número no texto do século XIII (no qual a grafia oscilava de forma bem acentuada), mas também ocorrem no do século XVII. Algumas dessas falsas diferenças encontradas na *Lei dos Almuxarifes* são: já na primeira linha do texto, as duas ocorrências de *ç* antes de *e*, em *stabeleçemos* e em *acaeçer*; em vez do *c* utilizado atualmente; o uso de *s* simples ou dobrado de forma oposta à do português atual, como em *aportase* (linha 3) e *ssenhores* (linha 4); e o fato de a escrita não distinguir *u* de *v*, como vemos na palavra *uentuyra* (linha 7), em que a primeira ocorrência do *u* gráfico corresponde ao nosso *v* atual.

Feitas algumas ressalvas como essas, podemos passar a listar algumas das diversas mudanças de fato do texto do século XIII com relação ao português atual:

- tentando identificar diferenças de pronúncia entre o português do século XIII e o português atual, nos chamam a atenção algumas vogais dobradas. Algumas delas ocorrem em sílaba tônica e talvez reflitam a duração maior das vogais tônicas (o que ocorre ainda hoje), como é o caso de *atormentaado* (linha 7). Outras, entretanto, como *perigoo*, na linha 1, não estão em sílaba tônica, e possivelmente refletem uma pronúncia existente na época que ainda mantinha as duas sílabas pós-tônicas etimológicas derivadas do latim *periculum*;
- formas desusadas de palavras ainda em uso, como *assy* e *come* (linha 2), bem como *aquel* e *cousa* (linha 5);
- encontramos no texto a preposição *per* (linha 7). Essa variante, embora em desuso, nos mostra o porquê de termos ainda hoje em dia *pelo* como contração de

*por* + *o*, ou seja, havia essa outra variante em estágios anteriores do português, e a forma que prevaleceu precedendo o artigo foi esta, atualmente desusada quando não seguida do artigo definido (a não ser em formas como *pelaí*, que encontramos de vez em quando);

- arcaísmos lexicais, ou seja, certas palavras que caíram em desuso, como *acaeçer* ("acontecer") e *britamento* ("naufrágio"), na linha *2*; e *filhar* ("tomar") na linha 9;
- em termos morfológicos, temos a manutenção (que não fica evidente somente a partir desse trecho) da distinção entre as formas de terceira pessoa do plural do perfeito e do mais-que-perfeito. As formas *filharom* e *perderom* (linha 10) são do perfeito. Mais tarde elas se tornaram homônimas com as do mais-que-perfeito (*filharam* e *perderam*);
- ainda dentro da morfologia, encontramos a forma *perça* (linha 10) como subjuntivo do verbo *perder*.
- em termos sintáticos, temos as palavras *nenhuum* (linha 1) e *alguum* (linha 7) como pronomes indefinidos usados substantivamente, de acordo com a terminologia gramatical corrente, ou seja, tendo usos correspondentes aos dos nossos *ninguém* e *alguém* atuais;
- há também palavras que deixaram de ser usadas em certas construções, como o verbo *haver*, com o sentido de "ter", que aparece na forma *ajam* (linha 4) e na forma *ouver* (linha 10). É claro que a ausência do *h* inicial é apenas um problema de grafia distinta da atual, não tendo havido nenhuma mudança em relação a isso. Hoje em dia grafamos todas as formas desse verbo com *h* inicial, mas nunca o pronunciamos;
- o pronome indefinido *homem* (linha 7), com sentido de quantificador existencial (alguém) ou genérico (as pessoas em geral). Essa construção, perdida no português atual e em outras línguas românicas, é frequente nas línguas germânicas e no francês. Em francês, por exemplo, o pronome *on* (originariamente o caso sujeito correspondente à forma regida *ome*, *omne*, todas elas formas do substantivo com o significado original de "homem") é utilizado em frases como *on parle français* ("se fala francês", "a gente fala francês"). Da mesma forma, em várias línguas germânicas, como o alemão, encontramos o pronome *man* com esses mesmos sentidos, como em *man spricht Deutsch*, ("fala-se alemão" – literalmente, "homem fala alemão");
- a concordância negativa em *que nenhuum nom leue* (linha 1), equivalente a *que ninguém leve* no português atual. Embora seja comum a denominação *dupla negação* para nos referirmos a esse tipo de construção, atualmente esse termo é reservado para construções em que uma negativa cancela a outra. Quando ocorrem dois termos que isoladamente são negativos e o sentido global continua a ser negativo, o termo usado atualmente é *concordância negativa*.

Vejamos agora algumas diferenças encontradas no texto do século XVII com relação ao português atual. Dada a maior proximidade no tempo, é de se esperar que esses dois momentos da língua sejam mais semelhantes. Várias vezes ocorrem sujeitos separados de seus verbos por vírgula (por exemplo, na linha 1 e no final da linha 5), mas essa diferença se circunscreve à pontuação, não caracterizando de modo algum uma mudança linguística que tenha ocorrido. É possível, no entanto, localizar divergências:

- algumas palavras apresentam variantes em desuso hoje em dia, como *rezão* (linha 4), em lugar de *razão*, e *pera* (linha 4), em lugar de *para*. Isso pode tanto indicar uma alteração de pronúncia quanto maneiras diferentes de grafar a vogal átona;
- a palavra *rebaldes*, hoje desusada. Das numerosas palavras de origem árabe que entraram no português durante o domínio mouro na Península Ibérica, muitas se fixaram na forma precedida do artigo definido *al*, por exemplo *alfaiate*, *álgebra*. Outras se fixaram sem o artigo. Provavelmente houve variação com algumas delas. Nas palavras cuja forma em árabe era iniciada por uma consoante coronal, ou seja, uma consoante produzida com a ponta da língua, havia assimilação do *l* do artigo definido a essa consoante coronal, surgindo uma consoante geminada ou dobrada, pronunciada mais longa do que a consoante simples. Essa é a origem de palavras como *arroz* e *azeite*. A consoante geminada só se manteve nas palavras com *r*. A palavra *rebaldes*, que ocorre no texto citado, é a mesma que se manteve na forma *arrabalde*, tendo sido utilizada, portanto, quer em sua forma sem artigo, quer na forma precedida do artigo definido, que se assimilou ao *r* seguinte;
- a locução conjuntiva *ainda que* (linha 1) é empregada com o indicativo (*ainda que sabia*), em vez de com o subjuntivo, como hoje em dia (*ainda que soubesse*);
- a posição distinta do clítico ou pronome átono com relação à negação em *E atè deste particular, se não esqueceo sua Magestade* (linha 6), já que atualmente o clítico *se* aparece entre a negação e o verbo, e não antes da negação;
- o mesmo ocorre com o pronome de terceira pessoa em *que o não encomendasse*... (linha 7);
- há ainda que assinalar a grande ocorrência de orações com o sujeito posposto ao verbo, mesmo com verbos transitivos, o que se distingue do português brasileiro atual. Os exemplos do texto são: "Ainda que sabia o Gouernador Matthias de Albuquerque, quam bem prouido estaua..." (linhas 1 e 2); "pedia toda a rezão o aleuiasse de tanto trabalho" (linha 4); "E atè deste particular, se não esqueceo sua Magestade" (linha 6); "Por este respeito, se resolueo o Capitam Mòr da Bahya" (linha 9);
- no trecho *porque doutrinas hereticas, não tiuessem entrada nella* (linhas 5 e 6) vemos a conjunção *porque* com subjuntivo e sentido correspondente ao *para que* atual;
- o verbo *esquecer* aparece construído com verbo no subjuntivo na forma negativa na subordinada, em vez de com infinitivo, em *se não esqueceo sua Magestade, que o não encomendasse aos senhores Gouernadores, Bispo, & Gouernador do Brazil, vigiassem com grande cuidado.*

Examinar esses textos e confrontar a linguagem utilizada neles com o português atual pode nos dar a falsa impressão de que o português ainda estava em formação como língua nesses momentos, mas hoje em dia já temos uma língua constituída, que não estaria, portanto, sujeita a mudanças como em períodos anteriores. Não poderíamos estar mais longe da verdade, pois como já foi dito, além dos textos escritos de outras épocas, podemos perceber a mudança conversando com pessoas de outras faixas etárias.

Para evitar que prevaleça essa impressão, será conveniente listarmos algumas mudanças em operação no português atual, as quais poderão ser multiplicadas pelos leitores. Há algum tempo vêm ocorrendo alterações no sistema dos pronomes pessoais, com formas como *tu*, *nós* e *vós* enfrentando a concorrência de formas como *você*, *a gente* e *vocês*, respectivamente. Dessas três formas, *vós* é a que já foi praticamente eliminada da língua falada, tanto no Brasil como em Portugal. Já o pronome *tu* foi perdido em muitas regiões do Brasil no caso reto, mas preserva ainda bem vivos a forma *te* e o possessivo *teu*. O pronome *nós* enfrenta a forte concorrência da expressão *a gente*, embora se conserve sem ser ameaçado em certos contextos.

O surgimento de particípios passados formados com acréscimo de -o à raiz verbal, como em *já tinha chego*, em vez de *já tinha chegado*. O caso específico de *chegar* provavelmente é influenciado pela existência do particípio irregular *pego*, de *pegar*, foneticamente muito semelhante a ele.

Por esses exemplos podemos perceber que as mudanças não se restringem a um nível da gramática, podendo ocorrer em qualquer um deles. Vimos mudanças fonológicas, sintáticas, morfológicas, semânticas, lexicais, etc. É importante também percebermos que uma mudança em um desses componentes da gramática pode levar a alterações em outro, como o surgimento de formas como *você,* que acabou por afetar o sistema de pronomes possessivos, produzindo ambiguidade no possessivo *seu*, interpretável como de segunda ou de terceira pessoa.

## 2. Por que as línguas mudam

A segunda pergunta que fizemos na introdução é a que se relaciona com a razão por que ocorrem mudanças linguísticas. Como vimos no começo do capítulo, a língua escrita não reflete todas as mudanças que ocorrem na língua falada. A língua escrita vem normalmente a reboque das mudanças ocorridas na língua falada, havendo frequentemente uma defasagem entre o aparecimento de mudanças na língua falada e o momento em que elas passam a ser aceitas ou pelo menos toleradas na língua escrita. O que discutiremos neste item diz respeito à língua falada.

A perspectiva aqui adotada é a da Sociolinguística Variacionista, iniciada por Labov. Para compreendermos a importância de Labov no estudo da mudança linguística, precisamos antes olhar brevemente o tipo de linguística iniciado por outros dois grandes linguistas no século xx: o estruturalismo saussuriano e o gerativismo chomskyano.

Ao fazer qualquer observação a respeito de uma língua, podemos analisar aspectos que são momentâneos (relacionados a um único momento, presente ou não) ou aspectos que apresentam certa duração no tempo (relacionados a pelo menos dois momentos e ao intervalo entre eles). No início do século xx, Saussure apontou, no *Curso de linguística geral*, a necessidade de distinguir fatos sincrônicos e diacrônicos, algo inusitado e importantíssimo para a época. Como a linguística anterior a ele tinha cunho quase unicamente histórico, utilizando o chamado método histórico-comparativo, a posição de Saussure representou uma grande ruptura ao destacar de modo incisivo não só a possibilidade mas a necessidade de estudar os fatos linguísticos sem qualquer correlação com sua história.

Na verdade, a intenção de Saussure foi mais ampla: isolar o estudo da língua de tudo que é exterior a ela, o que inclui os pontos de vista da história, da antropologia, da etnografia, da sociologia e da psicologia, segundo seu modo de ver a linguística. Em outras palavras, Saussure quis estabelecer a linguística interna como uma disciplina científica, relegando para segundo plano a linguística externa, que se ocupa da relação existente entre a língua e a história, as instituições e a estrutura da sociedade. A linguística externa é vista por ele como algo secundário. O essencial seria, então, estudar os elementos da língua e como eles se relacionam entre si.

Paralelamente a isso, Saussure estabeleceu uma distinção bastante rígida entre os fatos sincrônicos e os fatos diacrônicos. É o que verificamos na seguinte citação do *Curso de linguística geral* (p. 96 da edição brasileira): "É sincrônico tudo quanto se relacione com o aspecto estático da nossa ciência, diacrônico tudo o que diz respeito às evoluções. Do mesmo modo, *sincronia* e *diacronia* designarão respectivamente um estado de língua e uma fase de evolução".

Como consequência dessa forma de ver a relação entre o sincrônico e o diacrônico, verificamos no próprio Saussure que a distinção entre os dois pontos de vista era tida como absoluta, não admitindo compromissos, como vemos neste outro trecho: "A oposição entre o diacrônico e o sincrônico se manifesta em todos os pontos. Por exemplo – e para começar pelo fato mais evidente –, não tem importância igual. Nesse ponto, está claro que o aspecto sincrônico prevalece sobre o outro, pois para a massa falante, ele constitui a verdadeira e única realidade" (idem: 105-106).

Portanto, um ponto fundamental a respeito das posições teóricas de Saussure quanto à língua e seus aspectos diacrônico e sincrônico é o fato de que ele considera que essas são duas perspectivas totalmente distintas. O aspecto sincrônico estaria relacionado ao que é momentâneo e estático e o diacrônico, ao que tem duração no tempo e é dinâmico.

O principal equívoco de Saussure com relação a essa dicotomia, como assinalado por Jakobson (1969), foi justamente equiparar essas duas dicotomias: sincrônico e diacrônico corresponderiam, para Saussure, respectivamente, a estático e dinâmico. Contudo, como apontou Jakobson, as quatro combinações entre essas dicotomias são possíveis. Ou seja, podemos ter as seguintes combinações, exemplificando com o português:

- fatos sincrônicos e estáticos: fatos que se apresentam em equilíbrio, sem perspectiva de alteração num determinado momento, seja ele presente ou não. Exemplos: atualmente há a existência de dois gêneros, há concordância de gênero; no período arcaico havia a distinção entre *ch* [tʃ] e *x* [ʃ];
- fatos sincrônicos e dinâmicos: fatos que num determinado momento apresentam indicação de estarem em processo de mudança. Por exemplo: atualmente, há mudança no uso do pronome pessoal de primeira pessoa do plural, com *a gente* gradativamente substituindo *nós*;
- fatos diacrônicos e estáticos: sempre houve três conjugações verbais no português; e
- fatos diacrônicos e dinâmicos: a perda da mesóclise como fenômeno vernáculo no português do Brasil. Vernáculo deve ser entendido aqui no sentido de Labov, um tipo de construção que os falantes usam enquanto estão conversando à vontade e sem fazer esforço consciente para falar "corretamente".

O quadro que se tem da língua em um momento dado, de acordo com a perspectiva saussuriana do *Curso de Linguística geral*, o de um conjunto fechado e homogêneo de regularidades, de fatos estáticos, prevaleceu durante muito tempo. Assim, seria possível descrever uma língua sem que fosse necessário considerar elementos em variação ou em mudança nem o papel que a estrutura da sociedade teria nesses dois fenômenos. Essa concepção nos leva a ver a língua como algo autônomo, que tem seus fenômenos sincrônicos como primordiais. Provavelmente como consequência do fato de ter tido a intenção de romper com a tradição anterior, eminentemente histórica, Saussure acabou por relegar a diacronia a uma posição de pouca importância.

Outra das grandes correntes teóricas da Linguística, o gerativismo iniciado por Chomsky em meados do século xx, surgiu também como reação ao tipo de linguística que se praticava na época. Dessa vez, o alvo da reação foram os estruturalistas americanos, que se filiavam a uma concepção de língua extremamente mecanicista, em que aprender uma língua era visto como um processo de imitação, generalização estimulada por reforços positivos, etc., bem à maneira do behaviorismo ou do comportamentalismo de Skinner, que rejeitava a preocupação com o que se passa na mente das pessoas em razão de isso ser algo inacessível a um observador externo.

Em 1959 foi publicada a famosa resenha que Chomsky fez do livro *Verbal Behavior*, de Skinner, na qual são apresentados argumentos fortes a favor de uma concepção segundo a qual os falantes de uma língua são criativos no uso que fazem dela, não podendo se restringir a uma simples imitação do que já ouviram. A concepção que Chomsky tem desenvolvido desde então se centraliza justamente no conhecimento linguístico armazenado na mente do falante, mudando, dessa forma, por completo o foco das pesquisas linguísticas, passando da sua manifestação externa para algo interno ao falante.

Por estar interessado no conhecimento individual a respeito da língua, na relação entre língua e mente, Chomsky pressupõe um falante ideal numa comunidade ideal, também com o objetivo de abstrair considerações sociais. Fazendo uma oposição entre gramática (tida por ele como o conhecimento que cada falante tem do idioma que utiliza) e língua (tida como algo social), Chomsky faz claramente uma opção metodológica em favor da primeira.

Vemos assim que nem a visão estruturalista, descendente de Saussure, nem a visão gerativista, iniciada por Chomsky, pretendem relacionar a língua, suas variações e alterações com a heterogeneidade da sociedade. Diferentemente dessas duas perspectivas, a abordagem sociolinguística variacionista, iniciada por Labov, não procura eliminar da análise o que é variável e mutante. Pelo contrário, ela faz da variação e da mudança linguísticas os objetos centrais de estudo, relacionando-as justamente a alguns dos aspectos que Saussure e Chomsky quiseram manter fora da análise da língua: a estrutura da sociedade e sua história.

Para Labov, toda língua apresenta variação, que é sempre potencialmente um desencadeador de mudança. Como a mudança é gradual, é necessário passar primeiro por um período de transição em que há variação, para em seguida ocorrer a mudança. Como a mudança e a variação estão estreitamente relacionadas, é muito difícil estudar uma sem estudar a outra.

De certa forma, Labov faz o caminho inverso de Saussure, já que este fez um esforço para excluir o que é externo à língua em si dos estudos linguísticas, e aquele procura justamente demonstrar que o funcionamento de uma língua não pode ser entendido no vácuo. Ela necessariamente faz parte de uma sociedade que a utiliza, a influencia e é influenciada por ela.

Ora, Saussure (1969:13) declara ser um dos objetivos da Linguística "estudar as forças que estão permanentemente em jogo nas línguas". Embora possamos detectar forças internas à língua agindo sobre ela (fatores gramaticais), é igualmente verdadeiro que há forças externas à língua que atuam nela (fatores sociais, por exemplo). Se deixamos de lado tudo o que é social, não estritamente interno à língua, não podemos explicar, por exemplo, por que alguns falantes utilizam um *r* retroflexo, isto é, com a ponta da língua voltada para trás, o chamado *r* caipira, em contextos que outros utilizam um *r* vibrante alveolar e outros utilizam apenas uma aspiração, sem que haja distinção de significado. Abdicando de qualquer consideração quanto à estrutura da sociedade, à heterogeneidade das classes sociais e das populações de regiões diferentes, etc., ficamos apenas com uma "variante livre", que na verdade não é inteiramente livre, se consideramos, por exemplo, a classe social ou a região de origem do falante.

Labov considera, então, que não devemos parar no que é estritamente linguístico. Se queremos explicar quais forças agem na língua, podemos e devemos incluir o modo como a língua está inserida na sociedade. Muitos fenômenos que pareciam aleatórios recebem assim uma explicação por vezes bastante óbvia.

Mas, afinal, por que as línguas mudam?

Como apontou Coseriu (1979), a língua nunca está pronta. Ela é sempre algo por refazer. A cada geração, ou mesmo em cada situação de fala, cada falante recria a língua. Dessa forma, ela está sujeita a alterações nessa recriação. Por outro lado, depende de uma tradição, já que cada falante diz as coisas de determinada maneira em grande parte porque é daquela maneira que se costuma dizer. Há então um delicado jogo de continuidade e de inovações, estas sempre em menor número.

Como a língua está sempre sendo recriada, ela comporta o surgimento de inovações a todo momento. O crucial é que nem toda inovação vinga, nem toda inovação é realmente incorporada e difundida pelos falantes de uma determinada comunidade. Se tomamos as consoantes vibrantes, ou seja, o *r* fraco e o *r* forte, que apresentam grande variação no Brasil, constatamos que há variantes que não dão sinais de que estariam se difundindo: a chamada "língua presa", em que o falante pronuncia palavras como *presa* como se fosse algo como *pdesa*; o *r* forte em final de palavra seguida por palavra iniciada por vogal, como em *fazer isso*, pronunciado como se fosse *fazerrisso*.

É importante termos em mente que as línguas são heterogêneas, não são sistemas perfeitos, prontos, acabados. Pode haver nelas heterogeneidade de origem externa ou interna à língua, e a heterogeneidade de um tipo pode gerar também heterogeneidade do outro tipo. Por exemplo, há atualmente no português do Brasil uma tendência de perda dos pronomes átonos ou clíticos. Essa tendência é bem acentuada nos clíticos de terceira pessoa, mas não se limita a ela. Formas como *eu vi ele* são bem mais comuns no vernáculo do que *eu o vi*. Mas além dessa situação de perda de um clítico (*o*, *a*, *os*, *as*), há também a substituição de um clítico por outro. Com a primeira pessoa do plural encontramos formas como *nós se encontramos*, em vez de *nós nos encontramos*. Podemos explicar esse uso, por um lado, considerando que esse *se* aparece com *nós* porque existe a forma de tratamento *a gente*, que tem o pronome *se* como seu reflexivo, e talvez haja uma extensão do uso do *se* para o de um reflexivo do *nós*. Mas outro fator que provavelmente influi no uso do *se*, em vez do *nos* como reflexivo de *nós*, é um fator prosódico. Os clíticos são prosodicamente fracos e sujeitos a fortes restrições prosódicas, como que tipo de sílaba eles são, se pesada (com ditongo ou consoante no final da sílaba) ou leve (sem nenhum dos dois).

Nesse sentido, os únicos clíticos que parecem continuar sendo amplamente usados no português do Brasil são os que apresentam a forma CV (consoante seguida de vogal), o tipo de sílaba considerado o mais básico nas línguas em geral. São eles: *me*, *te* e *se*. Dessa forma, surgem construções como *nós se encontramos*, evitando-se, assim, o uso de um clítico que é uma sílaba pesada. Surgindo essa variante, ela acabou sendo vista como não padrão, produzindo assim uma heterogeneidade quanto à reação que provoca. Uns não percebem que seu uso seria um desvio, ao passo que outros a reprovam.

Qualquer desequilíbrio desencadeado por motivos unicamente linguísticos ou por motivos externos à língua pode dar origem à variação. E toda variação pode em princípio vir a ocasionar mudança.

Como a língua está a todo momento se equilibrando entre tendências potencialmente conflitantes, e até mesmo opostas, está sujeita a sofrer mudanças, pois esse equilíbrio pode vir a ser alterado por qualquer tipo de fator, interno ou externo.

Examinaremos a seguir a relação entre a língua e a sociedade com um exemplo específico, partindo da ideia de que tanto a língua quanto a sociedade podem apresentar uma grande heterogeneidade. Essa heterogeneidade é no fundo a raiz de toda mudança e podemos verificar que a heterogeneidade na sociedade pode gerar heterogeneidade na língua, e vice-versa. No caso dos reflexivos expostos, a heterogeneidade linguística gerou uma variação que gera reações diversas, ou seja, uma heterogeneidade externa à língua. Qualquer outra variação que surja por motivos que não os internos à língua constitui também uma heterogeneidade dentro da própria língua.

Tomemos como exemplo o caso dos pronomes pessoais no português. O sistema pronominal herdado do latim tinha *tu* como único pronome de segunda pessoa do singular. Já dentro do período em que podemos considerar que existia uma língua portuguesa e não mais uma forma diferente do latim, surgem determinadas formas de tratamento que são utilizadas para expressar um grau maior de hierarquia ou respeito do falante pelo seu interlocutor. São formas como *Vossa Mercê*, *Vossa Majestade*, *Vossa Reverência*, etc. O surgimento dessas formas de tratamento é obviamente resultado da existência de uma sociedade heterogênea, hierarquizada, na qual pode ser imprescindível expressar nosso reconhecimento e aceitação dessa hierarquia e dessa heterogeneidade. Temos aí uma heterogeneidade extralinguística que produziu uma heterogeneidade linguística: já não se tinha mais apenas uma forma de segunda pessoa, pois, ao lado do pronome *tu*, havia as diversas formas de tratamento.

Essas formas são linguisticamente heterogêneas pelo simples fato de o pronome *tu* ser semanticamente de segunda pessoa e apresentar comportamento morfossintático condizente com isso. Já as formas de tratamento são compostas na verdade de um possessivo de segunda pessoa (do plural, também um sinal de hierarquia e heterogeneidade) e um substantivo feminino. Sintaticamente, portanto, essas formas de tratamento eram, pelo menos na sua origem, sintagmas nominais como quaisquer outros. Dessa forma, são de terceira pessoa do singular, como qualquer outro sintagma nominal singular. Assim, se digo *vossa casa é muito bonita*, também digo *Vossa Mercê é muito importante*, e não **Vossa Mercê és muito importante* ou **Vossa Mercê sois muito importante*. Surge, então, uma heterogeneidade linguística caracterizada pelo fato de quando o locutor se dirige a alguém ele ter a possibilidade de utilizar a segunda ou a terceira pessoa. Essa escolha obviamente não é livre, já que é ditada pela escolha, também não livre, que o falante faz de se dirigir a alguém com o pronome *tu* ou com a forma de tratamento *Vossa Mercê*, por exemplo.

Com a difusão das formas de tratamento, contudo, a forma *Vossa Mercê*, especificamente, tornou-se muito comum, não sendo necessário que houvesse nenhuma diferença hierárquica de fato entre quem falava e seu interlocutor. A forma *Vossa Mercê* passa a indicar apenas respeito pela pessoa a quem nos dirigimos. Com seu uso ficando comum, surgem diversas formas reduzidas dessa expressão, entre elas: *vosmecê*, *vossuncê* e, com reduções ainda maiores, *suncê* e o nosso *você*. Passamos de quatro para três e de três para duas sílabas. Já há algum tempo existe também a variante *cê*, monossilábica, utilizada, por exemplo, em situações em que não há contraste.

Ficando agora unicamente com a forma *você*, verificamos que a partir do momento em que *você* passa a ser uma forma corriqueira de tratamento, semanticamente de segunda pessoa, já indecomponível morfologicamente e com comportamento sintático de terceira pessoa, surgem tendências opostas no seu uso. Sua origem de terceira pessoa força o uso do verbo na terceira pessoa também. Mas sua semântica a confunde com o pronome *tu*. A heterogeneidade está instalada na língua e em condições de produzir mudanças. Em diversas regiões do Brasil, *você* desbancou o *tu* como pronome de segunda pessoa do singular. No entanto, mesmo nessas regiões, normalmente permanecem o pronome átono *te* e o possessivo *teu*. Na verdade, em ambos os casos há variação, tanto entre *te* de um lado e o pronome *o/a* do outro quanto entre os possessivos *teu* e *seu* como de segunda pessoa. A existência dessa variação nos indica que é bom possível que venham a ocorrer novas mudanças.

## 3. Como as línguas mudam

A última pergunta que fizemos na introdução é a que se relaciona com a maneira como a mudança linguística se dá. Dentro de uma perspectiva variacionista se tem como certo que toda mudança pressupõe variação, ou seja, para que a mudança ocorra a língua tem necessariamente de passar por um período em que há variação, em que coexistem duas ou mais variantes. Tomando como exemplo, para simplificar a exposição, o caso em que há apenas duas variantes, uma mais antiga e outra mais nova, poderemos constatar que gradativamente a distribuição das variantes passa de um predomínio da variante mais antiga para um predomínio da variante mais nova, até que haja a substituição completa. Retomando o exemplo das formas *você* e *tu*, tínhamos inicialmente apenas a forma *tu*, depois as duas em concorrência. Em muitas regiões do Brasil, já se completou a mudança, resultando em uma substituição completa do pronome sujeito *tu* por *você*. Em outras, temos ainda a variação entre as duas. É importante perceber que não passamos de uma fase em que só se usava a forma *tu* para outra em que só se usa a forma *você*, sem uma fase intermediária de variação. Ou seja, para a Sociolinguística Variacionista, a mudança é vista como gradual. Na próxima seção, veremos que essa concepção não é unânime entre os linguistas.

É importante sempre lembrar que pode haver fatores de duas espécies que favoreçam ou dificultem a mudança: fatores estritamente linguísticos e fatores extralinguísticos. Os fatores linguísticos se relacionam à forma como a língua está organizada, como funciona o seu sistema, quais são seus elementos, suas regras, etc. Os fatores extralinguísticos relacionam-se à forma como a língua está inserida na sociedade. Inicialmente foram utilizados na Sociolinguística os termos *condicionamento linguístico* e *condicionamento extralinguístico*. Esses termos tinham a conotação de que os fatores que representavam um condicionamento eram determinantes tanto da mudança quanto da não mudança. Atualmente, prefere-se utilizar o termo *correlação* para fazer referência aos fatores que influenciam o resultado da variação.

Tendo isso em mente, examinemos mais detalhadamente o processo da mudança linguística. Distinguiremos três tipos de questões: como a mudança se inicia, como ela se processa e como ela se difunde.

Como se origina uma mudança linguística? Podemos pensar em duas possibilidades. A primeira é a ação de um ou mais elementos externos à língua e à sociedade em que ela se insere. É o que ocorre quando uma língua entra em contato com outra. Por exemplo, o latim, ao ser implantado nas diversas regiões do Império Romano, entrou em contato com línguas variadas, que acabaram por modificar certas características do latim em cada região, dependendo das línguas com as quais ele entrou em contato. Assim, na região mais ocidental do Império Romano, houve a sonorização das oclusivas surdas intervocálicas não geminadas (*p*, *t* e *k*), ao passo que em regiões mais orientais, como a Itália central e meridional ou a Dácia (correspondente à atual Romênia), não ocorreu essa sonorização. Na região em que se formou o francês, essas oclusivas passaram por uma transformação mais radical ainda, tendo sido apagadas após terem se sonorizado. Podemos comparar o destino dessas oclusivas surdas intervocálicas em algumas línguas românicas observando a tabela a seguir.

**Tabela 1. Oclusivas intervocálicas em latim e em algumas línguas românicas**

| | *t* intervocálico | *c* intervocálico | *p* intervocálico |
|---|---|---|---|
| latim | digitu- | focu- | lupu- |
| espanhol | dedo | fuego | lobo |
| português | dedo | fogo | lobo |
| francês | doigt [dwa] | feu [fø] | loup [lu] |
| italiano | dito | fuoco | lupo |
| romeno | deget [dedʒet] | foc | lup |

A imagem que normalmente se faz em linguística histórica para descrever esse tipo de interação entre línguas é a de camadas linguísticas (ou estratos). Pensando em duas línguas A e B que convivem durante certo tempo, são utilizados alguns termos para nos referirmos à relação entre essas línguas. Tomando a língua A como ponto de referência, temos três possibilidades. Se a língua B era falada em certa região e nessa região se instala uma população que fala a língua A, que acaba por se sobrepor à língua B, dizemos que a língua B é o substrato da língua A. Se temos a situação oposta, ou seja, a língua A era falada numa região e a língua B é trazida para essa região, havendo, no entanto, a continuidade do uso da língua A nessa mesma região, dizemos que a língua B funciona como superestrato da língua A. Por fim, a terceira possibilidade é a de duas línguas que são faladas em regiões vizinhas. Nesse caso, se a língua B tem alguma influência sobre a língua A, dizemos que a B é um adstrato de A.

Se pensarmos no português falado no Brasil, levando em conta esses conceitos, diremos que ele teve um substrato indígena (tupi e outras línguas nativas). Principalmente com relação ao Sul e ao Sudeste, podemos também dizer que ele teve um superestrato de origem diversa: italiano, alemão, japonês, etc. Além disso, nas regiões de fronteira, há o adstrato espanhol.

O elemento mais facilmente afetado pelo contato com uma língua estrangeira é o léxico, como podemos ver atualmente pelo grande número de palavras de origem inglesa que tem entrado no português. O francês teve o mesmo tipo de influência sobre o português e muitas outras línguas, inclusive sobre o próprio inglês, principalmente até a metade do século xx. A influência do francês sobre o inglês teve como marco importante o ano de 1066, quando a Grã-Bretanha foi invadida pelos normandos, que implantaram o francês da época como língua da corte, fazendo com que o inglês da época fosse socialmente menos prestigiado.

Deve ficar claro que a possibilidade de línguas geograficamente próximas se tornarem mais semelhantes não se limita a línguas que tenham uma origem comum próxima (como o português e o espanhol). As chamadas características linguísticas areais, relacionadas a uma área, podem ser o resultado da convergência de línguas mais distantes geneticamente do que o português e o espanhol, como ocorreu na região balcânica, em que uma língua românica (o romeno), uma eslava (o búlgaro), o grego e o albanês (todas as quatro de origem indo-europeia) adquiriram algumas características muito semelhantes, entre as quais se encontram: o uso do verbo *querer* para formar o futuro, a fusão do dativo e do genitivo, a grande diminuição do uso ou mesmo o desaparecimento do infinitivo. Mas mesmo línguas com origens absolutamente distintas podem também adquirir características semelhantes, como ocorre no subcontinente indiano, em que as línguas de origem indo-europeia e as línguas de origem dravídica (faladas principalmente no sul da Índia) convergem, por exemplo, no fato de terem várias consoantes retroflexas. São sons parecidos com os nossos [t], [d] e [ɾ], com a diferença de que a coroa da língua (a ponta dela) se volta para trás, aproximadamente como no nosso *r* caipira.

Além de ser desencadeada por contato entre línguas distintas, a mudança pode ser provocada também por fatores internos a uma língua e à comunidade em que ela é falada. O latim possuía uma ordem vocabular bastante livre, o que se relacionava estreitamente com o fato de seus substantivos, adjetivos e pronomes apresentarem marcação de caso, desinências que indicavam sua função sintática independentemente da posição em que eles apareciam na oração. A partir do momento em que começa a haver perda de diversos sons finais no latim falado, há a erosão das desinências de caso, que precisam então ser substituídas por outro mecanismo que deixe clara a função sintática dos diversos sintagmas nominais. Passa a prevalecer então uma ordem bem mais rígida do que a que havia em latim. Nesse exemplo, estabelecemos uma correlação entre um fator estritamente linguístico (perda de distinções no final dos vocábulos) e uma mudança no sistema da língua (aquisição de uma ordem vocabular mais rígida). No caso dos pronomes de segunda pessoa do português, estabelecemos uma correlação entre um fator extralinguístico e uma mudança na língua.

Para responder à segunda pergunta, a de como se processa a mudança linguística, podemos estudar como as mudanças afetam a língua como sistema. Nesse tipo de pesquisa, alguns dos exemplos mais bem estudados de mudança linguística são as mutações fonológicas. Em princípio, poderíamos acreditar que as mudanças normalmente afetam um elemento ou outro isoladamente. Mas com frequência encontramos mudanças que afetam o sistema linguístico em si de forma bem mais abrangente e intrincada.

Vejamos como primeiro exemplo as mutações vocálicas que ocorreram do latim para o português. Devemos lembrar em primeiro lugar que o latim possuía uma oposição entre vogais longas e vogais breves, que era distintiva. Uma vogal longa tem praticamente o dobro da duração de uma vogal breve. Podemos marcar essa diferença graficamente como normalmente se faz com a língua latina, utilizando a bráquia sobre as vogais breves, por exemplo, ă, e o mácron sobre as vogais longas, por exemplo, ā. Tínhamos, assim, pares mínimos como *mălum* ("mal"), com *a* breve, e *mālum* ("maçã"), com *a* longo.

No latim vulgar, que foi o que deu origem às línguas românicas, havia num primeiro momento, aliada à diferença de quantidade, a diferença de abertura da cavidade oral na pronúncia das vogais. Assim, por exemplo, o som do *i* breve [ĭ] era algo intermediário entre o som do *i* longo [ī] e o do *e* longo [ē]. Na passagem do latim vulgar para as línguas românicas, foi perdida a oposição de quantidade entre as vogais breves e longas. No caso da vogal *a*, foi perdida a distinção, mas no caso das demais vogais, o sistema sofreu uma grande redistribuição em termos de timbre vocálico, como podemos verificar na tabela a seguir, que ilustra o que ocorreu do latim para o português:

## Tabela 2. Vogais latinas e portuguesas

| Latim | Português |
|---|---|
| măre- | mar |
| lātu- | lado |
| fĕrru- | ferro |
| cēra- | cera |
| nĭgru- | negro |
| uīnu- | vinho |
| rŏta- | roda |
| tōta- | toda |
| lŭpu- | lobo |
| lūce- | luz |

No caso do português, houve perda de distinções existentes no latim. Enquanto o latim tinha dez vogais diferentes, o português ficou com sete, se excluirmos as vogais nasais, como normalmente se faz. Temos três casos de fusão: do *a* longo e do *a* breve, que produziram *a* em português; do *e* longo e do *i* breve, que produziram *e* fechado; e do *o* longo e do *u* breve, que produziram *o* fechado. Isso está indicado na tabela pela ausência de divisão nas células correspondentes aos resultados em português das vogais que se fundiram.

Podemos pensar nas mutações vocálicas como deslocamentos das vogais no espaço em que elas podem se situar na cavidade oral. Com o deslocamento de uma vogal, pode ocorrer que ela se aproxime perigosamente de outra, com duas consequências possíveis. Se não houver nada que impeça essa aproximação, as duas vogais podem terminar se fundindo em uma única, como aconteceu com o português. Dessa forma, a língua perde uma distinção que possuía. A outra possibilidade é que seja mantida essa distinção de alguma forma. Se a primeira vogal se desloca até ocupar a região antes ocupada por outra no espaço vocálico, necessariamente ocorrerá uma mudança com essa segunda para que a distinção entre as duas se mantenha.

Um exemplo bastante dramático desse tipo de mudança linguística é a chamada Grande Mutação Vocálica ocorrida em inglês, que se iniciou por volta do século xv. Ela é um exemplo de mutação em cadeia, na qual uma vogal se altera e provoca alterações em outra, e assim por diante. A tabela a seguir, extraída de Aitchison (1991:153), ilustra o grande rearranjo ocorrido no sistema vocálico do inglês médio para o período inicial do inglês moderno:

## Tabela 3. Mutações Vocálicas do Inglês

| Grande Mutação Vocálica | | | | | | | |
|---|---|---|---|---|---|---|---|
| Inglês Médio | | passa a | Início do Inglês Moderno | | passa a | Inglês Moderno | |
| a: | [na:mə] "nome" | → | ɛ: | [nɛ:m´] | → | eɪ | [neɪm] *name* |
| ɛ: | [mɛ:t] "carne" | → | e: | [me:t] | → | i: | [mi:t] *meat* |
| e: | [me:t] "encontrar" | → | i: | [mi:t] | → | i: | [mi:t] *meet* |
| i: | [ri:d] "cavalgar" | → | ʎi | [rʎid] | → | ai | [raɪd] *ride* |
| ɔ: | [bɔ:t] "barco" | → | o: | [bo:t] | → | oʊ | [boʊt] *boat* |
| o: | [bo:t] "bota" | → | u: | [bu:t] | → | u: | [bu:t] *boot* |

O caso das mutações vocálicas ocorridas nos últimos séculos no inglês ilustra de maneira contundente o fato de que a língua escrita pode demorar, e muito, a registrar as mudanças ocorridas na língua falada, já que, apesar de essas mutações terem sido iniciadas há cerca de seis séculos, a forma como as vogais ou os ditongos são grafados no inglês permanece a mesma, o que faz com que as vogais e os ditongos do inglês sejam grafados de forma bastante diferente da maioria das línguas que utilizam o alfabeto latino.

Ainda quanto à forma como a mudança linguística se propaga, duas delas são bastante comuns em outros terrenos que não o fonológico: a reanálise e a extensão. Harris e Campbell (1995) discutem ambos os tipos com relação à sintaxe.

A reanálise ocorre quando determinado tipo de oração mantém sua manifestação superficial mas passa a ter uma estrutura subjacente distinta. Um exemplo de reanálise do português é o dos períodos com subordinadas cujo verbo está no infinitivo. Sentenças como *o guarda não queria deixar o menino entrar* são compatíveis com duas análises diferentes, uma em que *o menino* é o sujeito de *entrar* e outra em que *o menino* é o objeto de *deixar*.

Essa diferença não se evidencia numa sentença como essa, nem se ocorrer um pronome, pois *o guarda não queria deixar ele entrar* também está sujeita às mesmas duas análises. Mas se observarmos o que ocorre, por exemplo, com o pronome de primeira pessoa do singular, passamos de sentenças como *o guarda não queria me deixar entrar* para *o guarda não queria deixar eu entrar*, ambas encontradas na língua falada. Se antigamente só ocorria o primeiro tipo de sentença e mais recentemente passou a ocorrer o segundo, isso indica que sentenças como *o guarda não queria deixar o menino entrar* foram reanalisadas, de forma que *o menino* passou a ser sentido intuitivamente como sujeito, e não mais como objeto.

Um exemplo de extensão no português do Brasil é o que vem ocorrendo com a construção causativa do verbo *fazer* seguido da locução conjuntiva *com que*, como, por exemplo, em *o temporal fez com que o jogo fosse cancelado*. Até pouco tempo atrás, somente se via o próprio verbo *fazer* nessa construção. Pouco a pouco, no entanto, ela tem começado a ser estendida a outros verbos causativos. Uma busca na intemet encontrou 30.000 exemplos de *fazer com que* com o verbo no infinitivo, mas também um pequeno número de outros verbos causativos, também no infinitivo: o verbo *evitar* (cerca de 40), como em *para evitar com que elas se soltem*; o verbo *impedir* (10 casos), como em *impedir com que as leis do Alcorão ... sejam violadas*; o verbo *causar* (5 exemplos), como em *fatores e incertezas que poderiam causar com que os resultados atuais sejam diferentes*; e o verbo *provocar* (um único caso), como em *provocar com que outras pessoas toquem seus genitais*.

A última pergunta que fizemos com relação à mudança nesta seção foi a que trata de como a mudança se propaga, mais especificamente como ela se propaga dentro da sociedade em que ela é falada. É fato conhecido que é bem comum as inovações linguísticas serem recebidas com reprovação. Como exemplo, podemos ver a vocalização do [l] em final de sílaba no português do Brasil, ocorrida no século XX. Na gramática de Napoleão Mendes de Almeida encontramos um incidente que ele narra ocorrido quando de uma visita sua à Bahia, Napoleão comentou com um morador a respeito dessa vocalização, que seria algo errado, segundo seu ponto de vista normativo, e o morador lhe respondeu que quem falava desse jeito era "boçau". Apesar de não ter sido vista com bons olhos, essa mudança se implantou praticamente em todo o território nacional.

A resistência inicial normalmente encontrada pelas inovações linguísticas explica o padrão de propagação verificado em geral nas mudanças linguísticas. Poderíamos supor que a velocidade da mudança seria constante em seu curso. No entanto, ela normalmente apresenta um padrão característico que é a chamada curva em S, ou seja, ela tem uma velocidade de difusão um tanto lenta no início, ganha velocidade na metade e volta a ficar mais lenta no final.

Os fatores que podem estar relacionados à mudança podem ser de diversos tipos: a idade, o sexo, a classe social e o prestígio social, entre outros. Um dos primeiros estudos variacionistas feitos por Labov foi o que analisou o alçamento de dois ditongos (tendência de elevar mais a língua na produção desses ditongos, com a produção de vogais menos abertas) na pronúncia de uma ilha chamada Martha's Vineyard, localizada em Massachusetts. A ilha tinha uma população de 6.000 habitantes, mas no verão recebia cerca de 40 mil visitantes. Como seria de esperar, a reação dos habitantes à presença dos turistas não era homogênea. Alguns viam os turistas com bons olhos, mas outros os viam como invasores que traziam valores estranhos à cultura local.

Os dois ditongos estudados por Labov foram [aɪ] e [aʊ], como os que são encontrados em palavras como *night* e *house*. Nos dois casos, havia variação entre a pronúncia mais comum nos Estados Unidos e outra pronúncia, tipicamente local, em que a primeira vogal era pronunciada mais fechada ou com a língua em posição mais alta, produzindo formas como [nəɪt] e [həʊs], em que o som [ə] corresponde aproximadamente à pronúncia americana de *but* [bət].

Como a variação era algo inconsciente, não percebido pelos habitantes da ilha, ela não estava associada a nenhum traço estilístico, seja de formalidade, seja de informalidade. O que Labov conseguiu verificar foi que a postura das pessoas perante a mudança das condições socioeconômicas da ilha estava relacionada à maior ou menor frequência de uso das variantes típicas da ilha. O uso dessas variantes era mais pronunciado entre os pescadores que moravam na região oeste da ilha, uma região mais distante das regiões turísticas. Ao uso dessas variantes típicas da ilha, os ditongos [əɪ] e [əʊ], ficaram associados valores que opunham os habitantes da ilha aos forasteiros: a independência, a força física, a coragem e a habilidade.

Uma última pergunta que podemos fazer com relação à mudança linguística é a de como o sociolinguista pode detectar a existência de uma mudança linguística. De forma semelhante ao que vimos no início do capítulo, de duas maneiras diferentes. A primeira seria a observação de falantes de diferentes faixas etárias, para estudar como eles utilizam determinadas variáveis, por exemplo, a marcação de plural, a concordância de sujeito e verbo, a pronúncia de determinados sons ou sequências de sons, o significado que atribuem a determinadas construções, etc. Se fizermos essa verificação num prazo pequeno, que pode ser desconsiderado, diremos que verificamos a existência de uma mudança através do tempo aparente.

A outra forma de detectar esse tipo de mudança seria acompanhar a mudança em tempo real, seja com os mesmos falantes, seja com duas amostras diferentes mas representativas da mesma comunidade com um intervalo maior entre elas. Poderíamos detectar a difusão de alguma inovação linguística através do tempo verificando qual a porcentagem de pessoas que a utilizam em cada momento, e também a frequência com que cada indivíduo a utiliza. Se uma dessas cifras ou ambas apresentarem aumento no período considerado, poderemos considerar que a nova forma está se difundindo.

## 4. Outras abordagens

Ao lado da perspectiva variacionista que seguimos mais de perto até aqui neste capítulo, existem outras perspectivas que são adotadas independentemente da variacionista ou combinadas com ela, o que pode ser feito com maior ou menor sucesso ou coerência. Correndo o risco de simplificar demais a exposição, principalmente por questão de espaço, recomendo aos leitores interessados que consultem os textos originais ou textos que trabalhem dentro de cada uma dessas abordagens para se aprofundar nesses temas.

Veremos aqui neste último item três outros tratamentos teóricos da mudança linguística: a da gramaticalização, a paramétrica e a da otimidade.

Vejamos inicialmente a abordagem da gramaticalização. Essa é a menos abrangente das três propostas que discutiremos nesta seção, já que não pretende explicar todo e qualquer fenômeno diacrônico. Os fenômenos fonológicos de maneira geral, por exemplo, estão excluídos dela. Esse quadro teórico focaliza o processo pelo qual elementos linguísticos podem passar por uma gradação em que temos palavras independentes em um extremo e morfemas flexionais em outro.

Hopper & Traugott (1993) consideram que existe uma gradação de gramaticalidade com os seguintes pontos focais: elementos com conteúdo > palavras gramaticais > clíticos > afixos flexionais. Essa gradação teria como objetivo explicar transformações extremamente comuns nas línguas naturais, nas quais elementos relativamente independentes em termos sintáticos acabariam por se fundir em uma única palavra. Segundo esse modelo, há também uma tendência desses elementos que se gramaticalizam de passarem de um significado mais concreto para um mais abstrato. Veremos a seguir alguns exemplos claros de elementos do português a que se poderia atribuir o rótulo de gramaticalização.

O substantivo *mente*, que perdeu seu significado original e passou a significar algo como "modo", acabou se tomando um afixo formador de advérbios extremamente produtivo.

Verbos com significado pleno que passaram a verbos auxiliares, como os verbos *ir* e *vir*, ou o verbo *ter*. O verbo latino tĕnĕō significava originariamente "segurar". Esse significado se conservou até os nossos dias no francês, em que *il tient son livre* significa "ele está segurando seu livro". Uma primeira etapa no processo de gramaticalização é representada pela perda desse significado concreto e a aquisição de um significado quase puramente relacional, o de "ter", normalmente caracterizado de forma bastante imprecisa como exprimindo uma relação de posse. O espanhol passou por essa segunda etapa da gramaticalização e se deteve nela. Temos, então, *él tiene dos hermanos*, que significa "ele tem dois irmãos". O significado de "segurar" está perdido, mas ele ainda é um verbo que pode constituir um predicado sem que haja outro verbo. Em português, por sua vez, o verbo *ter* passou por uma terceira etapa do processo de gramaticalização, podendo ser usado também como verbo auxiliar na formação dos tempos perfeitos, contendo aí então apenas uma noção aspectual. É o que temos em exemplos como *tem chovido* ou *eu já tinha saído*.

O verbo *haver* também se gramaticalizou na formação do futuro do indicativo na România ocidental, o que abrange a Itália, a França e a Península Ibérica. Em vez da forma latina *ămābō* do futuro do indicativo ("amarei"), gradativamente ganhou espaço nas línguas românicas uma locução formada do verbo *habeo* e do infinitivo do verbo principal. Surge então a forma *amare habeo*. Inicialmente tínhamos aí duas palavras, mas com o passar do tempo elas se transformaram em uma única palavra. Isso é o que ocorreu plenamente no francês, no espanhol e no italiano, em que os dois elementos se soldaram de forma indissolúvel, produzindo, respectivamente, *amerai*, *amaré* e *amerò*. No português podemos verificar duas situações diferentes. Uma delas é a existência da mesóclise, viva como algo vernáculo pelo menos em Portugal, dando origem a formas como *telefonar-te-ei*, o que indica que lá esse processo de "soldagem" dos dois elementos ainda não está terminado, uma vez que eles podem ser separados por um clítico. Já no Brasil, a situação é diferente. Esse tipo de futuro tem uso muito restrito no vernáculo e praticamente já foi substituído pela forma perifrástica com o verbo *ir* como auxiliar, ou seja, formas como *vou viajar* são muito mais comuns do que *viajarei*.

A segunda abordagem que discutiremos brevemente é a paramétrica, que se desenvolve dentro do gerativismo chomskyano. Embora haja vários outros modelos que a rigor poderíamos denominar gerativos, neste item usarei os termos *gerativo* e *gerativismo* para me referir aos diversos modelos desenvolvidos por Chomsky, como é costume se fazer. Na década de 1980, o desenvolvimento da teoria gerativa sofreu um forte redirecionamento de uma teoria que considerava uma gramática um conjunto de regras, que poderiam ser extremamente arbitrárias, em direção a uma teoria que buscava explicar as características universais das línguas com base em duas noções: a dos princípios e a dos parâmetros.

De acordo com essa proposta, princípios são características universais invariáveis que todas as línguas necessariamente têm. Essa é então uma concepção que se fundamenta na existência de universais invioláveis. Como exemplo desses universais podemos citar o fato de que todos os sintagmas de uma língua têm o complemento na mesma posição com relação ao núcleo. Em português, por exemplo, todo complemento segue seu núcleo, como no sintagma nominal *a leitura do texto*, no sintagma preposicional *com calma*, no sintagma verbal *ouvir música* e no sintagma adjetival *contente com o resultado*. Os núcleos dos exemplos foram sublinhados, facilitando a visualização da uniformidade da posição dos complementos em português. O fato de todo complemento estar na mesma posição relativa ao núcleo é um universal absoluto, portanto, um princípio. Mas haveria a possibilidade de essa mesma posição assumir dois valores: antes do núcleo (em todos os sintagmas da língua) ou depois do núcleo (também em todos os sintagmas da língua). O português escolhe a segunda opção. Uma língua como o japonês escolhe a primeira. Como essa posição do complemento em relação ao núcleo admite duas possibilidades, ela não é um princípio, mas sim um parâmetro de variação interlinguística. Apenas para enfatizar a diferença entre uma regra e um parâmetro, reitero que um parâmetro digno desse nome não se refere apenas a um aspecto isolado ou marginal da língua em questão, mas tem amplos reflexos em várias partes da sua gramática.

Se temos então princípios imutáveis e parâmetros que admitem certa variação, obviamente a única explicação possível para a mudança linguística deverá estar nos parâmetros, já que os princípios não se alteram. Assim, quando houver uma mudança linguística abrangente na língua, essa será o resultado da alteração de um parâmetro. Como normalmente se considera que os parâmetros são binários, ou seja, admitem apenas duas possibilidades, não haveria possibilidade de meios-termos, e a mudança é vista, então, pelos linguistas que trabalham dentro desse paradigma, como algo catastrófico, no sentido de repentino, não gradual, opondo-se, dessa forma, à visão da Sociolinguística Variacionista.

No quadro teórico gerativista, um dos principais linguistas que trabalham na explicação da mudança linguística é Lightfoot. De acordo com Lightfoot, a mudança linguística está localizada no período de aquisição da linguagem. Como a criança não tem acesso direto à gramática dos pais ou de outros adultos dos quais ela adquire o domínio de sua língua materna, pode ocorrer de a gramática das crianças apresentar certas diferenças com relação à gramática dos pais. Nesse ponto também, a teoria gerativa se distancia do modo de ver a mudança linguística dentro da Sociolinguística Variacionista, pois para esta a mudança pode ocorrer em qualquer período da vida de um falante.

Um último ponto com relação à gramática gerativa é o fato de o modelo mais recente que está sendo desenvolvido nesse quadro teórico é o chamado Programa Minimalista, que vem se desenvolvendo desde o início dos anos 1990. Apesar de ter havido diversas reformulações com relação ao modelo iniciado na década de 1980, a ideia de que as línguas se fundamentam em princípios e parâmetros continua sendo corrente entre os linguistas que atuam nesse quadro teórico.

O último quadro teórico de que falaremos neste capítulo é o da Teoria da Otimidade, iniciada por Prince e Smolensky (1993), dentro da Fonologia. Esse quadro teórico compartilha vários pressupostos com o gerativismo, distinguindo-se principalmente pela forma como vê os universais linguísticos. A Teoria da Otimidade considera que em toda língua estão presentes restrições universais, normalmente baseadas em questões funcionais como a facilidade de articulação, facilidade de percepção, etc. Anttila (1995) e Anttila e Cho (1998) são autores importantes que tratam da variação e da mudança linguística nesse quadro teórico.

Para termos uma ideia de como funciona esse modelo, podemos observar a marcação do plural em português, um aspecto da nossa gramática que atualmente apresenta grande variação e possivelmente está em processo de mudança. Ocorre que mesmo o sistema de marcação de plural aceito pela gramática normativa apresenta certas heterogeneidades. A formação do plural de substantivos e adjetivos se dá basicamente da mesma forma, acrescentando-se um /s/ ao final da palavra, sendo necessário ainda acrescentar a vogal /e/ em casos em que o substantivo termina em consoantes como *r* e *s*.

Temos, assim, o contraste entre *vida* e *vidas*, de um lado, e *mar* e *mares*, do outro. No primeiro caso, o número de sílabas é o mesmo. No segundo, o plural tem uma sílaba a mais do que o singular. O fato de a sílaba tônica no singular e no plural dos nomes (substantivos e adjetivos) ser a mesma é algo intuído facilmente pelos falantes do português. Casos excepcionais em que a gramática normativa prescreve pares de singular e plural que se afastam desse padrão são sentidos como estranhos pela maioria dos falantes. Por exemplo, a palavra *caráter* tem o plural *caracteres*. Provavelmente, para a maior parte dos falantes esse tipo de informação soa estranho. É comum utilizarmos o plural para falar de letras ou números digitados, por exemplo, a senha terá de conter oito caracteres. É tão forte o estranhamento dos falantes quanto a esse tipo de par singular-plural que acabou sendo criado o singular *caractere* para se falar de letras e números digitados. Dizemos então que pelo menos um caractere deve ser algum número.

Voltando à formação do plural em português, então, veremos o que ocorre com as palavras proparoxítonas. Se elas terminarem em vogal não há problema, pois o acréscimo do morfema de plural não acarreta o aumento do número de sílabas. Por exemplo: *ótimo*, *ótimos*; *lâmpada*, *lâmpadas*; e *árvore*, *árvores*. Se passarmos para os nomes terminados em consoantes no singular, no entanto, verificamos que o acréscimo do morfema de plural acarretaria a violação de uma ou outra de duas tendências muito fortes dentro do português: ou violaríamos a restrição que faz com que a sílaba tônica seja a mesma no singular e no plural, ou violaríamos a restrição que faz com que a sílaba tônica tenha de estar localizada na chamada janela de três sílabas (numa das três sílabas finais da palavra). No primeiro caso, palavras como *ônibus* ficariam com um plural inexistente **onibuses* (com *bu* como a sílaba tônica) ou o também inexistente **ônibuses* (com a sílaba tônica sendo *ô*). A gramática do português atual opta por deixar o plural sem marcação. Vemos assim que fatores internos à gramática do português forçam a que seja feita uma escolha entre restrições conflitantes, levando à violação de uma ou mais delas.

Já houve, na história do português, alteração na formação do plural de certas palavras. No português antigo, palavras paroxítonas terminadas em sibilante, como *simples*, *ourives*, *alferes* apresentavam plural regular – como vemos em Ali (1964) e Coutinho (1976) –, ficando com as formas *símpleses*, *ouríveses* e *alféreses*, como ainda hoje ocorre no espanhol. Se o tipo de plural não marcado se difundir para outras formas de plurais, teremos um caso de *extensão* de um mecanismo linguístico.

Um outro exemplo dessa tensão entre forças conflitantes dentro da língua é a famosa lei do mínimo esforço, segundo a qual se explicaria toda mudança linguística como uma tendência dos seres humanos a optarem por ações mais simples em detrimento de outras opções mais complexas. Se a tendência dos falantes a exercer o mínimo esforço possível agisse livremente ficaríamos apenas com estruturas extremamente simples e insuficientes para a comunicação em sociedade. Limitando a ilustração a um exemplo fonológico, ficaríamos só com palavras com uma sílaba (por serem mais simples) e somente com o tipo mais comum de sílaba, tido como o ideal em termos de facilidade de articulação e percepção, a sílaba CV (consoante mais vogal). Uma língua que tivesse vinte consoantes e cinco vogais, algo próximo do português, teria à sua disposição apenas cem palavras diferentes. Evidentemente essa seria uma língua insuficiente quer em termos de possibilitar o pensamento humano, quer em termos de comunicação. Vemos que contrabalançando os efeitos de um possível mínimo esforço do falante há pelo menos a necessidade de ser compreendido pelos seus interlocutores e continuar a expressar as distinções existentes na língua.

## 5. Conclusão

Este capítulo discutiu a mudança linguística e se valeu principalmente da perspectiva variacionista para explicar seu funcionamento. A apresentação do tema foi evidentemente parcial, mas o leitor com toda probabilidade terá ficado com algumas questões cuja discussão queira aprofundar, ou com pontos de vista aqui expostos que lhe pareçam interessantes, quer concorde com eles, quer discorde deles. Talvez fique simplesmente mais atento para mudanças que estão ocorrendo ao seu redor. Se alguma dessas coisas tiver ocorrido, fica o convite para que o leitor expanda seu contato com o tema por meio de novas leituras (como as sugeridas a seguir) e se familiarize mais com as teorias propostas como explicação da mudança linguística, já que assim como as línguas, as teorias também mudam com o passar do tempo.

## Bibliografia


AITCHISON, Jean. *Language Change: Progress or Decay?* 2ª ed. Cambridge: Cambridge University Press, 1991.

ALI, Manuel Said. *Gramática histórica.* 3ª ed. Rio de Janeiro: Melhoramentos, 1964.

ALMEIDA, Napoleão Mendes de. *Gramática metódica da língua portuguesa.* 25ª ed. São Paulo: Saraiva, 1975.

ANTTILA, Arto. Deriving Variation from Grammar: A Study of Finnish Genitives. Ms. Stanford University, 1995. [Disponível no endereço http://roa.rutgers.edu, onde aparece com o número 63.]

ANTTILA, Arto e CHO Young-Mee Yu. Variation and Change in Optimality Theory, *Lingua* 104, 1998. pp. 31-56.

COSERIU, Eugenio. *Sincronia, diacronia e história: o problema da mudança linguística.* Rio de Janeiro/São Paulo: Presença/Edusp, 1979.

COUTINHO, Ismael de Lima. *Gramática histórica.* 7ª ed. Rio de Janeiro: Ao Livro Técnico, 1976.

FARACO, Carlos Alberto. *Linguística histórica.* 2ª ed. São Paulo: Ática, 1998.

HARRIS, Alice C. e CAMPBELL, Lyle. *Historical Syntax in Cross-Linguistic Perspective.* Cambridge: Cambridge University Press, 1995.

HOPPER, Paul J. e TRAUGOLT Elizabeth Closs. *Grammaticalization.* Cambridge: Cambridge University Press, 1993.

JAKOBSON, Roman. A linguagem comum dos linguistas e dos antropólogos. In: *Linguística e comunicação.* São Paulo: Cultrix, 1969.

LABOV, William. *Principles of Linguistic Change.* Oxford: Blackwell, 1994.

LIGHTFOOT, David W. *Principles of Diachronic Syntax.* Cambridge: Cambridge University Press, 1979.

_____. *How to Set Parameters: Arguments from Language Change.* Cambridge, MA: MIT Press, 1991.

MATTOS E SILVA, Rosa Virgínia. Orientações atuais da Linguística Histórica brasileira, in *DELTA* 15(1), 1999, pp. 147-166.

PRINCE, Alan e SMOLENSKY Paul. *Optimality Theory: Constraint Interaction in Generative Grammar.* Ms., Rutgers University, New Brunswick/University of Colorado, Boulder, 1993.

ROBERTS, Ian e KATO, Mary Aizawa (orgs.) *Português brasileiro: Uma viagem diacrônica: Homenagem a Fernando Tarallo.* Campinas: Editora da Unicamp, 1993.

SAUSSURE, Ferdinand de. *Curso de Linguística geral.* São Paulo: Cultrix, 1969.

TARALLO, Fernando (org.) *Corpus diacrônico do português.* Campinas. 7 vols. 1991. (Edição xerográfica.)

## Sugestões de leitura

FARACO, Carlos Alberto. *Linguística histórica.* 2ª ed. São Paulo: Ática, 1998.
Esse livro discute as características da mudança linguística e de sua percepção, apresentando a seguir um panorama das principais correntes da linguística histórica nos últimos duzentos anos.

MATTOS E SILVA, Rosa Virgínia. Orientações atuais da Linguística Histórica brasileira, in *DELTA* 15(1), 1999, pp. 147-166.
Artigo que apresenta os principais grupos que se ocupam de estudos de linguística histórica atualmente no Brasil e aponta quais as perspectivas que se apresentam para o futuro.

ROBERTS, Ian e KATO, Mary Aizawa (orgs.) *Português brasileiro: Uma viagem diacrônica: Homenagem a Fernando Tarallo.* Campinas: Editora da Unicamp, 1993.
Coletânea de doze textos de vários autores que analisam diversos aspectos da sintaxe do português do Brasil utilizando, em sua maioria, o modelo de Princípios e Parâmetros. Sua leitura requer um certo nível de conhecimento prévio de sintaxe gerativa.

TARALLO, Fernando. *Tempos linguísticos.* São Paulo: Ática, 1990.
Esse livro discute as principais hipóteses surgidas para explicar a mudança linguística e mostra como podemos usar o presente para entender o passado e vice-versa. Contém capítulos que tratam especificamente das mudanças fonológicas, morfológicas e sintáticas sofridas pelo português em sua história.

TARALLO, Fernando. *A pesquisa sociolinguística.* 5ª ed. São Paulo: Ática, 1997.
Livro introdutório à perspectiva variacionista. A maior parte do livro trata da variação, mas o penúltimo capítulo se ocupa da relação existente entre variação e mudança.

# A linguagem em uso

*José Luiz Fiorin*

Certa ocasião, perguntaram a Sérgio Buarque de Holanda se o Chico Buarque era filho dele e ele respondeu:
– Não, o Chico não é meu filho, eu é que sou pai dele.
Festejada por ter sido a segunda mulher a ser nomeada ministra no Brasil, em 1989, Dorothéa Werneck voltará ao cargo, aos 45 anos, no Ministério da Indústria e Comércio. Ela abriu caminho para cinco sucessoras – na área econômica, por exemplo, ninguém mais se chocou quando Zélia Cardoso de Mello ou Yeda Crusius foram escolhidas. Zélia dividiu opiniões. Yeda foi logo esquecida. Dorothéa manteve-se presente no noticiário, mesmo nos curtos períodos em que ficou sem cargo no governo e partiu para a iniciativa privada. (...)
Mesmo com cuidado e seriedade no trato com a ministra, empresários e sindicalistas – dos quais ela se aproximou em busca de um pacto anti-inflacionário – nunca esqueceram que ela era uma mulher. Seu sexo foi lembrado sempre, como defeito ou qualidade. Mário Amato, então presidente da Fiesp, tentou traduzir esse sentimento e foi muito infeliz. Declarou, na frente de jornalistas: "Ela é muito inteligente apesar de ser mulher". O empresário, com isso, ganhou a antipatia da população feminina e de um Brasil que se rendia ao carisma de Doró.

(PINHEIRO, Liliana. *O Estado de S. Paulo*, 25.12.1994, B1)

**TURMA DA MÔNICA**/*Mauricio de Sousa*

*O Estado de S. Paulo*, 08.11.2001, D4.

Observando-se os exemplos mostrados, verifica-se que o conhecimento do sistema da língua é insuficiente para entender certos fatos linguísticos utilizados numa situação concreta de fala. Com efeito, note-se que, do estrito ponto de vista dos valores semânticos das palavras *pai* e *filho*, a resposta de Sérgio Buarque de Holanda é um absurdo, pois, se ele é pai do Chico Buarque, este é seu filho. No entanto, na situação específica, o que Sérgio Buarque pretendia dizer é que, como o Chico era muito mais famoso do que ele, não era apropriado apresentar o Chico, dizendo que ele era filho do Sérgio, mas que o mais adequado seria dizer que o Sérgio era pai do Chico. No segundo caso, observa-se que Mário Amato, ao dizer que a ministra Dorothéa Werneck era mulher e era inteligente e ao ligar as duas afirmações com a expressão *apesar de*, deixou escapar implicitamente seu preconceito contra as mulheres, porque sua frase diz implicitamente que as mulheres não são inteligentes. No terceiro caso, Bidu, ao dizer *Bidu*, atribuiu a si mesmo este nome (*Meu nome é Bidu*), mas o outro cachorro entendeu a palavra *bidu*, como um adjetivo, aplicado a ele (*Você é bidu*).

No sistema linguístico, temos oposições fônicas e semânticas e regras combinatórias dos elementos linguísticos. No entanto, nem as oposições semânticas, nem as regras de combinação conseguem explicar os fatos acima. Observando-se esses fatos e outros, verificou-se que era preciso estudar o uso da linguagem. Esse é o objeto da Pragmática. Assim, a Pragmática é a ciência do uso linguístico, estuda as condições que governam a utilização da linguagem, a prática linguística.

Saussure dizia que o verdadeiro objeto da Linguística era a língua e, para ele, a língua era a linguagem menos a fala, ou seja, menos o uso concreto da linguagem. A Pragmática não confere à língua uma posição central nos estudos linguísticos, não a vê isolada da utilização da linguagem.

O ponto de partida da Pragmática foram os trabalhos dos filósofos da linguagem, particularmente John Austin e Paul Grice. O primeiro diz que a linguagem não tem uma função descritiva, mas uma função de agir. Ao falar, o homem realiza atos. Por exemplo, ao dizer *Eu lhe prometo vir*, o ato da promessa é realizado quando se diz *Eu lhe prometo*. Grice mostra que a linguagem natural comunica mais do que aquilo que se significa num enunciado, pois, quando se fala, comunicam-se também conteúdos implícitos. Quando alguém diz a outro, que está se aprontando para sair, *São oito horas*, ele não está fazendo uma simples constatação sobre o que marca o relógio, mas dizendo *Apresse-se, vamos chegar atrasados*.

A Pragmática estuda a relação entre a estrutura da linguagem e seu uso, o que fora deixado de lado pelas correntes anteriores da Linguística, que criaram outros objetos teóricos. O estudo do uso é absolutamente necessário, pois há palavras e frases cuja interpretação só pode ocorrer na situação concreta de fala. Por exemplo, nos casos mencionados no início deste capítulo, verifica-se que o sentido da frase *O Chico não é meu filho* ou os dois diferentes valores da palavra *bidu* só podem ser entendidos na situação de comunicação. Por outro lado, é necessário também estudar o uso, porque na troca verbal comunicamos muito mais do que as palavras significam. Quando se diz a alguém: *Voce tem fogo?*, não se está perguntando simplesmente a ele se dispõe de um objeto com o qual se possa acender alguma coisa, mas se está pedindo que empreste esse objeto, porque se pretende acender um cigarro, etc. Seria muito estranho que a pessoa respondesse pura e simplesmente *Tenho* e não pegasse o isqueiro ou os fósforos para passar à pessoa que perguntou.

Segundo Moeschler, há três domínios de fatos linguísticos que exigem a introdução de uma dimensão pragmática nos estudos linguísticos: os fatos de enunciação, de inferência e de instrução.

I. A enunciação

Como vimos, a enunciação é o ato de produzir enunciados, que são as realizações linguísticas concretas. Certos enunciados não têm por finalidade a designação de um objeto ou um evento do mundo, mas referem-se a si mesmos, ou seja, não têm uma função referencial, mas autorreferencial. Em outras palavras, há certos fatos linguísticos que só são entendidos em função do ato de enunciar. Por exemplo:

1) Os dêiticos: é um elemento linguístico que indica o lugar ou o tempo em que um enunciado é produzido ou então os participantes de uma situação de produção do enunciado, ou seja, de uma enunciação. São dêiticos os pronomes pessoais que indicam os participantes da comunicação *eu*/*tu*; os marcadores de espaço, como os advérbios de lugar e os pronomes demonstrativos (por exemplo, *aqui*, *lá*, *este*, *esse*, *aquele*), os marcadores de tempo (por exemplo, *agora*, *hoje*, *ontem*). Um dêitico só pode ser entendido dentro da situação de comunicação e, quando aparece, num texto escrito, a situação enunciativa deve ser explicitada. Havia, numa lousa da Faculdade de Filosofia da USP, em que os alunos deixam recados uns para os outros, a seguinte mensagem: *Estive aqui hoje e não consegui encontrá-la*. Esse aviso é totalmente incompreensível, porque não se sabe quem esteve lá, para quem ele escreveu a mensagem e quando ele esteve à procura de uma determinada pessoa. Em síntese, não se pode saber o que significam o *eu*, o *você* e o *hoje* da mensagem, pois falta o conhecimento da situação de comunicação, certamente, porque alguém passou por lá e apagou o nome da pessoa a quem a mensagem era dirigida, o nome da pessoa que a havia escrito e a data em que fora escrita. No caso dos dêiticos, de nada adianta o conhecimento do sistema linguístico, o que é preciso, para entendê-los, é conhecer a situação de uso.

2) Enunciados performativos: são os que realizam a ação que eles nomeiam. É o caso da promessa, da ordem, do juramento, do desejo, do agradecimento, do pedido de desculpas, etc. A realização da ação depende da enunciação da frase. Em outras palavras, a enunciação faz parte integrante da significação. Assim, quando alguém diz: *Eu juro que eu não disse nada*; *Peço-lhe desculpas pelo que aconteceu*; *Eu prometo estudar bastante*, o juramento, o pedido de desculpas e a promessa realizam-se no ato de dizer *Eu juro*; *Peço-lhe desculpas*; *Eu prometo*. Não há a possibilidade de realizar esses atos, senão enunciando-os.

3) Uso de conectores: quando se observam os seguintes usos: a) *Pedro pedirá aposentadoria, mas é um segredo*; b) *Você pode vir aqui um pouquinho? Porque estou precisando de ajuda*, nota-se que os conectores *mas* e *porque* não conectam os conteúdos, mas os atos de enunciação. Com efeito, no primeiro caso, a conexão se faz com a informação dada, é a informação que é secreta e não o pedido de aposentadoria; no segundo caso, o *porque* explica a pergunta e não seu conteúdo, ou seja, o conector explica o motivo da pergunta.

4) Certas negações: quando se diz *Não gosto de doces, adoro-os*; *O trânsito não estava ruim, estava péssimo*, a negação não incide sobre a proposição negada, mas sobre sua assertabilidade, isto é, sobre a possibilidade de sua afirmação. O que o falante está

dizendo não é que não gosta de doces ou que o trânsito não esteja ruim, mas que *gostar* e *ruim* são termos pouco apropriados para definir o quanto ele gosta de doces e o estado do trânsito. É a enunciação desses termos que é posta em questão e não o seu conteúdo.

5) Advérbios de enunciação: em exemplos como *Sinceramente, não gostei de sua atitude*; *Infelizmente, não posso fazer nada* ou *Francamente, não vejo como posso ajudá-lo*, os advérbios não modificam o verbo, mas qualificam o próprio ato de dizer como sincero, infeliz ou franco. As frases não significam *Não gostei de sua atitude de modo sincero*, etc., mas *Dizendo de modo sincero, não gostei de sua atitude*; *Você desculpe-me pelo que vou dizer, mas não posso fazer nada*; *Dizendo de maneira franca, não vejo como posso ajudá-lo*.

II. A inferência

Certos enunciados têm a propriedade de implicar outros. Assim, quando se diz *João é meu sobrinho*, esse enunciado implica *Sou tio de João*; quando se afirma *Se tivesse chovido, não haveria falta de energia*, essa afirmação implica que *Não choveu e há falta de energia*. Essas implicações derivam dos próprios enunciados e, portanto, não exigem, para que sejam feitas, informações retiradas do contexto, da situação de comunicação. No entanto, em muitos casos, a comunicação não é literal e, por conseguinte, só pode ser entendida dentro do contexto. Nesse caso, os falantes comunicam muito mais do que as palavras da frase significam. Os exemplos seguintes mostram isso: (a) *Não há mais homens no mundo*; (b) *Você pode me passar esse pacote?*; (c) *A lata de lixo está cheia*. No primeiro caso, o que se está dizendo, quando se comenta, por exemplo, o fato de que muitos homens cuidam da casa, enquanto as mulheres trabalham fora, é que o papel masculino, tal como era concebido, está mudando. Isso só pode ser entendido num contexto específico. No segundo caso, não se pergunta sobre a capacidade que tem o interlocutor de passar o pacote, mas pede-se a ele que o passe para o falante. No terceiro caso, quando, por exemplo, a patroa diz a frase para a empregada, ela não faz uma constatação, mas indica à interlocutora que ela deve levar o lixo para fora.

A Pragmática deve explicar como os falantes são capazes de entender não literalmente uma dada expressão, como podem compreender mais do que as expressões significam e por que um falante prefere dizer alguma coisa de maneira indireta e não de maneira direta. Em outras palavras, a Pragmática deve mostrar como se fazem inferências necessárias para chegar ao sentido dos enunciados.

Há duas distinções fundamentais em Pragmática: significação *versus* sentido e frase *versus* enunciado.

A frase é um fato linguístico caracterizado por uma estrutura sintática e uma significação calculada com base na significação das palavras que a compõem, enquanto o enunciado é uma frase a que se acrescem as informações retiradas da situação em que é enunciada, em que é produzida. A mesma frase pode estar vinculada a diferentes enunciados. A frase *Está chovendo* pode ocorrer, dependendo da situação em que é enunciada, como os seguintes enunciados: *Finalmente, a seca vai acabar*; *Não podemos sair agora*; *É preciso ir recolher a roupa*; *Feche as janelas*, etc.

A significação é o produto das indicações linguísticas dos elementos componentes da frase. Assim, a significação de *Está chovendo* é *Tomba água do céu*. O sentido, no entanto, é a significação da frase acrescida das indicações contextuais e situacionais. Num contexto em que se comenta o problema do racionamento de energia derivado do esvaziaento das represas das hidrelétricas, *Está chovendo* pode significar *Agora o racionamento vai acabar*.

A frase é estudada pela sintaxe e pela semântica, enquanto o enunciado é objeto da Pragmática.

III. A instrução

A Pragmática concebe que as chamadas palavras do discurso (principalmente, os conectores, como conjunções, preposições, advérbios), cuja função varia de acordo com o contexto linguístico em que se acham colocadas, significam porque há uma instrução sobre a maneira de interpretá-las. Tome-se a análise que o linguista francês Oswald Ducrot faz da conjunção *mas*. Para isso, observem-se os enunciados abaixo:

(a) O tempo está feio, mas estou com vontade de dar um passeio.
(b) O tempo está feio, mas a chuva vai encher as represas.
(c) O tempo está feio, mas um raio de sol bate na minha mesa.
(d) Mas o que você está fazendo?

Em cada um desses casos, há um sentido diferente da palavra *mas*. Esses sentidos são o resultado do emprego diferente de uma unidade lexical que corresponde à seguinte instrução sobre a maneira de interpretá-la: na frase P mas Q, de P tire a conclusão R, de Q tire a conclusão não R e de P mas Q tire a conclusão não R. No primeiro enunciado, de *O tempo está feio* tira-se a conclusão de que não se deve sair; de *Estou com vontade de dar um passeio* tira-se a conclusão de que devo sair; da conexão de P e Q com a conjunção *mas* tira-se a conclusão de que devo sair. No segundo enunciado, de *O tempo está feio* tira-se a conclusão de que isso é ruim; de *A chuva vai encher as represas* tira-se a conclusão de que isso é bom; da conexão de P e Q com a conjunção *mas* tira-se a conclusão de que a chuva é boa. No terceiro enunciado, de *O tempo está feio* tira-se a conclusão de que não se vê o sol; de *Um raio de sol bate na minha mesa* tira-se a conclusão de que o sol brilha; de P mas Q tira-se a conclusão de que o sol é visível. No quarto enunciado, usa-se o *mas* como introdutor de tópico de conversação que vai em direção contrária àquela do tópico anterior. Como se vê, pode-se entender todos os sentidos da conjunção *mas* nos diferentes enunciados, partindo da mesma instrução. Tomem-se as duas frases que seguem: (a) *Marcelinho joga muito futebol, mas é desagregador* e (b) *Marcelinho é desagregador, mas joga muito futebol*. No primeiro caso, o falante não quer Marcelinho no seu time; no segundo, sim. Podemos compreender dessa maneira os dois enunciados, porque em *P mas Q* sempre prevalece o argumento não R dado por Q.

Nos anos 1970, a Pragmática era considerada por muitos linguistas a "lata do lixo da Linguística", pois diziam eles que ela se ocupava em resolver os problemas não tratados por outros objetos teóricos da ciência da linguagem. Seu objeto seria um conjunto de fatos marginais. Essa visão é completamente errônea. Ela trata dos princípios que regem o uso e não dos usos singulares. Se uma expressão tem vários sentidos quando é usada, isso deriva de um princípio pragmático aplicado a ela. A Pragmática vai procurar descobrir esses princípios que governam os diferentes sentidos dados pelo uso. Por exemplo, observem-se as frases que seguem: (a) *Pedro ocupava a cabeceira da mesa e o copeiro trazia os pratos*; (b) *O copeiro trazia os pratos e Pedro ocupava a cabeceira da mesa*. Essas duas frases descrevem os mesmos eventos, mas em sequência diferente: a primeira afirma que o copeiro trazia os pratos, depois que Pedro ocupava a cabeceira da mesa e a segunda, que Pedro só ocupava a cabeceira da mesa depois que o copeiro trazia os pratos. Isso significa que existe uma *máxima da ordem*, que diz que, se uma sequência de proposições é apresentada numa certa ordem, o interlocutor, salvo indicação contrária, é autorizado a pensar que elas estão temporal e mesmo causalmente ordenadas. São esses princípios de uso que a Pragmática deve explicar. Enquanto a Sintaxe explica a boa formação das frases e a Semântica, sua significação, a Pragmática explica a interpretação completa dos enunciados.

Há duas grandes correntes na Pragmática: uma que considera que ela estuda o conjunto de conhecimentos que deve ter o falante, para utilizar a língua nas diferentes situações enunciativas, e outra que afirma que os aspectos pragmáticos estão codificados na língua, que contém todas as instruções para os usos possíveis. A primeira pensa que a Pragmática, por estudar fatos de fala, está radicalmente separada da Semântica; a segunda integra a Pragmática e a Semântica, cada uma estudando aspectos diferentes do sentido.

## Teoria dos atos de fala

Como já dissemos, a Pragmática tal como a conhecemos hoje tem início quando Austin começa a desenvolver sua teoria dos atos de fala. Até então, a Linguística pensava que as afirmações serviam para descrever um estado de coisas e, portanto, eram verdadeiras ou falsas. Uma afirmação como *O céu é azul* descreve o estado do firmamento e, portanto, o falante pode verificar se ela é verdadeira ou falsa, no momento em que é usada. Austin vai mostrar que a Linguística se deixava levar por uma ilusão descritiva, pois é preciso distinguir dois tipos de afirmações: as que são descrições de estados de coisa, a que ele vai chamar *constativas*, e as que não são descrições de estados de coisa. São essas que lhe interessam. Toma, então, certos enunciados na forma afirmativa, na primeira pessoa do singular do presente do indicativo da voz ativa, com as seguintes características: a) não descrevem nada e, por conseguinte, não são nem verdadeiros nem falsos; b) correspondem, quando são realizadas, à execução de uma ação. A essas afirmações vai chamar *performativas*. Quando se observa uma frase como *Ordeno que você saia daqui*, verifica-se que o ato de ordenar se realiza ao se enunciar a afirmação. Por outro lado, uma ordem não é verdadeira nem falsa, ela pura e simplesmente realiza-se.

São muitos os exemplos de performativos:

(a) Declaro aberta a sessão.
(b) Aceito (resposta à pergunta *Aceita esta mulher como sua legítima esposa?*, na cerimônia de casamento).
(c) Prometo que a situação não vai ficar assim.
(d) Lamento que isso tenha ocorrido.
(e) Eu te perdoo.

É preciso observar mais uma coisa sobre os performativos: para que a ação correspondente a um performativo seja de fato realizada, é preciso não somente que ele seja enunciado, mas também que as circunstâncias de enunciação sejam adequadas. Um performativo pronunciado em circunstâncias inadequadas não é falso, mas nulo, ele fracassou. Assim, por exemplo, se o irmão da noiva e não o noivo diz *aceito*, na cerimônia de casamento, o performativo é nulo, porque quem realizou o performativo não é aquele que, nessa circunstância de enunciação, deve realizá-lo. Por isso, Austin vai estudar as condições de felicidade (sucesso)[1] e fracasso dos performativos, ou seja, as circunstâncias de enunciação que fazem com que um performativo seja efetivamente realizado.

As principais condições de sucesso de um performativo são:

- A enunciação de certas palavras em determinadas circunstâncias têm, por convenção, um determinado efeito. Portanto, as pessoas e as circunstâncias devem ser aquelas convenientes para a realização do enunciado em questão. Por exemplo, se um faxineiro e não o presidente da Câmara diz *Declaro aberta a sessão*, o performativo não se realiza, porque o faxineiro não é a pessoa que pode executar a ação de abrir a sessão; por outro lado, se o presidente declara aberta a sessão sozinho no seu gabinete, o performativo não se realiza, porque não está sendo executado nas circunstâncias apropriadas para sua realização.
- A enunciação deve ser executada corretamente pelos participantes. O uso da fórmula incorreta torna nulo o performativo. Assim, no batismo, é preciso usar a fórmula correta, para que o performativo se realize. Se o padre diz *Eu te perdoo* em lugar de *Eu te batizo*, o batismo não ocorre.
- A enunciação deve ser realizada integralmente pelos participantes. Assim, quando um performativo exige outro para ser realizado, é necessário que os dois sejam realizados para que haja sucesso. Por exemplo, quando alguém diz *Aposto dez reais como vai chover*, para que o ato de apostar tenha sucesso, é preciso que o outro aceite a aposta, enunciando a aceitação.

Há duas outras condições para o sucesso dos performativos, que são de natureza diferente, são as que fazem do performativo um ato puramente verbal, vazio. Quando sua enunciação exige que o falante tenha certos sentimentos ou intenções, é preciso que ele tenha de fato esses sentimentos ou intenções. Quando alguém diz *Quero exprimir-lhe meus pêsames*, sem que sinta nenhuma simpatia pelo pesar do interlocutor, ou *Prometo que virei*, sem ter nenhuma intenção de vir, o performativo realiza-se, mas não terá sucesso, ou seja, realizar-se-á verbalmente, mas não efetivamente. A promessa será feita, mas o que se prometeu não será realizado; os pêsames serão dados, mas efetivamente o falante não sente nenhum pesar. Por outro lado, na sequência dos acontecimentos, o falante que executou um performativo deve adotar o comportamento implicado pelo ato de enunciação. Assim, quando o falante que diz *Prometo que virei* não vier, a promessa não será efetivada. Ela permanece um puro ato verbal.

Na verdade, do estrito ponto de vista da realização dos performativos na enunciação, as três primeiras condições são mais importantes, porque sua ausência implica que nem sequer se reconheça que o performativo se realizou no ato de enunciação.

Como já foi dito, Austin põe em xeque a ilusão descritiva, quando mostra que há afirmações que descrevem estados de coisas e que podem ser verdadeiras ou falsas – as constativas – e afirmações que não descrevem nada, mas pelas quais se executam atos, que

[1] A expressão "condições de felicidade" do performativo não é uma boa denominação em português. Seria melhor dizer "condições de sucesso". No entanto, a partir da tradução do texto de Austin, essa expressão começou a ser usada e é encontrada em muitos textos de Pragmática.

podem ser felizes ou infelizes, ter sucesso ou fracassar – as performativas. Os constativos são verdadeiros se existe o estado de coisas que eles descrevem e falsos em caso contrário. Os performativos têm sucesso, quando certas condições são cumpridas, e fracassam, quando não o são. Em *Eu jogo futebol*, o fato de jogar independe de minha enunciação; em *Eu me desculpo pelo que ocorreu*, o fato de desculpar-me depende de minha enunciação.

Até agora, estamos trabalhando com performativos indicados por verbos na primeira pessoa do singular do presente do indicativo da voz ativa na forma afirmativa. Assim, *Desejo que você venha jantar comigo* é um performativo, porque a ação de desejar se realiza, no ato de enunciar. Nas outras pessoas, nos outros tempos, nos outros modos, não haveria performativos, mas constativos. Com efeito, quando se diz *Ele ordena que ele saia* ou *Eu ordenei que ele saísse*, o que temos são constativos que descrevem a realização de um performativo por uma terceira pessoa ou por mim mesmo num tempo passado. No entanto, a questão não é tão simples assim. Há performativos que se realizam de maneira diferente dos que vimos mostrando até agora. Observem-se os exemplos:

(a) Proibido fumar.
(b) Os senhores estão autorizados a falar em meu nome.
(c) Os alunos ficam advertidos de que os que não fizerem matrícula na data determinada perderão sua vaga.

Nesses casos, realizam-se os performativos da proibição, da autorização e da advertência, sem que sejam utilizadas as formas *proíbo*, *autorizo* e *advirto*. Poder-se-ia então pensar que o modo, o tempo e a pessoa não bastam para saber se um performativo existe, mas que certas palavras, como *proibido*, *autorizado*, *advertido*, seriam necessárias para que eles se realizassem. No entanto, pode haver performativos sem que apareçam no enunciado palavras relacionadas ao ato a ser executado e, ao mesmo tempo, podem estar presentes no enunciado palavras correspondentes ao performativo, sem que ele se realize. Assim, em *Curva perigosa*, existe um performativo de advertência, mas em *Você tinha mandado o aluno ficar quieto* não há performatividade, apesar da presença do termo *mandado*.

Austin abandona a ideia de que possa existir um teste puramente linguístico para determinar a existência do performativo e volta à própria definição do performativo, ou seja, ele é a realização, ao enunciar, de um ato pelo falante. Quando se observam enunciados como *Saia* e *Ordeno que você saia*, verifica-se que os dois são performativos. Sabe-se que o primeiro é performativo porque ele pode desenvolver-se ao segundo. *Saia* quer dizer *Ordeno que você saia*. *Eu virei amanhã* quer dizer *Prometo que virei amanhã*. *É proibido fumar* significa *Eu proíbo fumar*, pois existe um eu que é responsável pela proibição. Assim, um enunciado será performativo quando puder transformar-se em outro enunciado que tenha um verbo performativo na primeira pessoa do singular do presente do indicativo da voz ativa. Os enunciados que não contêm um verbo performativo na pessoa, no tempo, no modo e na voz indicados serão chamados performativos implícitos; os que têm o verbo na forma mencionada serão denominados performativos explícitos.

Para eliminar a ambiguidade dos performativos, temos de levar em conta a situação de enunciação, o modo verbal (por exemplo, o imperativo), a entoação, etc. Mesmo os performativos explícitos podem ser ambíguos. Por exemplo, no enunciado *Eu me desculpo*, pode-se, dependendo da situação de enunciação, estar pedindo desculpas ou descrevendo o que se fará num futuro próximo, *Se a questão é essa, quando eu chegar lá, eu me desculpo*.

Para distinguir os constativos dos performativos, Austin vai discutir mais profundamente a questão: que é que se faz, quando se diz alguma coisa? Note-se que, quando se diz algo, realizam-se três atos: o ato locucionário (ou locucional), o ato ilocucionário (ou ilocucional) e o ato perlocucionário (ou perlocucional).

O ato locucionário é o que se realiza enunciando uma frase, é o ato linguístico de dizer. O ilocucionário é o que se realiza na linguagem. O perlocucionário é o que se realiza pela linguagem. Assim, quando se toma a frase *Advirto-o a não mais fazer isso*, há o ato de dizer, de enunciar cada um dos elementos linguísticos componentes da frase. É o ato locucional. Quando se enuncia essa frase, realiza-se o ato da advertência, que se realiza na linguagem, no próprio ato de dizer. No caso, esse ato está inclusive marcado com a forma verbal *advirto*. É o ato ilocucional. Há ainda mais um ato, que é o resultado do ato de linguagem e do ato ilocucional proferido e que depende do contexto da enunciação. Quando se enuncia a frase acima, o resultado pode ser a persuasão do interlocutor. Assim, é um ato que não se realizou na linguagem, mas pela linguagem. É o ato perlocucional. O ato ilocucional tem um aspecto convencional, ou seja, está marcado na linguagem, enquanto o ato perlocucional não. O que significa estar marcado na linguagem? Significa que o ato ilocucionário pode ser explicitado pela fórmula performativa correspondente. Assim, na frase *Não se preocupe, eu virei amanhã*, o ato ilocucionário só pode ser a promessa, porque, nesse contexto, só se pode explicitar esse ato pela fórmula performativa *prometo*. O ato perlocucional é um efeito eventual dos atos locucional e ilocucional. Assim, por exemplo, a promessa de vir amanhã pode ser sentida pelo interlocutor como uma ameaça.

Aqui se chega ao ponto mais alto da teoria austiniana. Observando as afirmações constativas, verifica-se que também nelas o falante realiza um ato ilocucional, o ato da afirmação, idêntico àquele que executa quando jura, adverte, ordena, aconselha, etc. Numa frase como *Choveu pouco este mês*, há um ato ilocucional, que pode ser explicitado pela forma performativa *afirmo*. Assim, em todo constativo, há uma parte, o que se afirma, que pode ser submetida à prova da verdade e da falsidade. Quando se diz *Ele é um bom estudante*, temos um ato ilocucional *Afirmo que ele é um bom estudante*. O ato de afirmar não é verdadeiro nem falso, pois ele simplesmente se realiza, enquanto o conteúdo afirmado, ou seja, *ele é um bom estudante*, pode ser submetido à prova da verdade. Ao verificar que os constativos são um caso particular dos performativos, Austin chega ao que Paulo Ottoni denomina visão performativa da linguagem. A linguagem é ação, é uma forma de agir no mundo. Isso tem uma importância muito grande para a Linguística, pois permite estender seu campo de atuação, mantendo liames orgânicos com a teoria das interações e das ações e com a etnografia da comunicação. É muito diferente dizer que, ao comunicar ou ao interagir, o homem descreve o mundo ou age no mundo.

Um dos sucessores de Austin é John Searle, que retoma seu programa, e vai desenvolver uma série de aspectos de sua teoria. Um deles é que, ao comunicar uma frase, realizam-se um ato proposicional e um ato ilocucional. O primeiro corresponde à referência e à predicação, ou seja, ao conteúdo comunicado. O segundo, como pensava Austin, ao ato que se realiza na linguagem, ao dizer. Como se isola a proposição, resultado dos atos proposicionais? Searle mostra que não podemos confundir a proposição com a força ilocutória, porque enunciados que têm força ilocucional diferente podem exprimir a mesma proposição. Por exemplo:

(a) João estuda bastante.
(b) João estuda bastante?
(c) Estude bastante, João.
(d) Ordeno que você estude bastante, João.

Os atos ilocucionais são, respectivamente, a afirmação, a interrogação, o conselho e a ordem. No entanto, o conteúdo proposicional é sempre o mesmo, *João estudar bastante.*

Exprimir uma proposição é executar um ato proposicional e um ato ilocucional. Por conseguinte, uma proposição pode ser expressa pela fórmula F (p), em que p é marcador do conteúdo proposicional e F é o marcador da força ilocutória, que indica o ato ilocutório executado. Esses marcadores nem sempre estão explícitos no enunciado. Em *Eu virei amanhã*, há uma força ilocucionária de promessa, que, no entanto, não está sintaticamente marcada na frase. Essa distinção só é sintaticamente marcada nos performativos explícitos.

Essa distinção entre marcadores ilocucionais e proposicionais permite explicar certos fenômenos linguísticos, como o da negação. Há negações que incidem sobre o ilocucional e negações que incidem sobre a proposição. Quando se tomam enunciados como (a) *Eu não lhe ordeno que saia daqui* e (b) *Eu lhe ordeno que não saia daqui*, observa-se que, em (a), nega-se o ato ilocucional e, em (b), nega-se a proposição.

Searle vai desenvolver outros aspectos da teoria austiniana, vai estudar de maneira aprofundada a classificação dos atos ilocucionais. Não se pretende mostrar aqui essa classificação, mas enunciar uma questão importante notada por Searle. Ele dizia que não se deve confundir a análise dos verbos ilocutórios com a dos atos ilocutórios. Muitos linguistas, ao tentar determinar os atos ilocutórios trabalham com os verbos ou com os substantivos derivados desses verbos. Assim, falam em ordenar, interrogar, prometer, ameaçar ou em ordem, interrogação, promessa, etc. No entanto, muitas vezes, os atos ilocutórios são expressos indiretamente, são os chamados atos de fala indiretos. Por exemplo, quando alguém está atrasado, pode dizer *Desculpem-me pelo atraso* ou *O trânsito está terrível*. No primeiro caso, o ato de desculpar-se foi expresso diretamente; no segundo, foi enunciado indiretamente, pois o valor patente da afirmação recobre, na verdade, um valor latente de pedido de desculpas. A mesma coisa ocorre quando uma ordem é expressa sob a forma de um desejo: *Eu queria um talão de cheques*; quando um pedido é feito sob a forma de uma interrogação: *Você tem cigarro?*, e assim por diante. Seria muito estranho que o interlocutor pensasse que o falante não quer mais o talão de cheques ou que a pergunta sobre os cigarros é mera curiosidade. Por outro lado, o falante vale-se dos atos de fala indiretos para minimizar a força da ordem, para não constranger o interlocutor com um pedido direto, etc.

Essa questão das razões pelas quais se utilizam os atos de fala indiretos produziu toda uma corrente de estudo dos atos de fala denominada interacionista. Para a teoria clássica, os atos de fala são universais; enquanto para a teoria interacionista, variam de cultura para cultura, de grupo social para grupo social. Por exemplo, a maioria das sociedades conhece o ato de fala *agradecimento*. No entanto, a forma como ele é feito é variável. Na sociedade brasileira da primeira metade do século XX, como se lê nos manuais de etiqueta, não se agradecia aos criados, aos garçons, etc. Hoje, agradece-se a eles por qualquer serviço que nos prestam. A forma de fazer os agradecimentos indica uma mudança cultural, a passagem de uma sociedade mais "aristocrática" a uma mais "democrática". Por outro lado, fórmulas religiosas de agradecimento, como *Que Deus lhe dê em dobro* ou *Que Deus lhe abençoe* só subsistem nas áreas menos modernas do país.

Além disso, a teoria clássica pensa os atos de linguagem de maneira isolada, enquanto a teoria interacionista os vê como um encadeamento de atos: por exemplo, a um pedido corresponde uma recusa ou uma aceitação; a uma saudação, uma resposta, etc. Austin mostrou que dizer é fazer; os interacionistas, na fórmula de Orecchioni, mostram que dizer é fazer fazer. Isso significa que os atos de linguagem têm um efeito muito grande nas relações interpessoais, o que abriu um novo campo para a Linguística, o estudo da polidez linguística.

Essas regras de polidez articulam-se sobre a teoria das faces, desenvolvida por Brown e Levinson, na sequência dos trabalhos de Goffman. Face é o amor-próprio do sujeito. Há uma face positiva e uma negativa. Aquela deriva da necessidade de ser apreciado e reconhecido pelo outro, é a boa imagem que o sujeito tem de si mesmo; esta advém da necessidade de defender o eu, é seu território. Na interação social, o indivíduo procura salvar sua face. Por outro lado, cada um dos interlocutores tem interesse em manter a face do outro, para não pôr em perigo sua face. No entanto, há atos ameaçadores da face negativa do interlocutor, porque tentam invadir seu território (por exemplo, a ordem, o conselho, a ameaça), e atos ameaçadores de sua face positiva, porque podem ser vistos como uma tentativa de destruir a imagem do outro (por exemplo, a reprimenda, a refutação, a crítica). Há também comportamentos ameaçadores da face negativa do falante, porque podem ser considerados uma maneira de obrigar o falante a se expor (por exemplo, a promessa, a garantia, o juramento) e atos ameaçadores de sua face positiva, porque destroem sua imagem (por exemplo, confissão, pedido de perdão, autocrítica). A polidez linguística tem por efeito diminuir os efeitos negativos dos atos ameaçadores da face, de adoçá-los. É para isso que recorremos aos atos de fala indiretos: não se dá uma ordem brutalmente, mas exprime-se um desejo. Há outras estratégias de polidez linguística: não se critica um trabalho, sem fazer uma série de preliminares que mostram que ele está bom. Nas situações de comunicação, minimizam-se, modalizam-se, adoçam-se os atos ameaçadores da face. Por outro lado, há atos valorizadores da face, como os cumprimentos e os elogios. Na polidez, busca-se reforçar esses atos.

Há uma polidez positiva, em que se busca produzir e reforçar atos valorizadores da face, e uma polidez negativa, em que se procura evitar e minimizar os atos ameaçadores da face. Nela, tenta-se evitar o excesso de atos valorizadores da face, pois o falante poderia parecer hipócrita ou bajulador, bem como a falta de minimização de atos ameaçadores da face, pois o falante poderia parecer grosseiro. O excesso, a falta, os limites entre o que é percebido como valorizador ou ameaçador, tudo isso é cultural. O estudo da polidez linguística oferece dados muito preciosos para a compreensão das culturas.

## Máximas conversacionais

Para explicar a construção e a compreensão dos atos de fala indiretos, é preciso, de um lado, desenvolver melhor a teoria dos atos de fala e, de outro, os princípios gerais que regem a conversação.[2] Segundo inúmeros estudiosos da Pragmática, ela é governada por um princípio de cooperação, que exige que cada enunciado tenha um objeto ou uma finalidade. Muitas vezes, os atos de fala não são manifestados explícita mas implicitamente e, portanto, só se percebe o objeto ou o propósito de um enunciado quando se entendem esses implícitos. Para explicar isso, pode-se tomar um célebre exemplo da Pragmática. Quando se lê num cartaz, à entrada de um restaurante, *Aberto às segundas*, só se pode decidir se ele quer dizer *Aberto também às segundas* ou *Aberto somente às segundas* se se tem uma informação proveniente do contexto, ou seja, se os restaurantes do lugar fecham às segundas, o cartaz indica que o restaurante estará aberto também às segundas; se eles abrem às segundas, o cartaz significará que o restaurante abre só às segundas. Quando se sabe que o PT é um partido que denuncia sistematicamente a corrupção nos diversos escalões do governo e se diz *Certos deputados do PT são corruptos*, o que se está significando é que o PT é um partido como qualquer outro e, portanto, não se pode considerar ao abrigo da corrupção.

Segundo alguns autores, os comportamentos linguísticos são determinados por regras ou princípios gerais de natureza racional, ou seja, a maneira de utilizar a linguagem na comunicação é regida por princípios gerais assentados em inferências pragmáticas. Grice, em artigo publicado em 1975, começa a estudar esses princípios. Com isso, a Pragmática estabelece uma forma diferente de conceber a comunicação. As contribuições de Grice são a noção de implicatura e o estabelecimento do princípio geral da comunicação, o da cooperação.

Observando que existe uma divergência frequente entre a significação das frases e o sentido do enunciado e que, portanto, certos enunciados comunicam muito mais do que os elementos que o compõem, Grice formula a noção de implicatura, que são inferências que se extraem dos enunciados. Ele não usa o termo implicação, porque a noção de implicatura é mais ampla do que a de implicação, já que esta só pode ser provocada por uma expressão linguística, enquanto aquela pode ser suscitada por expressões linguísticas e pelo contexto ou pelos conhecimentos prévios do falante.

Grice começa por distinguir dois tipos de implicaturas: as desencadeadas por uma expressão linguística, as implicaturas convencionais, e as provocadas por princípios gerais ligados à comunicação, as implicaturas conversacionais. Em *Ele é aluno de Letras, mas sabe escrever*, há uma implicatura desencadeada pela conexão entre as duas orações com a conjunção *mas*: os alunos de Letras não sabem escrever. É uma implicatura convencional. No enunciado *A defesa da tese de Mário correu bem, não o reprovaram*, há uma implicatura de que a tese não presta. É uma implicatura conversacional, pois não advém da significação de nenhuma palavra da frase, mas dos conhecimentos prévios do interlocutor. No caso, sabe-se que dificilmente uma tese é reprovada, portanto a menção ao fato de que ele não foi reprovado significa que o falante está dizendo, implicitamente, que a tese não é boa.

A distinção entre implicaturas convencionais e conversacionais parece bastante clara: aquela é provocada por uma expressão linguística e esta é suscitada pelo contexto.

---

2 A exposição que segue está fundamentada nos trabalhos de Grice (1975), Moeschler e Reboul (1994) e Orecchioni (1998).

No entanto, a questão é mais complicada, pois Grice estabelece uma distinção entre implicaturas conversacionais generalizadas e implicaturas conversacionais particulares. Aquela é desencadeada também por elementos linguísticos, enquanto estas, apenas pelo contexto. Quando se diz *André vai encontrar uma mulher à noite*, a implicatura é que a mulher com quem vai encontrar-se não é sua mãe, sua irmã, sua esposa, etc., mas que esse encontro é de natureza sexual. Para a construção dessa implicatura entram em jogo dois elementos: um é o uso do artigo indefinido, que produz a inferência de que essa mulher não é uma mulher pertencente a seu círculo íntimo; outro é o contexto, que indica que, quando não se faz referência à mulher com que um homem vai encontrar-se, trata-se de um encontro de natureza sexual. Tem-se, nesse caso, uma implicatura conversacional generalizada, que é desencadeada por um elemento linguístico e pelo contexto. Quando se diz *Ele enriqueceu durante o exercício de seus mandatos de deputado*, tem-se a implicatura de que ele é desonesto. Não há nenhum elemento linguístico que desencadeie essa implicatura, é o contexto que diz que, como no Brasil muitos políticos são corruptos, essa inferência pode ser feita. Trata-se de uma implicatura conversacional particular.

A implicatura convencional é provocada apenas por um elemento linguístico, ela não precisa de elementos contextuais para ser feita, enquanto a implicatura conversacional, seja ela generalizada ou particular, apela sempre para as noções de princípio da cooperação e máximas conversacionais.

Como se disse acima, para Grice, o princípio da cooperação é o princípio geral que rege a comunicação. Por ele, o falante leva em conta sempre, em suas intervenções, o desenrolar da conversa e a direção que ela toma. Grice formula da seguinte maneira esse princípio: que sua contribuição à conversação seja, no momento em que ocorre, tal como requeira o objetivo ou a direção aceita da troca verbal em que você está engajado.

Esse princípio é explicitado por quatro categorias gerais – a da quantidade das informações dadas, a de sua verdade, a de sua pertinência e a da maneira como são formuladas –, que constituem as máximas conversacionais. Grice formula assim essas máximas:

*Máximas da quantidade*
- Que sua contribuição contenha o tanto de informação exigida.
- Que sua contribuição não contenha mais informação do que é exigido.

*Máximas da qualidade (da verdade)*
- Que sua contribuição seja verídica.
- Não afirme o que você pensa que é falso.
- Não afirme coisa de que você não tem provas.

*Máxima da relação (da pertinência)*
- Fale o que é concernente ao assunto tratado (seja pertinente).

*Máximas de maneira*
- Seja claro.
- Evite exprimir-se de maneira obscura.
- Evite ser ambíguo.
- Seja breve (evite a prolixidade inútil).
- Fale de maneira ordenada.

Muitas críticas foram feitas às concepções de Grice. Alguns autores dizem que ele tem uma concepção idealista da comunicação humana e, por conseguinte, da sociedade, porque imagina a troca verbal como um evento harmonioso, ignorando os antagonismos, os litígios, as discórdias e as oposições que caracterizam tantos atos de comunicação. Por outro lado, diz-se que Grice é normativo, que ele pretende ditar regras para a comunicação humana. Nenhuma das duas críticas procede. As máximas conversacionais não são um corpo de princípios a ser seguido na comunicação, mas uma teoria de interpretação dos enunciados. Grice não ignora a existência dos conflitos na troca verbal. No entanto, mesmo quando a comunicação é conflituosa, ela opera sobre uma base de cooperação na interpretação dos enunciados, sem o que o conflito não se pode dar. Mesmo para divergir, os parceiros da comunicação precisam interpretar adequadamente os enunciados que cada um produz. Além disso, a existência das máximas implica sua violação. Por um lado, pode-se violar uma máxima, para não infringir outra, cujo respeito é mais importante. No exemplo que segue, calcado num exemplo de Grice, viola-se a máxima da quantidade, para que não se infrinja a primeira máxima da qualidade.

– Onde Maria mora?
– No Brasil.

A resposta à questão não é suficientemente informativa, o que significa que se cria uma implicatura: o interlocutor não sabe exatamente onde Maria mora.

Por outro lado, há o que Grice chama a exploração das máximas, que é a criação de determinados efeitos de sentido obtidos com a violação das máximas. A ironia, por exemplo, é uma exploração da máxima da qualidade, como veremos em seguida.

As máximas da quantidade indicam que o falante deve sempre dar a informação mais forte de que dispõe. Assim, quando se diz *A bandeira brasileira é verde*, infere-se que a bandeira brasileira é inteiramente verde e não se infere que ela é verde, amarela, azul e branca, porque se supõe que o falante deu a informação mais forte. Da mesma forma, quando se afirma *Ele tem quatro apartamentos*, a inferência que se tira é que ele tem exatamente quatro apartamentos e não três. A lógica da conversação é diferente da lógica formal. Nesta, quando se diz que alguém tem quatro apartamentos, pressupõe-se que ele tem três, porque três está contido em quatro. Na conversação, isso não ocorre, porque se se diz que tem quatro apartamentos, está-se dizendo que são exatamente quatro e não três.

Viola-se a máxima da quantidade, quando se verbalizam informações evidentes, que suscitam respostas que marcam a inutilidade da informação.

– Sou eu.
– Estou vendo.
– Você está aqui.
– Não, estou na França.

Infringe-se também essa máxima, quando não se dá a informação mais forte que se tem. Uma faxineira disse à dona da casa, quando esta chegou: "A secretária eletrônica caiu". A dona da casa respondeu que não havia problema. Mais tarde, ela constatou que o aparelho estava quebrado. Nesse caso, a faxineira violou a máxima da informatividade.

Quando se afirmam banalidades que todos conhecem, há também infringência a essa máxima. Numa reunião de professores de latim, dizer que o latim tem cinco declinações é uma violação dessa máxima.

Em casos em que não se sabe o nível de conhecimentos das pessoas que participam da troca verbal, quando se afirma alguma coisa que se crê ser banal, é preciso dizer *como todos sabem*, *peço desculpas por lembrar*, etc. Por outro lado, quando se repete uma informação, é necessário afirmar *como se disse anteriormente*, etc.

Pode-se explorar a máxima da quantidade com tautologias como:

(a) Criança é criança.
(b) Dinheiro é dinheiro.
(c) Amanhã é um outro dia.

Nesses casos, o elemento repetido ganha um novo sentido. Em (a), está-se dizendo que criança é sempre irresponsável, etc.; em (b), que dinheiro sempre tem valor, é sempre bem-vindo; em (c), que as coisas mudam com a passagem do tempo.

As sequências não informativas tornam-se informativas quando são exploradas argumentativamente. Por exemplo, é uma informação banal no Brasil dizer que o PT não ocupa a Presidência da República nem ministérios. Entretanto, isso se torna informativo, no exemplo abaixo:

O PT não ocupa a Presidência da República nem nenhum ministério. Portanto, ele não tem de apresentar soluções para os problemas econômicos do Brasil.

Na comunicação fática, não vigora a máxima da quantidade. Essa comunicação é aquela feita apenas para manter o canal de comunicação. São as trocas verbais realizadas, por exemplo, em encontros sociais, em que é falta de educação ficar calado e, portanto, conversa-se sobre o tempo, etc. Por outro lado, certas comunicações muito evidentes em placas indicam os hábitos culturais de um povo: por exemplo, a placa *Não feche o cruzamento*, em nossas grandes cidades.

A máxima da quantidade diz também que se deve dar o tanto de informações necessárias para a comunicação, ou seja, não se deve dar informações supérfluas. Assim, por exemplo, quando alguém conta a um amigo que sofreu um acidente de carro, não precisa enunciar o número de sua carteira de habilitação. No entanto, quando faz o relato do acidente à companhia de seguros, essa informação é pertinente.

A máxima da qualidade diz que a contribuição à conversação tem de ser verídica. Assim, quando alguém diz *Antônio fala seis línguas*, infere-se que o falante está certo de que Antônio fala seis línguas. Poder-se-ia perguntar se essa máxima tem propósito, dado que uma das propriedades da linguagem é enganar os outros, é transmitir informações falsas. Só o homem mente. É impossível que uma abelha, em sua linguagem para transmitir às companheiras informações sobre a localização do pólen, minta. É preciso entender bem essa máxima. Ela não diz que a pessoa que fala deve necessariamente crer no que afirma, que o falante que faz uma promessa tem a intenção de efetivamente cumpri-la, que quem pergunta alguma coisa quer verdadeiramente saber a resposta. O que ela enuncia é que o falante, exceto nos enunciados explicitamente não verdadeiros, como piadas, brincadeiras, pretende ser sincero, deseja que o interlocutor creia em suas palavras, mesmo que elas não sejam verdadeiras. O que comprova a existência da máxima da qualidade é a impossibilidade de produzir enunciados como *Comprei um revólver, mas não acredito que o tenha comprado*. Esse enunciado é visto como francamente contraditório, porque, quando o falante afirma que comprou um revólver, ele pretende que o interlocutor atribua a ele um crédito de sinceridade.

A exploração dessa máxima é feita, por exemplo, nas metáforas e nas ironias. Quando se diz *O coração de André é uma pedra*, não se está dizendo que se acredita que ele seja efetivamente uma pedra, mas que é duro como uma pedra. Quando no conto "A negrinha", de Monteiro Lobato, o narrador diz *A excelente Dona Inácia era mestra na arte de judiar de crianças*, não se pode inferir a implicatura de que ele acredite que Dona Inácia era excelente, pois a ironia obriga a entender o contrário do que foi dito.

A máxima de relação rege a coerência da conversação, indica como se encadeiam os assuntos e como se faz para mudar de assunto. O exemplo dado por Grice mostra como ela opera:

– Estou sem gasolina.
– Há um posto na esquina.

A afirmação de A apresenta a seguinte implicatura: *Você pode me indicar onde eu encontro gasolina?* A resposta de B permite inferir o que segue: *O posto da esquina está aberto*.

A exploração dessa máxima é feita por frases que aparentemente não têm coerência. Quando um falante diz *A mulher de João o está traindo* e o interlocutor percebe que João está ouvindo a conversa e diz *Onde você comprou esta camisa?*, a resposta não é incoerente, mas apresenta a implicatura *Mudemos de assunto*.

As máximas de maneira indicam como falar, obrigam a produzir enunciados claros, a codificar e a decodificar o sentido contextualmente mais verossímil. Viola essa máxima quem, ouvindo a frase *O álcool mata lentamente*, responde *Eu não tenho pressa*, pois o mais verossímil é que o foco da interpretação incida sobre o predicado e não sobre o advérbio.

Segundo Orecchioni, a máxima de maneira explicita-se por uma regra de economia, que determina que se escolha a formulação mais simples e direta para dizer alguma coisa. Daí o efeito engraçado da frase atribuída a Mae West: *Gosto de dois tipos de homens: os que têm bigode e os que não têm*. A formulação mais simples seria: *Gosto de qualquer tipo de homem*. Quando se diz que se gosta de dois tipos de homens, espera-se um recorte no universo dos homens e não a apresentação de sua totalidade.

A máxima da maneira explicita-se ainda por uma exigência de honestidade, que leva o interlocutor a acreditar nas citações feitas pelo produtor do enunciado, no discurso científico, e leva a supor, na conversação cotidiana, que ele saiba do que está falando. Quando alguém diz *Este restaurante é muito bom*, faz-se a implicatura de que o falante está dizendo que já foi lá.

Essa máxima compreende ainda uma exigência de neutralidade, que obriga a usar recursos indiretos para influenciar os outros. Quando dois amigos estão discutindo se vão a um jogo de futebol ou a um restaurante e um deles diz *O Morumbi é muito desconfortável*, infere-se que ele está dizendo que não quer ir ao jogo.

Essa máxima abarca ainda o respeito a todas as regras que regem a conversação, como respeitar os turnos de fala, ou seja, a vez de cada um intervir na conversação. Se alguém não respeita os turnos, pode ouvir o seguinte comentário metacomunicativo: *Ouvi sem interrompê-la, portanto, deixe-me falar*.

Há alguns discursos que se constroem exatamente violando as máximas conversacionais. O discurso poético cultiva a ambivalência, o discurso eufêmico infringe a máxima da quantidade, o discurso irônico viola a máxima da qualidade.

Todas essas máximas procuram mostrar como o falante, na troca verbal, resolve o problema do que deve dizer e do que não deve dizer. Conforme a situação de enunciação, há assuntos autorizados e proibidos e atos de linguagem que se impõem (por exemplo, as desculpas são obrigatórias, quando se está atrasado; uma pergunta deve ser feita, quando alguém afirma que vai sair de férias).

## Pressupostos e subentendidos

A questão das implicaturas tenta explicar o problema dos conteúdos implícitos. Esse tema foi estudado de inúmeras maneiras na Pragmática. Por exemplo, a dificuldade de estabelecer uma distinção nítida entre implicaturas generalizadas e implicaturas particulares leva Orecchioni, inspirada no linguista francês Oswald Ducrot, a dizer que os conteúdos transmitidos pelos atos de fala podem ser explícitos e implícitos. Estes são as inferências e dividem-se em pressupostos e subentendidos.

Para que alguém perceba os conteúdos implícitos, eles precisam estar marcados, seja no enunciado, seja na situação de comunicação. Quando se toma o exemplo clássico *Pedro parou de fumar*, nota-se que há um conteúdo explícito, *Pedro não fuma atualmente*, e dois conteúdos implícitos, *Pedro fumava antes* e *Que isso sirva de exemplo para você*. O primeiro conteúdo implícito é um pressuposto, pois é veiculado pelo enunciado, no qual se acha incontestavelmente inscrito. Um falante não poderia usar o verbo *parar* se não quisesse veicular a informação de que um evento acontecia antes do momento da fala. Já o segundo conteúdo implícito é um subentendido, pois depende de um contexto particular (por exemplo: o falante vem insistindo com o interlocutor para que ele pare de fumar).

O conteúdo explícito é denominado posto e é o verdadeiro objeto do dizer. Quando alguém diz *Minha mulher gastou neste ano cem mil reais*, o verdadeiro objeto do dizer não é *Sou casado* (pressuposto), mas *Gastou neste ano cem mil reais* (posto).

De acordo com formulação de Orecchioni, o pressuposto é a informação que não é abertamente posta, isto é, que não constitui o verdadeiro objeto da mensagem, mas que é desencadeada pela formulação do enunciado, no qual ela se encontra intrinsecamente inscrita, independentemente da situação de comunicação. Observe-se o exemplo que segue:

> Agora, segundo impressão colhida na reunião do BID, [o Brasil] tornou-se um pais menos confiável (*Veja*, 12/04/1995, p. 93).

Nele, afirma-se explicitamente que o Brasil é um país menos confiável. Do sentido do verbo *tornar-se* decorre incontestavelmente o implícito de que antes o Brasil era mais confiável. Se o país nunca tivesse apresentado um grau de confiabilidade maior que o de hoje, não se poderia usar o verbo *tornar-se,* que significa "transformar-se", "converter-se". Veja-se um outro exemplo:

> Está na hora de o governo usar o cassetete também contra esses empresários. (Jair Meneguelli)

Nele, está explícito o dever do governo de usar o cassetete contra empresários. Da expressão *está na hora* provém o implícito: o governo nunca usou o cassetete contra empresários; do termo *também* deriva a informação pressuposta de que o governo usa o cassetete contra quem não é empresário.

O que é dito explicitamente pode ser questionado. Os pressupostos, no entanto, devem ser verdadeiros ou, ao menos, tomados como tal. Os explícitos são construídos sobre os pressupostos. Assim, se um pressuposto for falso, ou considerado como tal, os conteúdos explícitos não têm o menor sentido, não podem sequer ser considerados falsos. Se o falante não achasse que Pedro fumava, não teria qualquer propósito ele dizer que Pedro parou de fumar.

O uso adequado dos pressupostos é muito importante, porque esse mecanismo linguístico é um recurso argumentativo, uma vez que visa a levar o leitor ou o ouvinte a aceitar certas ideias. Com efeito, introduzir no discurso um dado conteúdo sob a forma de pressuposto implica tornar o interlocutor cúmplice de um dado ponto de vista, pois ele não é posto em discussão, é apresentado como algo aceito. Mesmo a negação das informações explícitas contribui para corroborá-lo. É por isso que muitos linguistas dizem que os pressupostos não são sensíveis à negação, à interrogação e ao encadeamento dos postos. Quando o falante diz *Pedro não parou de fumar* nega que ele não fume atualmente, mas não nega que ele fumava antes. Quando faz a interrogação *Pedro parou de fumar?*, interroga sobre o fato de ele não fumar atualmente, mas não sobre a ideia de que fumava antes. Quando faz o encadeamento *Pedro parou de fumar, porque estava com problema nos pulmões*, o encadeamento se faz sobre o fato de que atualmente ele não fuma e não sobre o fato de que não fumava antes. A pressuposição aprisiona o leitor ou o ouvinte numa lógica criada pelo produtor do texto, porque, enquanto o posto é proposto como verdadeiro, o pressuposto é, de certa forma, imposto como verdadeiro. Ele é apresentado como algo evidente, indiscutível.

Quando se diz que o pressuposto não é sensível à negação, à interrogação e ao encadeamento do posto, não se está dizendo que não se possa negar o pressuposto, interrogar sobre ele ou fazer encadeamentos com ele, mas apenas que, quando a negação, a interrogação e o encadeamento atingem o posto, não alcançam necessariamente o pressuposto. Assim, na frase *Só Pedro ama Maria*, temos um posto *Apenas Pedro ama Maria* e um pressuposto *Pedro ama Maria*. Quando se nega o posto *Não é* só *Pedro que ama Maria*, não se nega o pressuposto *Pedro ama Maria*. Quando se interroga sobre o posto *Só Pedro ama Maria?*, não se interroga sobre o pressuposto. Quando se faz um encadeamento com o posto *Só Pedro ama Maria, porque só ele tolera sua arrogância*, não se faz encadeamentos sobre o pressuposto. No entanto, isso não significa que não se possa negar o pressuposto (*Pedro não ama Maria*), fazer interrogações sobre ele (*Pedro ama Maria?*) ou fazer encadeamentos com ele (*Pedro ama Maria, porque está enganado sobre ela*).

Muitas das "verdades incontestáveis", que constituem a base do discurso político, são na realidade pressupostos, ou seja, conteúdos tomados como aceitos por todos.

> Nesses oito anos de Revolução o Brasil emergiu da longa infância e da tumultuada adolescência para o estágio de nação adulta e séria que sabe para onde vai e o que pretende. (Presidente Médici, em cadeia de rádio e televisão)

Nesse texto, diz-se explicitamente que o Brasil é uma nação adulta e séria. Por outro lado, deixa ele pressuposto que:

- houve uma revolução no Brasil;
- o país estava num estágio infantil ou adolescente antes dela.

Se formos discutir se o Brasil é ou não uma nação adulta e séria, estaremos reafirmando os pressupostos em que se baseia o discurso; se negarmos o que é dito explicitamente, ainda assim estaremos confirmando o que é dito implicitamente.

A refutação dos pressupostos impede a continuação de qualquer debate; só sua aceitação permite o diálogo, pois não tem sentido ou não é possível uma discussão em que cada interlocutor se funda em pressupostos distintos. Por isso, é considerada extremamente grosseira a negação pura e simples dos pressupostos apresentados pelo outro.

Os principais marcadores linguísticos da pressuposição são:

- os adjetivos ou palavras similares

A *única* coisa que me preocupa no plano é que os economistas estão gostando dele. (Jô Soares)

O adjetivo *única* pressupõe que o plano não traz nenhuma outra preocupação para o produtor do texto .

- verbos que indicam permanência ou mudança de estado (por exemplo: tornar-se, transformar-se, converter-se, ficar, vir a ser, passar a, deixar de, começar a, principiar a, ganhar, perder, permanecer, continuar)

A imprensa *continuará* livre, mas é preciso que *continue* colaborando com as autoridades. (Gal. Justino Alves Bastos)

Os dois verbos *continuar* deixam pressupostos os seguintes conteúdos: a imprensa é livre; a imprensa colabora com as autoridades.

- verbos que revelam um ponto de vista a respeito do que é expresso por seu complemento (por exemplo, pretender, alegar, supor, presumir, imaginar, assacar)

Ele *pretende* que tudo se passou da maneira como conta.

O verbo *pretender* pressupõe que o falante não aceita como verdade o que alguém apresenta como tal.

- certos advérbios

O país está muito mal, e não quero *mais* fazer o papel de bobo da corte. (Xuxa)

O advérbio *mais* implicita a informação de que o produtor do texto antes fazia o papel de bobo da corte.

- as orações adjetivas

Não adianta investigar os parlamentares se a elite empresarial *que financia a corrupção* fica assistindo às sessões da CPI pela televisão. (Senador José Paulo Bisol, ao defender a tese de que a corrupção é como pederastia, não tem ativo ou passivo)

A oração *que financia a corrupção* é uma adjetiva restritiva. Pressupõe ela que não é toda a elite empresarial que financia a corrupção, mas apenas uma parte dela. Essa frase poderia ser reescrita, utilizando-se em lugar da restritiva uma explicativa (nesse caso, a oração adjetiva viria entre vírgulas):

Não adianta investigar os parlamentares se a elite empresarial, *que financia a corrupção*, fica assistindo às sessões da CPI pela televisão.

Nesse caso, o que se alterou foi o pressuposto transmitido pela oração adjetiva. O que se deixa implícito é que toda a elite empresarial financia a corrupção.

A diferença entre uma oração adjetiva restritiva e uma explicativa reside nos pressupostos que elas criam. A primeira pressupõe que uma dada afirmação diz respeito a apenas parte dos elementos do conjunto designado pelo antecedente do pronome relativo; a segunda deixa implícito que uma determinada asseveração concerne à totalidade dos elementos do conjunto designado pelo antecedente do pronome relativo.

- certas conjunções

O Collor é um bom rapaz, *mas* não aceitem atravessadores; se quiserem um malufista, votem em mim. (Paulo Maluf, durante a campanha para as eleições presidenciais)

A conjunção *mas* liga dois segmentos de valor contrário entre si. *Não aceitem atravessadores* não é, a rigor, um segmento de valor contrário a *Collor é um bom rapaz*. Isso significa que o *mas* cria um implícito: Collor é um malufista não original.

Os subentendidos são informações veiculadas por um dado enunciado, cuja atualização depende da situação de comunicação. Álvaro Dias, presidente do PP, falando dos ministros do governo Itamar, disse: *O governo não escolhe ministro por currículo, mas por prontuário*. Nessa frase, o deputado deixa subentendido que os ministros do governo Itamar eram bandidos, que tinham passagem pela polícia.

A diferença entre um pressuposto e um subentendido é que aquele é uma informação indiscutível, ou apresentada como tal, tanto para o falante quanto para o ouvinte, pois decorre necessariamente do sentido de um marcador linguístico, enquanto este é de responsabilidade do ouvinte. O pressuposto pode ser contestado, mas é formulado para não o ser. Já o subentendido é construído, para que o falante, caso seja interpelado, possa, apegando-se ao sentido literal das palavras, negar que tenha dito o que efetivamente quis dizer. Se o presidente Itamar interpelasse o deputado Álvaro Dias, este poderia afirmar que o que estava querendo dizer é que o presidente era muito cuidadoso na escolha dos ministros e só escolhia aqueles que tivessem uma vida absolutamente limpa, sem registro em prontuários policiais.

O subentendido é um meio de o falante proteger-se, porque, com ele, diz o que quer sem se comprometer. Com os subentendidos, diz-se sem dizer, sugere-se, mas não se diz. O grau de evidência de um subentendido depende do grau de notoriedade dos fatos extralinguísticos a que remetem. O presidente do Supremo Tribunal Federal, ministro Marco Aurélio de Mello, comentando as longas greves do funcionalismo público, afirmou: *Greve é coisa para se resolver em uma semana, mas, a meu ver, nesse processo que estamos vivendo alguém está radicalizando demais* (*O Estado de S. Paulo*, 22/11/2001, A6). Do estrito ponto de vista linguístico, a afirmação do ministro poderia ser entendida como uma observação neutra dos fatos, em que ele diz que uma das partes, qualquer uma, está radicalizando. No entanto, o contexto, que nos leva a saber que o ministro é um crítico das ações do governo federal, subentende que o governo é que está radicalizando e, portanto, conduzindo mal a questão da greve no serviço público.

A insinuação e a alusão são dois tipos de subentendidos. A primeira é um subentendido maldoso. A revista *Veja*, de 7 de novembro de 2001, publicou um artigo sobre o patrimônio de Brizola. O texto não diz, mas insinua que o patrimônio de Brizola é fruto de corrupção. O primeiro parágrafo é o seguinte:

> Entre as qualidades do ex-governador Leonel Brizola uma chama a atenção: a capacidade de não se descuidar das finanças pessoais mesmo quando mantém dedicação integral à política. Nos últimos vinte anos, ele esteve envolvido em nada menos que onze eleições, sendo que em seis delas diretamente como candidato. Nas outras cinco trabalhou na costura de apoios e alianças capazes de levar adiante seu projeto de criar um partido político forte e chegar à Presidência da República. Registre-se que nesse intervalo ocupou por duas vezes a cadeira de governador do Rio de Janeiro. Apesar de tanta labuta, nos últimos tempos vem colhendo mais insucessos do que êxitos. Para sua sorte, as dificuldades se dão apenas na política. No plano pessoal, vive uma surpreendente prosperidade. Foi justamente nesses anos atribulados que Brizola realizou uma façanha inatingível para a maioria dos brasileiros: a de erigir um magnífico patrimônio. Mesmo sem despender a mesma energia que dedicou aos palanques – e sem chamar a atenção –, ele costurou um pé-de-meia de pelo menos 15 milhões de reais em terras e imóveis. Em outras palavras, Brizola tornou-se um abastado senhor de terras (p. 43).

A alusão pode ser um subentendido de conteúdo licencioso, com conotação sexual; um subentendido que se refere a fatos só conhecidos dos parceiros da troca verbal ou a remissão a conteúdo de outro texto ou discurso. Vejamos exemplos:

(a) André é delicado (para fazer alusão ao fato de que é homossexual);
(b) Bebedeira grossa! (alusão a um fato que é conhecido apenas por um dos parceiros da comunicação);
(c) Que, em verdade, há dois meios de granjear a vontade das mulheres: o violento, como o touro de Europa, e o insinuativo, como o cisne de Leda e a chuva de ouro de Dânae... (Machado de Assis. *Memórias póstumas de Brás Cubas*, cap. xv) (alusão às conquistas de Júpiter narradas pela mitologia grega).

Aqui foram dados alguns exemplos dos assuntos tratados pela Pragmática: os atos de fala, as máximas que regem a conversação, os conteúdos implícitos veiculados pelos atos de fala. No entanto, ela trata de muitos outros temas: a dêixis, o emprego dos conectores, a argumentação e a orientação argumentativa, as escalas argumentativas (aqui se estudam fenômenos como o uso de *pouco, um pouco*, etc.) a polifonia, o sentido literal e o sentido figurado, etc. Ela preocupa-se com o uso da linguagem em geral. O objeto da Pragmática é a produção e a interpretação completa dos enunciados, em situações reais de uso. Ela busca explicar como as produções e interpretações levam em conta não somente a língua, mas também o contexto. Enquanto a Linguística que tem por objeto o sistema ou o conhecimento dirá que a célebre frase de Chomsky *As verdes ideias incolores dormem furiosamente* é agramatical, a Pragmática afirmará que, num contexto em que se discorre sobre as ideias dos ecologistas (verdes ideias) que perderam o apelo que tinham (incolores), mas que continuam a atuar ativamente no substrato da sociedade (dormem furiosamente), ela pode perfeitamente ser usada, pois a Pragmática explica o uso real.

## Bibliografia

AUSTIN, John Langshaw. *Quando dizer é fazer. Palavras e ação.* Porto Alegre: Artes Médicas, 1990.

DASCAL, Marcelo (org.) *Fundamentos metodológicos da linguística. Pragmática.* v. IV. 1986

DUCROT, Oswald. *Princípios de semântica linguística: dizer e não dizer.* São Paulo: Cultrix, 1977.

GRICE, H.P. "Logic and conversation." In: COLE, P. e MORGAN, J. (ed.). *Syntax and Semantics 3: Speech Acts.* New York: Academic Press, 1975, p. 48-51.

MOESCHLER, Jacques e REBOUL, Anne. *Dictionnaire encyclopédique de pragmatique.* Paris: Seuil, 1994.

Orecchioni, Cathérine Kerbrat. *L'implicite*. Paris: Armand Colin, 1998.

Ottoni, Paulo. *Visão performativa da linguagem*. Campinas: Editora da Unicamp, 1998.

Searle, John R. Os *actos de fala: um ensaio de filosofia da linguagem*. Coimbra: Almedina, 1991.

## Sugestões de leitura

Austin, John Langshaw. *Quando dizer é fazer. Palavras e ação*. Porto Alegre: Artes Médicas, 1990.
Obra clássica de Austin, em que está exposta sua teoria dos atos de fala, que implica uma concepção performativa da linguagem.

Dascal, Marcelo (org.) *Fundamentos metodológicos da linguística. Pragmática*. v. iv. 1986.
Coletânea de textos fundamentais da Pragmática, entre eles o trabalho de Grice, intitulado *Lógica e conversação*, que estuda as máximas conversacionais.

Ducrot, Oswald. *Princípios de semântica linguística: dizer e não dizer*. São Paulo: Cultrix, 1977.
Um livro antigo de Ducrot, mas ainda fundamental para o estudo dos implícitos, sejam eles pressupostos ou subentendidos.

Moeschler, Jacques e Reboul, Anne. *Dictionnaire encyclopédique de pragmatique*. Paris: Seuil, 1994.
É uma obra que expõe todos os temas tratados pelas diversas correntes da Pragmática, confrontando as diferentes abordagens de um mesmo assunto.

Orecchioni, Cathérine Kerbrat. *L'implicite*. Paris: Armand Colin, 1998.
Estuda a questão das informações implícitas, discutindo a posição dos diferentes autores que trataram do tema e expondo seu entendimento sobre a matéria. Trata dos diferentes tipos de conteúdos implícitos, dos tropos, das competências requeridas do sujeito falante, para produzir enunciados com informações implícitas, e do cálculo interpretativo realizado para compreendê-las.

Ottoni, Paulo. *Visão performativa da linguagem*. Campinas: Editora da Unicamp, 1998.
Expõe minuciosamente a teoria dos atos de fala de Austin, mostrando suas implicações e as vertentes tomadas pela teoria austiniana em diferentes autores.

Searle, John R. *Os atos de fala: um ensaio de filosofia da linguagem*. Coimbra: Almedina,1991.
Nessa obra, Searle examina a condições de felicidade de um ato de fala e, ao mesmo tempo, discute a distinção entre atos proposicionais e atos ilocucionários.

# A abordagem do texto

*Luiz Tatit*

## 1. Introdução

A passagem do estudo das frases ao estudo dos textos requer significativa mudança de enfoque. As gramáticas que nos explicam as construções frasais mostram-se inadequadas para a descrição da combinação dessas unidades num contexto mais amplo, o que fez o grande teórico Émile Benveniste considerar que a linguística perderia o seu lastro científico se tentasse integrar as frases num nível superior de análise.[1] Embora as frases façam parte do texto, a análise minuciosa de cada uma delas em nada contribui para a nossa compreensão do texto global.

Entretanto, há um modo, até certo ponto metafórico, de conceber a frase que despertou a atenção de alguns linguistas dos anos 1960 para a existência de um possível denominador comum entre as noções de frase e texto. Ambas podem ser contempladas com base na figura do "espetáculo".

A centralidade do processo verbal numa frase simples como "O pai dá um presente ao filho" permite que identifiquemos uma pequena encenação com personagens ("pai" e "filho") e coisas ("presente") e que presenciemos uma transformação de estados. Ou seja, a frase indica, no mínimo, que o processo ("dar") fez do filho sem presente um filho com presente. Esse espetáculo altamente condensado poderia ser o esquema básico de um imenso romance que narrasse as incontáveis peripécias de um pai que, obstinado pela ideia de fazer o filho feliz, não poupasse esforços para conquistar um determinado objeto e entregá-lo ao jovem no final da história.

Esse foi um dos pontos de partida que fez o então lexicólogo lituano Algirdas Julien Greimas fundar um novo projeto de ciência, cuja principal indagação incidiria sobre o sentido construído no âmbito do texto (e não mais da palavra ou da frase), a que chamou "semântica estrutural" (1966)[2] e, logo em seguida, "semiótica".

Inspirando-se numa proposição do linguista Lucien Tesnière que, com finalidade didática, associara a estrutura de um enunciado simples à estrutura de um espetáculo,

---

[1] Cf. Benveniste, E. *Problemas de Linguística geral*, São Paulo: Nacional/Edusp, 1976, p. 137.

[2] Greimas, A. J. *Semântica estrutural*, São Paulo: Cultrix, 1973.

Greimas muniu-se ainda do sólido modelo de análise do conto maravilhoso russo, formulado por Vladimir Propp,[3] e, depois de sucessivas adaptações, lançou sua própria teoria narrativa, cujos elementos conceituais demonstraram ser possível uma abordagem sintáxica do texto integral. A semiótica adota a forma "sintáxico" para definir relações entre categorias referentes ao texto global, reservando o termo "sintático" para relações entre elementos no nível da frase.

Assim, com essa solução, digamos, "horizontal", Greimas estendeu as perspectivas gramaticais à dimensão do texto e reconheceu imediatamente que, nesse salto, não estava mais operando com unidades linguísticas. As noções funcionais que ainda mantinham interseção com a abordagem frasal – como as de *sujeito* e *objeto*, por exemplo – estavam sendo então reprojetadas para definir papéis narrativos que só adquiririam seu verdadeiro alcance no contexto geral de um romance, um poema, um tratado, uma notícia, etc. Portanto, em vez de noções linguísticas, o autor estava agora operando com noções *semióticas*.

Embora a sintaxe narrativa surgisse como um dispositivo engenhoso para explicar a organização sequencial da linguagem, jamais o pensador lituano a considerou suficiente como modelo semiótico, ou seja, como quadro teórico que pudesse descrever os diferentes estratos de sentido construídos no texto. Para que seu enfoque fosse mais abrangente, Greimas adotou também o que chamaremos de solução "vertical", ou seja, uma perspectiva "gerativa" segundo a qual as unidades manifestadas na superfície do texto seriam elementos já "enriquecidos", provenientes da articulação entre categorias mais simples e abstratas localizadas em patamares mais profundos que só o procedimento descritivo pode revelar.

Pensemos, por exemplo, numa composição de Lupicínio Rodrigues cujo texto faz alusão à "Torre de Babel":

Quando nos conhecemos
Numa festa que estivemos
Nos gostamos e juramos
Um ao outro ser fiel
Depois continuando
Nos querendo e nos gostando
Nosso amor foi aumentando
Qual a Torre de Babel
E a construção foi indo
Foi crescendo, foi subindo
Lá no céu quase atingindo
Aos domínios do senhor
E agora aproximando-se
O nosso maior momento
Este desentendimento
Quer parar o nosso amor
Mas eu não acredito
Isso não há de acontecer
Porque eu continuo lhe adorando
E hei de arranjar

---

[3] Propp, V. *Morfologia do conto*. Lisboa: Vega, 1983.

Um meio de lhe convencer
Que volta meu amor
Seu bem está chamando
Por um capricho seu
Não há de ser que esta amizade
Vá ter este desfecho tão cruel
Que tiveram porque se desentenderam
Aqueles que pretenderam
Fazer a Torre de Babel

A figura da "Torre de Babel" reveste, no âmbito geral da letra, a noção mais abstrata (mas ainda manifestada textualmente) de "desentendimento". Tal apreensão de superfície supõe que tenhamos captado, num plano mais profundo, indícios de que a comunicação entre os personagens está comprometida e que as relações predominantes são de ordem *polêmica* e, portanto, calcadas em funções *antagonistas*. Todo esse quadro pressupõe também um desarranjo no âmbito cognitivo do *crer* e do *saber* e, de fato, a descrição da letra confirma que se encontram abaladas tanto a confiança quanto a concordância entre seus atores-sujeitos. Finalmente, podemos dizer que, entre as categorias mais gerais selecionadas pelo enunciador do texto, predominam as de natureza *descontínua* e que, em última instância, essa descontinuidade é responsável pelos obstáculos narrativos e comunicativos disseminados em seus planos mais superficiais.

Essas "camadas" de sentido, por enquanto apenas mencionadas, revelam que há uma inspiração *gerativista* – associada ao nome de Noam Chomsky – no modelo de Greimas: o valor "descontinuidade", selecionado em nível profundo, gera funções antagonistas (entre sujeito e antissujeito, por exemplo) que, por sua vez, gera o *tema* do desentendimento, cuja principal *figura*, já na superfície discursiva, é a Torre de Babel. Mas as equivalências com a gramática gerativa limitam-se a essa concepção de modelo descritivo em níveis, dos elementos mais abstratos e gerais aos mais concretos e particulares. O projeto de Greimas tinha como meta a descrição do que Louis Hjelmslev denominou "forma do conteúdo", uma espécie de estrutura geral da significação que subjaz aos textos, sejam eles verbais ou não verbais.[4] Desde seus primórdios, portanto, a semiótica concebe uma teoria para a análise do conteúdo humano que se manifesta em dimensão transfrasal, independentemente da configuração textual escolhida para a sua organização e difusão. Esse conteúdo pode surgir como literatura, filme, pintura, música ou até como linguagem coloquial; tudo isso é passível de descrição semiótica.

Como vimos, a concepção de que um texto mantém seu conteúdo organizado em articulações narrativas trouxe um parâmetro sintáxico consistente para a pesquisa do sentido gerado por essas unidades que transcendem – e muito – o nível da frase. Numa primeira etapa, os semioticistas dedicaram-se ao estudo exaustivo das operações pragmáticas, que compreendem as atuações do sujeito em busca de seus objetos, e das operações cognitivas, que enfocam as comunicações do sujeito com seus pares, transmitindo informações e, principalmente, realizando persuasões.

Em seguida, já nos anos 1980, esses pesquisadores passaram a investigar as condições narrativas do sujeito, a partir de uma compreensão mais exata dos elementos que

[4] Hjelmslev, L. *Prolegômenos a uma teoria da linguagem*, São Paulo: Perspectiva, 1975, p. 59.

articulam seus desejos, suas obrigações, suas frustrações, suas esperanças, enfim, de tudo o que provoca, ou paralisa, as ações dos personagens. Nessa ocasião, os esquemas narrativos foram empregados para analisar também os conteúdos *passionais* que aparecem nos textos, como "ciúme", "desespero", "vingança", "indiferença", "vergonha", etc. Muito rapidamente verificou-se então que esses estudos da "paixão", centrados no *ser* do sujeito, complementavam com o máximo proveito os estudos da "ação", baseados no seu *fazer*, que deram origem ao modelo narrativo.

Como se pode notar, diferentemente das gramáticas frasais, a semiótica jamais deixou de acolher a dimensão semântica dos textos como parte essencial de seu objeto de estudo; entretanto, seu maior desafio sempre foi o de extrair o *valor sintáxico* desses elementos. Assim, uma noção como "vingança", por exemplo, pressupõe a existência de um sujeito prejudicado por narrativas anteriores – cujos efeitos desastrosos (ao ver da vítima) teriam abalado suas crenças essenciais em seus semelhantes – que, agora, articula um programa narrativo de desagravo, com etapas de execução bem definidas, tentando com isso reequilibrar as porções de prazer e sofrimento do seu mundo emocional. Esses dados poderão ser ampliados ou restringidos, a depender dos termos de um texto específico. De todo modo, a busca de um coeficiente sintáxico é o que distingue a semiótica das demais teorias textuais ou discursivas.

## 2. Níveis narrativo e discursivo

Passemos agora a comentar os dispositivos da análise semiótica a partir de um texto concreto (*Com açúcar, com afeto*, Chico Buarque):

Com açúcar, com afeto
Fiz seu doce predileto
Pra você parar em casa.
Qual o quê
Com seu terno mais bonito
Você sai, não acredito
Quando diz que não se atrasa.
Você diz que é operário
Vai em busca do salário
Pra poder me sustentar.
Qual o quê
No caminho da oficina
Há um bar em cada esquina
Pra você comemorar
Sei lá o quê

Sei que alguém vai sentar junto
Você vai puxar assunto
Discutindo futebol
E ficar olhando as saias
De quem vive pelas praias
Coloridas pelo sol
Vem a noite e mais um copo
Sei que alegre ma non troppo
Você vai querer cantar
Na caixinha um novo amigo
Vai bater um samba antigo
Pra você rememorar

Quando a noite enfim lhe cansa
Você vem feito criança
Pra chorar o meu perdão
Qual o quê
Diz pra eu não ficar sentida
Diz que vai mudar de vida
Pra agradar meu coração
E ao lhe ver assim cansado
Maltrapilho e maltratado
Ainda quis me aborrecer
Qual o quê
Logo vou esquentar seu prato
Dou um beijo em seu retrato
E abro os meus braços pra você

Podemos identificar, neste texto, três etapas narrativas nitidamente distintas. De início, os quatro primeiros versos indicam que um sujeito ("eu" ou o próprio narrador) pretendia fazer com que o outro sujeito ("você") não saísse de casa, ou seja, pretendia estabelecer com seu parceiro uma relação de *manipulação*, nesse caso, um *fazer não fazer*. Em seguida, do verso "qual o quê" até "pra você rememorar", temos a *ação* realmente praticada pelo sujeito "você" que, rejeitando a manipulação do primeiro, desenvolve seu percurso em sentido oposto ao desejado pelo narrador: passa a *fazer* justamente o que deveria *não fazer*. Por fim, a partir de "Quando a noite enfim lhe cansa", o sujeito recobra o contato com o "eu", reconhece seu desvio narrativo e se submete a um processo de julgamento que decide a sua sorte.

Temos, portanto, as etapas que caracterizam um esquema narrativo padrão: manipulação, ação e julgamento (ou *sanção*, nos termos da semiótica). Cada uma delas merece ser devidamente explicada.

## 2.1. Manipulação

A manipulação supõe uma espécie de *contrato* entre as funções sintáxicas de *destinador-manipulador* e *destinatário-manipulado*. Empregamos essas noções sempre que houver uma situação de comunicação persuasiva envolvendo dois sujeitos, mesmo que, ao final do processo, a relação contratual não se consolide (como no texto ora examinado). O que importa é o esforço do destinador no sentido de despertar a confiança do destinatário (*fazer crer*) para, em seguida, completar a manipulação, fazendo-o *fazer* ou *não fazer*. No caso de um processo de manipulação bem-sucedido, o destinador praticamente suprime a liberdade de escolha do destinatário, deixando-o numa situação de *não poder não fazer* ou, em outras palavras, de não poder deixar de cumprir o contrato estabelecido.

Esse início de análise, como podemos observar, já se apoia em dispositivos conceituais que estão na base de constituição dos textos em geral. As funções de destinador/destinatário/sujeito/objeto, e outras que veremos adiante, perfazem a noção de *actantes* da narrativa. A articulação de verbos (em versão positiva ou negativa) como *fazer crer*, *fazer fazer*, *poder fazer*, etc., representa a dinâmica *modal* que faz com que os predicados se modifiquem mutuamente e produzam as transformações necessárias à evolução narrativa. As *modalidades* são entidades que nos ajudam a definir a forma de relação do sujeito com seus objetos e com outros sujeitos.

A manipulação pode ser explicada tecnicamente como um caso de sobremodalização entre dois actantes, o destinador e o destinatário-sujeito (em geral, o destinatário manipulado transforma-se automaticamente em sujeito da ação). O primeiro tem como meta universal *fazer* o segundo *fazer*. Nesse sentido, em relação ao sujeito, o destinador-manipulador desempenha um papel inverso ao do antissujeito: enquanto este conspira para fazer o sujeito parar, aquele empreende todos os esforços para manter o sujeito em continuidade. Só que não há como pôr um sujeito em ação sem interferir em sua competência modal, ou seja, para realizar sua narrativa, o sujeito precisa *querer* (ou achar que *deve*), *saber* e *poder* desempenhar esse papel ativo. Cabe ao destinador muni-lo dessas quatro modalidades (ou parte delas) por meio das operações de sobremodalização. Algumas delas já fazem parte do quadro aplicativo padrão da semiótica. Lembremos aqui a noção de "sedução", em que o destinador manifesta um *saber fazer* o destinatário *querer fazer*, elogiando-o ou enaltecendo-o de tal maneira que qualquer sinal de recusa à manipulação significaria também a renúncia a todas as qualidades que lhe foram atribuídas. Do mesmo modo, já foi estudada a "tentação", domínio em que o destinador demonstra *poder fazer* o destinatário *querer fazer*, apresentando-lhe uma recompensa de algum modo irrecusável; a "provocação", caso no qual o primeiro actante obtém com o seu *saber fazer* o *dever fazer* do destinatário, já que o leva a agir como única forma de refutar a depreciação que lhe foi imposta; a "intimidação", processo que põe em cena um destinador dotado de um *poder fazer* (normalmente extradicursivo) o destinatário *dever fazer* a partir de algum tipo de ameaça.[5] Pode-se notar, portanto, que as modalidades dão margem a operações sintáxicas especialmente úteis para a abordagem semiótica.

O acordo entre destinador e destinatário subentende que ambos os actantes compartilham, ou passaram a compartilhar, opiniões semelhantes a respeito do valor do objeto em pauta. Há maior chance de êxito quando a manipulação se processa no interior do mesmo quadro *axiológico*, ou seja, quando as duas funções operam sob um certo consenso sobre o que é desejável ou indesejável em seu ambiente cultural. Tudo indica que, no texto em exame, há um consenso apenas parcial entre destinador (eu) e destinatário (você). Este último, em sua atividade *interpretativa*, não chega a contestar os valores defendidos pelo primeiro. Ao contrário, ele necessita de um subterfúgio para poder manifestar sua concordância no nível cognitivo e, ao mesmo tempo, poder realizar sua discordância no nível pragmático. Simulando que só sai de casa para ir ao trabalho, o destinatário-sujeito deixa entender que, se não fosse por esse "nobre" motivo, poderia muito bem permanecer em casa. Trata-se de uma concordância no nível do *fazer saber* (cognitivo, portanto). Entretanto, ao realizar justamente o *fazer* (pragmático, portanto) implicitamente condenado pelo destinador, o destinatário está demonstrando que convive com um esquema de manipulação concorrente, cujos objetivos estão comprometidos com valores de natureza completamente oposta. Na hora de executar de fato o seu programa narrativo o destinatário-sujeito rejeita a manipulação do narrador e adere aos valores do "ócio" e do "lazer".

O trecho "Com açúcar com afeto / Fiz seu doce predileto / Pra você parar em casa" reproduz com clareza as intenções contidas num processo de manipulação. Para despertar o querer do destinatário, o destinador empenha-se na boa qualificação do objeto, ou seja, apresenta a seu interlocutor as vantagens de se "parar em casa". Note-se que o primeiro actante demonstra conhecer o universo de preferências do segundo ("doce predileto") e isso vai determinar sua estratégia de persuasão: associa o objeto ("parar em casa") com a oferta desejada (o doce) e aproveita o ensejo para inserir-se, metonimicamente, na composição desse universo de conteúdos atraentes. De fato, a expressão "com açúcar, com afeto" – que, na superfície do texto, representa os ingredientes do doce – acusa, no nível narrativo, a presença do "eu" também no âmbito do objeto, afinal, a doçura e a afeição são partes daquele que fala, servindo de "isca" ao sujeito.

Convém, desde já, distinguirmos os "fatos discursivos", que nos apresentam aquilo de que fala o texto, das categorias narrativas, que nos indicam como esses conteúdos estão organizados em *funções*, *direções* e *finalidades*. Aos primeiros pertencem, por exemplo, os liames entre "açúcar", "afeto" e "doce", que nos reportam ao mundo sensível sugerido pelo texto. Temos aí a impressão, ao mesmo tempo gustativa, tátil e visual, de que poderíamos deparar com esses fatos no mundo "real". Por isso, a semiótica denomina-os *figuras*. Pertencem também ao nível discursivo os chamados *atores* que, neste texto de Chico Buarque, aparecem sob as formas do "eu" e "você".

---

[5] Cf. Barros, D. L. P. *Teoria do discurso – fundamentos semióticos*. São Paulo: Atual, 1988, p. 38.

No nível narrativo, encontram-se (1) as dependências entre funções actanciais (só existe sujeito porque existe objeto, só existe destinador porque existe destinatário, e vice-versa); (2) as operações de manipulação, ação e sanção; (3) as oposições que criam embaraços ao desenvolvimento narrativo (que, no fundo, é mais um tipo de dependência: se há sujeito, há antissujeito); (4) as interações modais já comentadas; e (5) o universo passional do sujeito.

O sujeito passional é o que sofre o efeito de ações anteriores que de algum modo o imobilizam pragmaticamente, na mesma medida em que o estimulam do ponto de vista sensível e afetivo. No nível narrativo, esse sujeito responde modalmente aos processos que o levam à perda ou à reaquisição do objeto, vivenciando estados de maior ou menor frustração, mas o que acaba definindo cabalmente suas grandes oscilações passionais são as criações de expectativa em relação a outros sujeitos. O não cumprimento dos acordos – que normalmente nem sequer estão explícitos – estabelecidos entre os actantes é a principal razão dos sentimentos de decepção e mágoa que levam, muitas vezes a retaliações contundentes. Em outras palavras, para Greimas, a espera fiduciária (baseada na confiança) é o conceito por excelência que está na base das operações intersubjetivas que regulam o universo passional do sujeito. Do ponto de vista gerativo, a paixão resulta da conversão de modulações tensivas formuladas no nível profundo, conforme veremos à frente.

No caso específico da letra em exame, o universo passional dos sujeitos não é marcado por grandes "crises" que pudessem determinar impasses narrativos ou mesmo alterações substanciais nas relações entre os actantes. Não obstante, pode-se sentir sua presença constante na constituição dos atores e dos percursos temáticos (as manifestações de paciência do ator "eu" ou da vadiagem incorrigível do ator "você") da letra, bem como nas direções eufóricas e disfóricas assumidas pelo enfoque narrativo.

Resta-nos dizer neste item que, embora se encontrem completamente imbricados na superfície do texto, os níveis narrativo e discursivo podem e devem ser particularizados com toda a nitidez pela atividade analítica. É comum, por exemplo, um ator do nível discursivo assumir mais de um papel actancial no nível narrativo. O "eu" dessa letra desempenha a função de *destinador manipulador*, mas também se projeta, como já vimos, na instância do *objeto*, identificando-se com os afetos prometidos. Do mesmo modo, o ator "você" é o *destinatário* da manipulação (ou persuasão) e, virtualmente, o *sujeito* convocado para "cumprir" a tarefa. Esses processos, conhecidos como *sincretismos*, proporcionam ao texto certa economia de personagens.

## 2.2. Ação

Tendo em vista o que sucede na sequência da letra, verificamos que as ações desenvolvidas pelo sujeito não correspondem ao projeto inicial do destinador. Mais do que isso, o sujeito acaba empreendendo um *fazer* que se opõe frontalmente àquele desejado pelo outro actante: em vez de ficar em casa, ele se entrega aos "prazeres" da rua. Ora, pela lógica do esquema narrativo, esse sujeito está na verdade executando um programa idealizado por outro destinador – pressuposto, mas ausente das manifestações dessa letra –, representante de uma axiologia em todos os sentidos refratária à do primeiro destinador. Não é difícil detectarmos aí a função de antissujeito concorrendo com o programa inicialmente proposto ao sujeito. E quando o narrador, que dá voz ao eu-destinador, demonstra que conhece bem todo o ritual da trajetória cumprida pelo "você" ("sei que alguém vai sentar junto / você vai puxar assunto", etc.), fica claro que se trata de um "compromisso" antigo do sujeito com os valores antagonistas. Em outras palavras, o sujeito age na verdade como antissujeito, aceitando a persuasão de um antidestinador que, embora esteja oculto, configura-se plenamente, em oposição ao primeiro destinador, como guardião dos valores não domésticos.

Entretanto, o fato de realizar esse antiprograma narrativo não confere ao sujeito "você" um estado de completa ruptura com a instância do primeiro destinador. Na realidade, o sujeito jamais manifesta claramente sua rejeição ao universo axiológico inicial. Faz de seu percurso uma espécie de desvio de rota que, ao final, se reintegra ao ponto de partida. Outro sinal importante de manutenção do vínculo inicial é a estratégia adotada pelo sujeito para camuflar seu acordo com o antidestinador. Seu disfarce – pouco convincente – de trabalhador é uma tentativa de criar uma razão para a saída, o que denota uma concordância de princípios com a esfera do primeiro destinador.

De todo modo, ao ganhar a rua, o espaço reservado ao mundo antagonista, o sujeito desenvolve diversos programas narrativos, diversos *fazeres*, que nada mais são que desdobramentos de um mesmo percurso (ou projeto) narrativo, caracterizado como "vadiagem". Assim, entrar nos bares, papear, olhar as mulheres, beber, cantar um samba constituem realizações narrativas da noção geral de "vadiar" ou "perambular". São ações parciais que definem o *papel temático* do sujeito (o vadio, o perambulante), desenvolvido em sentido oposto ao desejado pelo destinador, cuja intenção explícita, já vimos, era a de mantê-lo em casa.

Na realidade, quando depara com as situações típicas da "rua", o sujeito manifesta uma *competência modal* que certamente foi adquirida em outros universos de experiência. O desejo irrefreável que o leva a praticar as ações descritas acima, depois de haver simulado um papel temático de trabalhador, indica que sua disposição para esse gênero de atividade já está suficientemente estimulada por um *querer fazer*, na certa proveniente de vivências anteriores em que outros destinadores o convenceram das vantagens de se deixar atrair pelos valores do "bom".[6] Não há dúvida também de que, pelos mesmos motivos, sua competência é dotada de um *saber fazer* próprio do percurso da vadiagem. E, finalmente, como toda ação transcorre no campo da transgressão, ou seja, nas veredas traçadas pelo antissujeito, o actante sente-se ainda beneficiado por um *poder fazer*, desde que mantido sob algum disfarce.

Essa ação narrativa vem enriquecida, no plano discursivo, com outras figuras sensoriais cuja *isotopia* nos permite situar a cena na esfera do lazer. A isotopia é um processo de construção do sentido na dimensão sintagmática do texto oriundo de uma espécie de controle que os *sememas*[7] das palavras empregadas exercem uns sobre os outros. Por

---

[6] Empregado aqui no sentido *pulsivo* do termo: o sujeito tende a buscar o "bom", ou seja, o que lhe causa prazer individual. Em nível social, porém, há uma dimensão *ética* que lhe impõe limites em nome de valores associados ao "bem" coletivo. A caracterização semiótica dessas noções está em Zilberberg, C. *Raison et poétique du sens*. Paris: PUF, 1988, p. 128.

[7] Os sememas, *grosso modo*, dizem respeito às acepções que as palavras podem ter, dependendo do contexto em que estão inseridas.

exemplo, a expressão "saias", no contexto "E ficar olhando as saias / De quem vive pelas praias / Coloridas pelo sol", tem pouco a ver com a veste em si e muito com o fato de se referir ao corpo feminino e, particularmente, à região das pernas. São esses, no caso, os sememas selecionados. Entretanto, no contexto mais amplo, em confronto com os termos "bar", "amigo", "futebol", "samba", "praia", "copo", tais sememas são submetidos a outras formas de controle que põem em destaque uma concepção de entretenimento tipicamente masculina. Ou seja, cada uma dessas palavras cede boa (ou a maior) parte de seus sentidos parciais em favor de uma categoria mais ampla situada num lugar (*topos*) onde todas convergem para o mesmo (*isos*) sentido. Daí o conceito de isotopia.

Podemos dizer, mais precisamente, que esse tipo de entretenimento que caracteriza a atividade do vadio constitui uma *isotopia temática* formulada por diversas *isotopias figurativas* que, estas sim, mantêm o vigor discursivo do texto. Assim, a ideia de "pernas femininas", engendrada nos três versos citados, além de participar da *tematização* do entretenimento, mantém sua força figurativa de remissão visual ao mundo fora do texto. Do mesmo modo, a menção à bebida, pelo "bar" e pelo "copo", reforça a *figurativização* numa ordem sensorial gustativa. A conversa ("Você vai puxar assunto / Discutindo futebol"), o samba ("Na caixinha, um novo amigo / Vai bater um samba antigo"), numa ordem auditiva, e assim por diante.

## 2.3. Sanção

Cansado de perambular pelas ruas, o ator "você" regressa ao lar e à companhia do narrador que, desta feita, assume a função de *destinador julgador*:

> Quando a noite enfim lhe cansa
> Você vem feito criança
> Pra chorar o meu perdão

Ao pedir perdão, o ator denuncia o seu papel de *sujeito destinatário* de um julgamento perante o qual já reconhece a própria incapacidade de cumprir os termos do contrato inicial, bem como a fragilidade de caráter que o faz desenvolver justamente o percurso narrativo do antissujeito. Dado por encerrado o percurso de ação do sujeito, inicia-se agora a atividade de *sanção* do destinador.

O destinador julgador é por assim dizer a versão terminativa do universo transcendente, de onde provêm as decisões sobre o valor dos valores que circulam numa comunidade. A versão incoativa (relativa ao começo) desse universo, já vimos, é o destinador manipulador. Para proceder ao julgamento, o destinador deve confrontar o seu *saber* a respeito do percurso do sujeito destinatário com o critério de "verdade" decorrente dos acordos estabelecidos entre os actantes implicados numa narrativa específica. Surge assim uma oposição entre o que "é de fato" (ou esquema de imanência) e o que "parece ser"(esquema de manifestação), de acordo com o citado critério. Como só se tem acesso à imanência pela manifestação, o cruzamento desses dois esquemas num esquema global, conhecido como *quadrado semiótico*, apresenta um bom rendimento para se compreender o critério de verdade.

Segundo esse modelo, portanto, *ser* e *parecer* são *modalidades veridictórias* que articulam esquemas contrários (imanência e manifestação), e que possuem, cada uma, o seu termo contraditório (*não ser* e *não parecer*). Projetando-as sobre o quadrado (cuja estrutura será exposta à frente), podemos extrair uma segunda geração de termos (termos complexos) que demonstram que um critério de verdade depende de algumas trajetórias que conjugam também as noções de ilusão, segredo e falsidade:

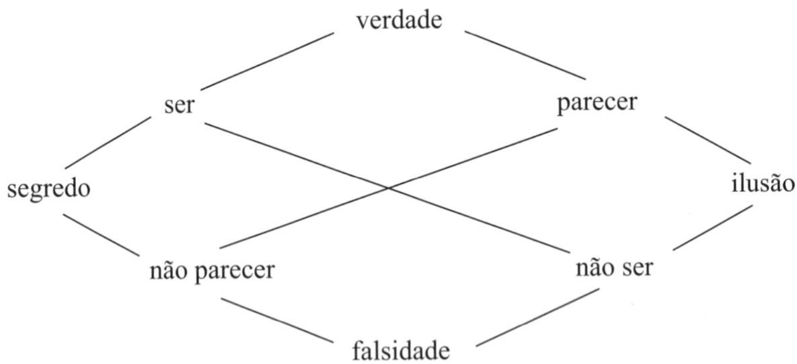


Ou seja, de acordo com os contratos assumidos pelos actantes do texto, algo será considerado verdadeiro quando puder, ao mesmo tempo, *ser* e *parecer*; será ilusório ao apresentar o composto *parecer* e *não ser*; constituirá um segredo se articular simultaneamente *ser* e *não parecer*. Por fim, não sendo e nem parecendo, corresponderá ao conceito de falsidade. Operando essas modalidades veridictórias, o destinador julgador pode distinguir o herói (aquele que, nos contos padrão, pertence à esfera do "segredo": *é* mas *não parece*) do vilão (aquele que manobra a "ilusão": *parece* mas *não é*), e transferir o primeiro ao domínio da "verdade" (*ser + parecer*), com gestos de reconhecimento e retribuição, e o segundo ao âmbito da "falsidade" (*não ser* e *não parecer*), com gestos de denúncia e punição.

*Com açúcar, com afeto* apresenta com nitidez as três fases típicas de uma narrativa completa: manipulação, ação e sanção. Entretanto, a forma de desenvolvimento de cada uma delas vem sempre introduzida por um dispositivo linguístico que anuncia o rompimento das expectativas previstas pelo modelo padrão: "qual o quê". A partir desse elemento, a manipulação inicial não se completa (o sujeito não para em casa), a ação não se desenvolve na orientação simulada (o sujeito não vai ao trabalho) e, finalmente, a sanção não se processa nos moldes canônicos (o sujeito que age como antissujeito não é punido). Cada texto constrói sua coerência interna. Cabe à teoria refinar seus instrumentos de análise para dar conta das particularidades que fazem dos textos objetos de estudo sempre singulares.

Na verdade, o ator "eu", que assume ambas as funções de destinador (manipulador e julgador), é também o narrador onisciente que descreve com profusão de detalhes todas as condutas do ator "você" e que não mais se espanta com o comportamento desviante do sujeito. Em outras palavras, o destinador já sabe que o sujeito não tem competência para cumprir um contrato que disponha sobre seus deveres domésticos ou sobre sua condição de trabalhador. O sujeito, por sua vez, embora reconheça que não contribui para o "bem"[8] do casamento (tanto que pede perdão), comporta-se como quem não responde por si e vive à mercê de destinadores circunstanciais que conduzam seus desejos imediatos. Assim, ao fazer seu julgamento, o destinador leva em conta o despreparo do outro actante para uma ação disciplinada e madura, fato que vem reforçado pela isotopia infantilista sutilmente construída desde os primeiros versos.

De fato, a simulação que "você" empreende no nível discursivo, vestindo-se como quem se dirige ao trabalho e tentando ludibriar justamente a pessoa que mais está a par de todos os seus estratagemas, configura desde o início um registro infantil de atuação: se conseguir impor seu jogo de disfarce, o sujeito sente-se liberado do contrato original. De volta ao lar, o ator reincorpora os traços infantilistas ("Você vem feito criança / Pra chorar o meu perdão") e, como um garoto que passou o dia fazendo traquinices, reaparece em estado lastimável ("Maltrapilho e maltratado"), solicitando os cuidados "maternos". Ora, apenas nesse registro de amor incondicional (o amor materno), compreende-se o perdão sem reservas – seguido ainda de recompensa ("Logo vou esquentar seu prato") – dado pelo destinador.

Em outras palavras, ao realizar o seu *fazer interpretativo*, o destinador avaliou todas as etapas pregressas da narrativa. Verificou, por exemplo, que o sujeito fingiu sair para trabalhar, mas acabou mergulhado na vadiagem. Isso seria suficiente para que o destinador desmascarasse o sujeito, denunciando seu comportamento mentiroso e ilusório, e lhe aplicasse uma sanção negativa. Sua interpretação, porém, é mais ampla e abrange principalmente as condições de competência do sujeito para a ação: considera que as operações iniciais de persuasão e manipulação não foram suficientes para produzir no sujeito o desejo (*querer*) ou a necessidade (*dever*) de desenvolver um percurso narrativo na direção prevista pelo destinador manipulador; considera que a não observação desse contrato inicial deixa o sujeito à deriva e ao sabor das influências que o conduzam a objetivos imediatos e efêmeros, justamente os que o destinador procurava evitar; considera, por fim, que o sujeito não é "dono" da própria vida, condição para poder manifestar um comportamento "adulto", cuja representação semiótica mais frequente é a de um ator que processa dentro de si as funções de destinador e destinatário-sujeito. É essa incapacidade para as missões extensas e duradouras, figurativizada no plano discursivo como isotopia infantilista, que leva o destinador julgador a interpretar a trajetória do sujeito como um percurso narrativo, dentro das condições descritas, inevitável e, portanto, merecedor de perdão.

Em sentido oposto ao do *fazer interpretativo* transcorre o *fazer persuasivo* que define tanto a manipulação inicial (frustrada, neste caso) entre destinador e destinatário como também a etapa final em que o sujeito, convencido de sua "culpa", reúne argumentos para *fazer* o destinador julgador *crer* em suas boas intenções: "Diz pra eu não ficar sentida / Diz que vai mudar de vida / Pra agradar meu coração". O interessante dessa proposta é que a noção de fazer persuasivo não se restringe à etapa reservada à manipulação (seu lugar, por excelência) mas diz respeito à toda extensão *progressiva* do esquema narrativo. Do mesmo modo, o fazer interpretativo também não se reduz à última etapa do esquema. Ele

---

[8] Se o "bom" possui como cifra modal o *querer*, o "bem" funda-se no *dever*.

é um traço de toda a extensão *regressiva* do percurso narrativo, a começar da avaliação elaborada pelo destinatário dos argumentos do destinador manipulador.

## 3. Nível profundo

A semiótica considera ainda que todos os conceitos articulados até aqui pressupõem categorias mais abstratas, que resumem os percursos narrativos e discursivos de um texto em alguns termos muito gerais instituídos por operações de transformação. A hipótese de que tudo isso se dê num nível mais profundo (também chamado nível fundamental), e que possa ser representado topologicamente pelo quadrado semiótico, vem resistindo ao tempo, embora, hoje em dia, já conviva com novas abordagens introduzidas, sobretudo, pela "semiótica tensiva".[9]

O quadrado semiótico, do qual já comentamos algumas características, prevê uma sintaxe sumária que consegue apreender em seus termos (desde que bem escolhidos) não só os estados narrativos, mas especialmente suas transformações. Para tanto, conta basicamente com as operações de *negação* e *asserção*. Com a primeira, instaura os termos *contraditórios* que, muitas vezes, funcionam como termos de passagem. Com a segunda, instaura os termos *contrários* que articula a principal oposição contida num texto:

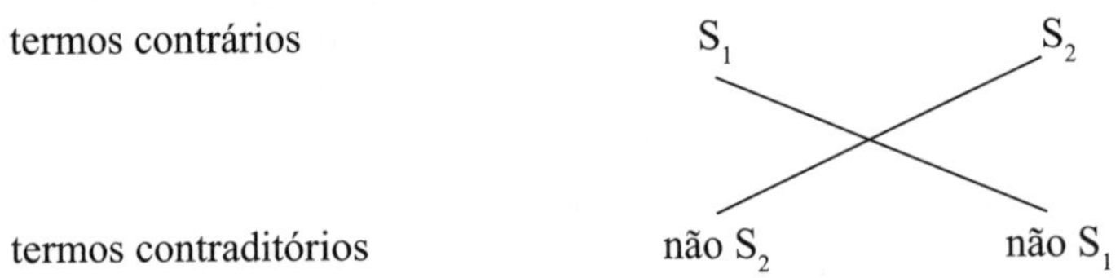


Se tentarmos definir semanticamente as operações fundamentais que demarcaram as grandes linhas da nossa letra talvez pudéssemos escolher, para a posição de $S_1$, o termo *integração* (a tentativa de fazer o sujeito integrar-se aos hábitos domésticos) e, para a posição de $S_2$, o termo *transgressão* (a sequência de ações efetivamente realizadas pelo sujeito). Nesse caso, o "perdão" final seria, em última instância, uma nova oportunidade de integração:

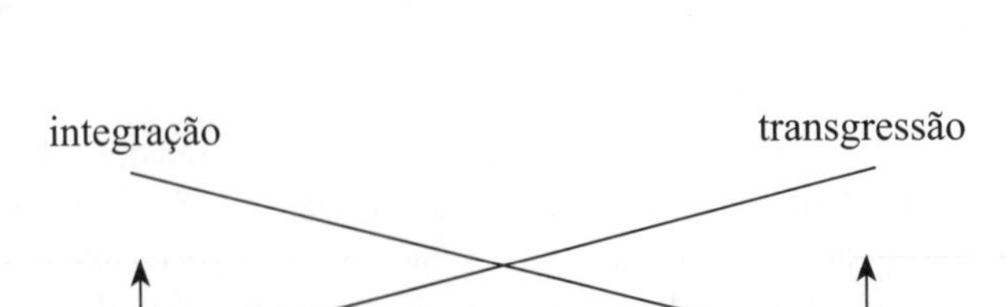


9 Cf. Fontanille, J. e Zilberberg, C. *Tensão e significação*. São Paulo: Discurso Editorial/Humanitas, 2001.

Pela lógica do quadrado semiótico, a passagem de um polo a outro da categoria (*integração/transgressão*) jamais se dá diretamente. Um termo precisa ser negado para que o outro possa ser afirmado. No texto em exame, o destinatário-sujeito não acolhe totalmente a manipulação (*não integração*) para, em seguida, passar à execução de programas narrativos antagonistas (a *transgressão* propriamente dita). Do mesmo modo, para ser reintegrado, o sujeito se submete ao fazer interpretativo do destinador, reunindo todos os esforços para anular o peso da transgressão (*não transgressão*), até conseguir obter o perdão (*integração*). As setas indicam, em bloco, as trajetórias que serão desenvolvidas nos níveis superficiais.

Acontece que, para Greimas, o ser vivo não se relaciona com essas categorias semânticas sem nelas imprimir sua marca sensível. Assim, de acordo com o contexto em exame, todo microuniverso semântico contém um índice *axiológico*, ou seja, é portador de valores considerados atraentes ou repulsivos. No primeiro caso, temos os valores *eufóricos* e, no segundo, os *disfóricos*. Se adotarmos a posição do narrador em *Com açúcar, com afeto*, verificaremos que a operação que vai da *não transgressão* à *integração* manifesta uma tendência euforizante, enquanto a operação contrária, da *não integração* à *transgressão*, manifesta a tendência disforizante. Euforia e disforia, por sua vez, são articulações da categoria complexa *foria*, cuja raiz etimológica ("força que leva adiante") ajuda-nos a compreender o mecanismo sintáxico da negação → asserção → denegação, etc., já delineado no quadrado semiótico:

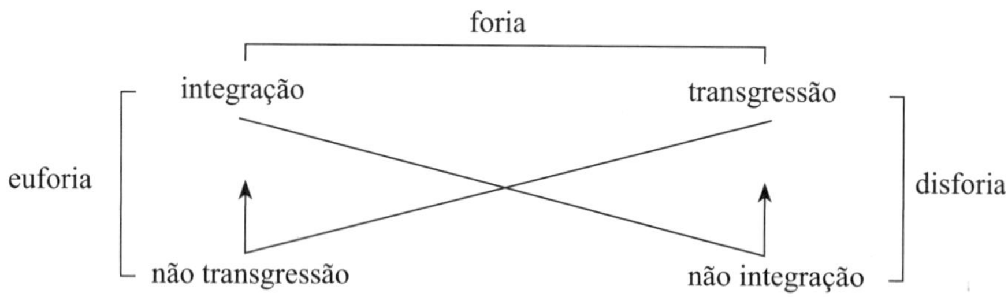


De fato, se tomarmos a foria como uma força que transporta as categorias semânticas, torna-se plausível admitir que estas últimas já surgem conformadas por modulações tensivas. A euforia opera a passagem das relações tensivas, caracterizadas por rupturas, às relações relaxadas, as que restabelecem os elos contínuos entre os elementos. Contrariamente, a disforia compreende a passagem das continuidades às descontinuidades que geram as tensões. Desse modo, a integração traduz o maior *relaxamento* possível (algo que seria expresso pela aceitação passiva e plena da manipulação inicial), imediatamente negado pela forma pontual da disforia: a *contenção* (expressa pela rejeição do contrato narrativo). A transgressão propriamente dita perfaz a forma expandida da disforia, a *retenção* (expressa pelos antiprogramas narrativos desenvolvidos pelo sujeito), que, por sua vez, é negada pela forma pontual da euforia: a *distensão* (expressa pela desistência das ações transgressivas, "Quando a noite enfim lhe cansa / Você vem feito criança"). Por fim, a reintegração permite retomar a forma expandida da euforia: o *relaxamento* ("Dou um beijo em seu retrato / E abro os meus braços pra você").

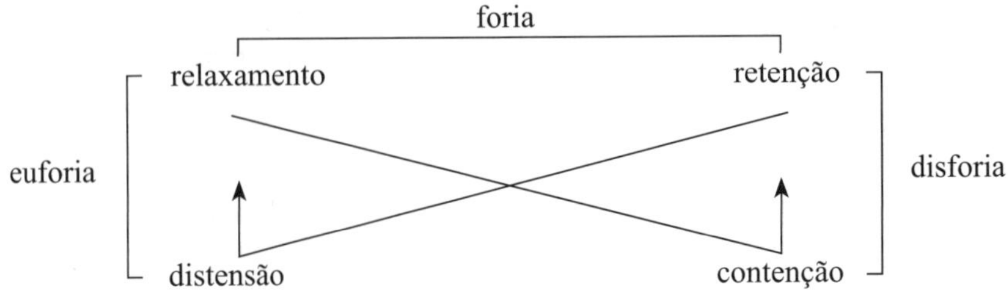


Portanto, ao projetarmos a categoria fórica sobre as articulações semânticas do nível profundo, estamos, na verdade, atribuindo-lhes valores tensivos. Nestes já estão contidas as tendências evolutivas que serão convertidas, nos níveis superficiais, em mudanças de estado, em progresso narrativo ou mesmo em maior ou menor intensidade passional. O caráter tensivo, e portanto dinâmico, desses termos introduz na instância fundamental um componente sintáxico que vai muito além das operações de negação e asserção já previstas no quadrado semiótico.

Esses quadrados que viemos formulando adotam, evidentemente, o ponto de vista do narrador desta letra (o "eu"). Nesse sentido, são eufóricas as tensões decrescentes cuja propensão natural é a supressão de descontinuidades, especialmente as que acarretam disjunções no nível narrativo, como quebra de contratos entre destinador e destinatário, separação entre sujeito e objeto ou mesmo os confrontos entre sujeito e antissujeito. São disfóricas, portanto, as tensões crescentes que eliminam os elos contínuos e geram, nos níveis superiores, rupturas entre os actantes e, no domínio dessa letra específica, tudo o que provoca o afastamento de "você" do âmbito do "eu".

Ora, ao verificarmos que nossa letra inicia-se com uma ruptura de contrato e mantém-se por um tempo significativo no campo da transgressão, caracterizando detalhadamente os antiprogramas narrativos, estamos detectando, por trás do relato do narrador, um *enunciador geral* que privilegia os valores disfóricos – disfóricos ao ver do narrador para manter o interesse da letra. É obra desse enunciador, pressuposto por todo e qualquer texto, a instauração do próprio narrador (a quem delega o enfoque adotado) e sobretudo a distribuição das forças tensivas do texto. Em *Com açúcar, com afeto*, a *contenção* disfórica assinala sua presença subjacente desde o primeiro "qual o quê". A permanência dos versos seguintes nessa nova condição indica que a ruptura não foi tratada apenas como *parada* simples do estado de integração pleiteado pelo "eu", mas também como *retenção* da ordem transgressiva durante boa parte do texto, ou seja, como *continuação da parada.*

Conservando-se nessa faixa disfórica (contenção/retenção), o enunciador garante ao texto dois expedientes fundamentais para a sua compreensão: (1) de um lado, a configuração pormenorizada do percurso do antissujeito (o ator "eu" assumindo seu papel de vadio) deixa transparecer o aspecto distensivo e, portanto, eufórico da ação antagonista, quando observada de sua própria perspectiva; (2) de outro, a efemeridade e, por conseguinte, a ilusão desse mesmo aspecto eufórico quando submetido à ação do tempo, como se o ponto de vista disfórico do narrador se impusesse à medida que se prolonga a atividade antagonista. Pelo primeiro expediente, entendemos o caráter irresistível dos antiprogramas narrativos (o que faz o sujeito descumprir seu contrato com o destinador) e, pelo segundo, o destino inexorável da retenção: o acúmulo da carga tensiva leva à distensão. Ou seja, como a parada não pode durar indefinidamente uma outra parada se faz necessária: a *parada da parada*,[10] expressão que define a ideia de distensão.

Assim, se considerarmos que dentre os valores pressupostos nesse plano profundo consta também a noção "ideal" de um mundo completamente integrado, sem qualquer ruptura, e se definirmos esse relaxamento perfeito como uma *continuação da continuação*, ainda podemos obter outra representação – bastante operacional – desses valores tensivos:

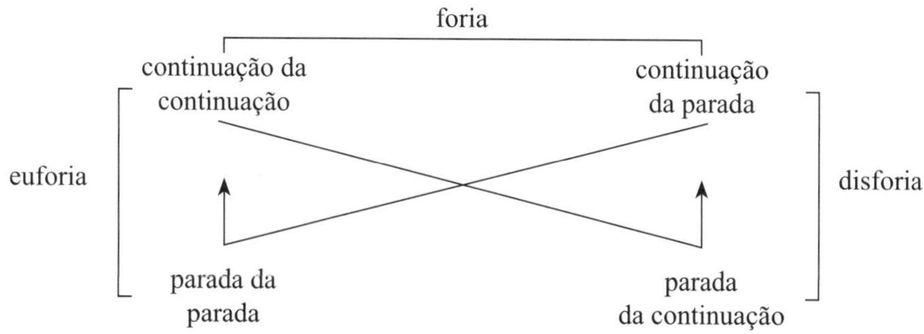


Essas duas últimas representações no quadrado são modos correlatos de expressar os valores tensivos acoplados às categorias semânticas gerais (integração/transgressão) dessa letra. Podemos operar com qualquer uma delas – a que parecer mais compatível com o texto em exame –, até mesmo com as próprias categorias semânticas axiologizadas apenas com os termos euforia/disforia. Assim procedeu durante anos a análise semiótica, valendo-se de noções gerais como *vida* e *morte* ou *natureza* e *cultura*, das oscilações fóricas, e propondo modos de conversão desses semantismos em valores do nível narrativo.

Na última década do século xx, os aspectos sensíveis envolvidos no processo de geração do sentido passaram a concorrer com os aspectos inteligíveis que até então haviam ocupado a cena teórica do modelo semiótico. As modulações do sentimento, suas intensidades e extensidades começaram a sugerir soluções sintáxicas mais dinâmicas do que aquelas articuladas com as categorias semânticas. No presente momento, há uma tendência da parte dos estudiosos do nível profundo em conjugar os dispositivos inteligíveis, caracterizados pela discretização, com os dispositivos sensíveis, caracterizados pela gradação dos valores, que serão incorporados nos níveis superiores.

Ao dizermos que essa letra possui um foco na *contenção* inicial, estamos introduzindo a noção sintáxica de parada no âmbito de um processo pretensamente contínuo (*relaxamento*); na medida em que essa parada deixa de ser apenas um ponto de interrupção e adquire uma força de permanência, uma extensão, podemos identificá-la ao estado de *retenção* (continuação da parada), ou seja, de ampliação do tempo disfórico (adotando

[10] Cf. Zilberberg, C. *Raison et poétique du sens*, *op. cit.*, p. 113.

sempre a perspectiva do narrador). Se pensarmos que há um enunciador pressuposto operando as seleções de valores em cada nível gerativo e, consequentemente, convertendo-os em articulações dos níveis superiores, não é difícil concebermos que a escolha dos elementos *contenção* e *retenção* no nível profundo deu origem, respectivamente, às noções de ruptura do contrato manipulatório e à permanência do sujeito na nova condição, como agente de diversas ações transgressivas, no nível narrativo.

Do mesmo modo, quando o enunciador seleciona os valores *distensão* e *relaxamento*, está operando o mesmo princípio sintáxico, só que dessa vez propondo a parada da própria parada, que definia as condições tensivas anteriores, como articulação necessária à determinação de nova continuidade (*relaxamento*). Cabe lembrar ainda que o conceito de *retenção*, por sua vez, procede da *contenção* mas já prevê uma "necessidade" de *distensão*, dado que sua duração interna compreende quase sempre uma tensão crescente. O auge dessa tensão aparece, em nível discursivo, como razão do "cansaço" que traz o sujeito de volta ao lar ("Quando a noite enfim lhe cansa"). A *distensão* propriamente dita instrui, no nível narrativo, o abandono dos antiprogramas desenvolvidos até então pelo sujeito e seu reingresso na rota desejada pelo destinador. O relaxamento surge em narrativa como perfeita união entre sujeito e objeto ou, se preferirmos, como cifra da sanção positiva que reintegra o sujeito ao lar ("Dou um beijo em seu retrato / E abro os meus braços pra você").

Podemos dizer, em resumo, que as articulações narrativas e discursivas possuem cifras tensivas às quais podemos atribuir, a título de ilustração, uma representação esquemática:

————————| = parada da continuação (contenção)
——|-----|—— = continuação da parada (retenção)
|———————— = parada da parada (distensão)
...————————... = continuação da continuação (relaxamento)

As mesmas representações podem ser sugestivas ao estudarmos o valor tensivo das modalidades. Assim, o *saber* tende à posição de encerramento, na medida em que avalia algo concluído (cf. sanção); o *querer* se conforma como ponto de partida imprescindível a todo programa narrativo; o *poder* caracteriza o próprio transcurso desse programa;[11] e o *ser*, em condição passional, normalmente recobre o polo da retenção.[12]

————————| = saber
——|-----|—— = ser
|———————— = querer
...————————... = poder

O percurso gerativo pode ser pensado então como conversão desses dispositivos tensivos do plano profundo em interações modais e actanciais do plano narrativo que,

11 A caracterização tensiva dessas três modalidades já estão sugeridas em GREIMAS, A. J. e FONTANILLE, J. *Semiótica das paixões*, São Paulo: Ática, 1993, pp. 41-42.

12 Na letra em pauta, os antiprogramas desenvolvidos pelo sujeito correspondem ao estado passional vivido pelo narrador.

por sua vez, serão enriquecidas com as configurações discursivas de ordem temática e figurativa. Nada impede, também, que as escolhas tensivas instruam diretamente o nível discursivo, especificando suas figuras (como já vimos no caso do "cansaço") e regendo seus processos de temporalização e espacialização.

## 4. Enunciação

O enunciador geral de um texto responde por esse percurso "vertical" da significação, mas também pelos desdobramentos "horizontais" das categorias em cada um dos estratos. No nível profundo, tais desdobramentos ficam somente sugeridos, de maneira condensada, pelas determinações sintáxicas contidas nas noções tensivas e nas articulações do quadrado semiótico. No plano narrativo, ganham estatuto sintagmático, já que o enunciador dissemina os actantes pelo texto executando um projeto de natureza linear (inicia-se com a manipulação e encerra-se com a sanção, passando por diversos segmentos narrativos). No plano discursivo, a trajetória sintagmática é concretizada por processos temporais, ocupações espaciais, mas também por redundâncias sêmicas que vão gerar as isotopias.

Se no plano profundo só ficamos sabendo do enunciador geral do texto por suas escolhas de valores fóricos, que vão gerar ascendência de algumas tensões sobre outras, nos níveis narrativo e discursivo essa entidade pressuposta envia alguns representantes que, todavia, jamais podem ser confundidos com ela. No nível narrativo, reconhecemos a atividade do enunciador pela disposição das funções actanciais e pela distribuição entre elas dos atributos modais. No nível discursivo, o enunciador simula maior ou menor distância do texto por meio dos dispositivos conhecidos como *debreagem* e *embreagem*.[13]

A debreagem pode ser enunciva ou enunciativa, conforme se refira, respectivamente, ao enunciado ou à enunciação. Com a debreagem enunciva, o enunciador provoca um efeito de distanciamento do seu lugar enunciativo. Instaura um assunto, ao qual se reporta em terceira pessoa ("ele"), tratado em outro tempo ("então") e outro espaço ("lá") que não os da enunciação. Com a debreagem enunciativa, o enunciador provoca um efeito de aproximação de sua própria instância, na medida em que se manifesta em primeira pessoa ("eu") e simula estar atuando num tempo e espaço presentes ("agora" e "aqui"). Ambos os efeitos são ficções que devem ser tomadas como estratégias persuasivas desenvolvidas pelo enunciador geral do texto. Fazendo uso da debreagem enunciva, ele causa a impressão de objetividade, o que pode ser útil em alguns gêneros literários (como o épico), numa tese acadêmica ou na confecção da primeira página de um jornal diário. Atendo-se à debreagem enunciativa, o enunciador investe na impressão de subjetividade, o que pode favorecer outros gêneros literários (como o romântico), os textos de depoimento ou confidência e as manifestações líricas de modo geral. Todas essas estratégias têm como objetivo fazer com que as coisas ditas pareçam, de acordo com o contexto discursivo, verdadeiras.

---

[13] Confira o estudo completo sobre o assunto em Fiorin, J. L. *As astúcias da enunciação*, São Paulo: Ática, 1996.

A embreagem, em sua acepção geral, corresponde justamente ao reengate de todos esses efeitos à instância da enunciação, de modo que se conceba tanto os recursos enuncivos quanto os enunciativos como procedentes da mesma fonte. Em outras palavras, se há coisas consideradas verdadeiras, há um responsável por essa verdade. A embreagem, em sua acepção específica, corresponde a processos estritos de uso do "ele" com valor de "eu" (ex.: Edson Arantes do Nascimento tecendo elogios a Pelé).

Em *Com açúcar, com afeto*, o uso dos dispositivos de debreagem e embreagem é bastante complexo. Há a nítida intenção de se criar um jogo de cena com a mistura de recursos enunciativos e enuncivos. A projeção do "eu" num evento narrativo ancorado no passado ("Fiz seu doce predileto"), em princípio, desloca o actante da instância enunciativa – na qual poderia, por exemplo, se comunicar com um "você", aqui e agora – para a instância enunciva, onde se integra como actante de uma narração, cujos episódios já estariam presumivelmente concluídos. Um efeito parecido se produz com "você", instaurado na mesma cena narrativa do "eu", ambos os actantes tratados aparentemente como assunto (estatuto de *ele*).

Entretanto, a debreagem de "eu" e "você" no enunciado sempre comporta traços da instância enunciativa que, neste caso, se reforçam com a adoção do tempo presente ("Você sai, não acredito...") como registro adequado para o relato dos acontecimentos. Resultado: a dimensão enunciativa ressoa no enunciado assim como este ressoa na enunciação.

No primeiro caso, "eu" e "você" fazem parte de um enredo que se desenrola a partir da confecção do "doce predileto" – no passado, portanto – e se serve de um presente histórico para tornar as cenas mais próximas e mais vivas. Só nos instantes finais da letra, confirma-se a ancoragem num "então", com o verso "Ainda quis me aborrecer". No segundo caso, impõe-se a dimensão que prevê um "eu" relatando a "você" as etapas narrativas das quais o próprio "você" é personagem principal. Nessa versão, estão em jogo, não propriamente os fatos que já são do conhecimento do personagem a quem se fala, mas as indicações de que o sujeito em primeira pessoa sabe de tudo, a ponto de poder deduzir a etapa seguinte de cada situação narrada: "Sei que alguém vai sentar junto...". Nesses termos, o assunto tratado está a serviço da intenção enunciativa de desancorar a narrativa do passado para trazê-la ao presente e mesmo projetá-la ao futuro, como se o enunciador discursivo quisesse dizer que a relação entre "você" e a trajetória transgressiva é de natureza atávica e, portanto, será reproduzida em qualquer tempo. Algo como: mesmo com o "doce predileto", você saiu, continua saindo e sempre sairá.

Subordinado à debreagem do "eu", tanto na tendência enunciativa como na enunciva, o sistema de localização espacial dessa letra elege o espaço em que se situa o narrador como a principal referência (o "aqui") à circulação dos actantes. Trata-se do lugar de onde sai ("Você sai não acredito...") e para onde retorna ("Você vem feito criança") o sujeito da letra. Ao ganhar a rua, o actante passa a explorar a dimensão do "lá", típica da debreagem enunciva: é quando mais se sente um "você" com valor de "ele". Além da ocupação do espaço rueiro (o "caminho da oficina", o "bar", etc.), a espacialização compreende toda a proxêmica (disposição dos actantes no espaço) que determina os movimentos do sujeito, distanciando-se e reaproximando-se do "aqui" enunciativo, a direção de seus gestos e seus olhares ("E ficar olhando as saias"), enfim, tudo que representar do ponto de vista espacial as transformações narrativas já comentadas anteriormente. Portanto, enquanto a temporalização põe em sequência, processualiza, as ações antagonistas do sujeito, a espacialização lhes oferece uma base tópica para que sejam construídos os temas e as figuras examinados na análise dos níveis narrativo e discursivo.

Ao manobrar todos esses recursos "verticais" (gerativos) e "horizontais" (narrativos e discursivos), o enunciador geral do texto exerce uma atividade muito próxima daquela que, em nossa letra, caracterizou o projeto de ação inicial do eu-narrador. Todo enunciador dirige-se a um enunciatário tentando persuadi-lo do que está sendo dito (ou escrito, desenhado, filmado, interpretado, composto, etc.), o que o faz assumir necessariamente o papel de um destinador persuasivo (ou manipulador) e a conceber seu enunciatário como um destinatário de suas estratégias criativas e argumentativas. O conceito de enunciador deve ser tomado como uma categoria abstrata, cujo preenchimento, numa manifestação específica, faz emergir o que conhecemos como autor, falante, artista, poeta, etc.; a noção de enunciatário, igualmente, define-se como categoria por meio da qual se manifestam leitores e fruidores de maneira geral. E, como já vimos, ao fazer persuasivo do destinador corresponde um fazer interpretativo do destinatário.

Para fazer com que o enunciatário creia em seu texto, o enunciador parte de um simulacro de tudo o que poderia constituir a instância do seu actante complementar: suas crenças, seus conhecimentos, seus afetos e seus valores. Tal simulacro, embora não passe de uma construção imaginária (um conjunto de hipóteses sobre o mundo do outro), baseia-se em consensos culturais, em acordos e decisões sobre o que deve ser considerado verdadeiro e confiável num determinado universo de discurso da comunidade. Do mesmo modo, o enunciatário faz um simulacro da visão de mundo e das intenções do enunciador para realizar o seu fazer interpretativo. A partir disso, as comunicações visam, antes de mais nada, a firmar um *contrato fiduciário* (estribado na confiança), que é a principal garantia para o estabelecimento de um contrato *veridictório* (aquele pelo qual as coisas ditas parecem verdadeiras). Todas as estratégias de geração e sintagmatização do sentido nessa letra revelam o esforço do enunciador de convencer o enunciatário da plausibilidade dos conteúdos relatados. Para ficarmos num exemplo mais visível, basta lembrarmos da isotopia infantilista construída para justificar a sanção positiva atribuída ao sujeito-destinatário que desempenhara funções de antissujeito.

Nesses termos, até mesmo a competência interpretativa do enunciatário é objeto de consideração do enunciador, sobretudo se este precisar escolher a modalidade de expressão (verbal, musical, pictórica, etc.) mais adequada para realizar a comunicação e, no interior da modalidade, o gênero. Como o critério de confiabilidade e de verdade é construído dentro do texto, uma música terá de ser musicalmente persuasiva, uma pintura, plasticamente persuasiva; assim também, de uma tese acadêmica espera-se que seja cientificamente persuasiva, de uma novela, que seja ficcionalmente persuasiva, de um documentário, que seja realisticamente persuasivo, e assim por diante.

Talvez o coeficiente persuasivo do nosso exemplo não possa ser integralmente avaliado na medida em que separamos, para fins didáticos, a letra da melodia. Uma análise da compatibilidade dos recursos aqui destacados com as articulações da melodia talvez nos proporcionasse uma medida mais real da força enunciativa dessa canção como um todo. Só esperamos que a seleção desse objeto parcial não tenha comprometido também o coeficiente persuasivo da análise ora concluída.

## 5. Semiótica

Na verdade, preocupados que estávamos em demonstrar como se processa a construção do sentido na dimensão do texto, abordamos a letra de *Com açúcar, com afeto* como se fosse um texto em prosa. Deixamos de lado não apenas a melodia mas também os arranjos rítmicos e sonoros (rimas, aliterações, etc.) praticados no plano da expressão (ou significante), que assinalam a intenção estética da canção como um todo. Tal conduta seria inaceitável se estivesse entre nossos propósitos neste capítulo a constituição de uma semiótica poética. Nesse caso, a descrição do plano do conteúdo deveria ser confrontada com a descrição do plano da expressão e só então teríamos um modelo mais adequado ao que foi proposto pelo artista.[14]

Diferentemente da poesia, entretanto, a prosa dispensa a elaboração fonética em nome de uma estruturação fonológica cuja eficácia está justamente em permitir ao leitor, ou ao ouvinte, a imediata transposição do plano da expressão ao plano do conteúdo. Podemos observar que a sonoridade de nossa linguagem cotidiana, embora seja necessária à comunicação, se desfaz assim que compreendemos a mensagem veiculada.[15] São os sentidos abstratos construídos nos textos e retidos em nossa mente os objetos privilegiados de uma semiótica geral que deseje dar conta do que Saussure denominou *significado* e que Hjelmslev precisou como *plano do conteúdo.*

Essa é a razão pela qual não se pode mais conceber que a semiótica tenha como objeto um sistema de signos. Isso determinaria a existência de signos antes mesmo dos processos de significação. E se considerarmos, com Hjelmslev, que há signos-palavras, signos-enunciados e signos-textos, o objeto da semiótica é justamente a geração dessas grandezas numa fase aquém do signo ou, se preferirmos, "anterior" à constituição da função semiótica. Nesses termos, podemos dizer que a semiótica dissocia o plano do conteúdo do plano da expressão e estuda-os separadamente até reunir condições conceituais para relacionar categorias de ambos os planos e então compreender melhor o mecanismo geral da *semiose.*[16]

Neste capítulo, por exemplo, separamos o plano da expressão do plano do conteúdo e nos ativemos à descrição deste último em virtude dos objetivos linguísticos deste volume. A linguística, como se sabe, trata dos textos em prosa, ou seja, dos que se servem do plano da expressão apenas como porta de acesso ao plano do conteúdo.[17] Quando ul-

---

[14] As definições de *significante* como imagem acústica e de *significado* como conceito foram introduzidas por Ferdinand de Saussure na tentativa de descrever os componentes da noção de *signo.* Louis Hjelmslev ampliou essa abordagem e considerou que todas as articulações que contribuem para a organização paradigmática e sintagmática tanto da sonoridade como do universo conceitual – instituindo palavras, enunciados ou textos – pertencem, respectivamente, ao *plano da expressão* e ao *plano do conteúdo.* E a relação entre ambos, para o linguista dinamarquês, não constitui mais uma grandeza sígnica mas sim uma função, a *função semiótica* (relação de interdependência entre plano da expressão e plano do conteúdo).

[15] Cf. Valéry, P. *Variedades.* São Paulo: Iluminuras, 1991, p. 209.

[16] A semiose define o processo contínuo de produção sígnica pelo encontro do significante com o significado.

[17] Nesse sentido, enquanto a fonologia é uma disciplina verdadeiramente linguística, a fonética é uma ciência auxiliar que contribui tanto para a linguística quanto para a física e a fisiologia.

trapassa o nível das frases, entretanto, a construção do sentido nos sistemas verbais toma uma configuração que foge completamente ao alcance dos modelos linguísticos descritivos, conhecidos como gramáticas da língua natural. A semiótica, com seus conceitos erigidos à luz das formas expandidas de significação do texto, apresenta-se, assim, bem mais equipada para o empreendimento analítico.

## 6. Considerações finais

A exposição dos conceitos semióticos a partir de um *corpus*, nos moldes que realizamos neste trabalho, oferece um risco apreciável: os aspectos do modelo teórico geral não contemplados especialmente pelo texto de referência podem receber um tratamento pouco acurado ou até desaparecer do campo de abordagem circunscrito pela descrição. Cremos, contudo, que o risco vale a pena em face da grande vantagem que o enfoque proporciona: a análise de um *corpus* concreto deixa transparecer de imediato o rendimento e as insuficiências do modelo, dois efeitos que convivem em nosso espírito desde que ingressamos na prática descritiva dos textos. Verificamos a todo instante que, embora a teoria nos oriente nas observações dos fatos textuais, é necessário habituar-se às exceções e, mais do que isso, habituar-se a acolher as exceções em novas formulações, dado que a longo prazo são elas que farão as novas regras. Em outras palavras, refletir a partir de um texto é sempre prestar um tributo a sua intrigante singularidade.

## Bibliografia

Barros, D. L. P. *Teoria do discurso: fundamentos semióticos*. São Paulo: Atual, 1988.

Benveniste, E. *Problemas de Linguística geral*. São Paulo: Nacional/Edusp, 1976.

Fiorin, J. L. As *astúcias da enunciação*. São Paulo: Ática, 1996.

Fontanille, J. e Zilberberg, C. *Tensão e significação*. São Paulo: Discurso Editorial/Humanitas, 2001.

Greimas, A. J. e Fontanille, J. *Semiótica das paixões*. São Paulo: Ática, 1993.

_____. *Semântica estrutural*. São Paulo: Cultrix, 1973.

Hjelmslev, L. *Prolegômenos a uma teoria da linguagem*. São Paulo: Perspectiva, 1975.

Propp, V. I. *Morfologia do conto*. Lisboa: Vega, 1983.

Valéry, P. *Variedades*. São Paulo: Iluminuras, 1991.

Zilberberg, C. *Raison et poétique du sens*. Paris: puf, 1988.

## Sugestões de leitura

Barros, Diana Luz Pessoa de. *Teoria do discurso: fundamentos semióticos*. São Paulo: Humanitas, 2000 (original de 1988).

Obra que traça um perfil completo da teoria semiótica até a década de 1980, com exposição sistemática e encadeada dos três níveis do percurso gerativo da significação (fundamental, narrativo e discursivo) e com rica seleção de exemplos concretos. Não faltam também boas propostas para um estudo metódico das paixões e dos processos de manipulação existentes nos discursos.

Fiorin, José Luiz. *Elementos de análise do discurso*. São Paulo: Contexto/Edusp, 1989.
Trata-se de uma explanação didática das principais categorias semióticas que engendram o sentido de um texto. O autor apresenta o modelo padrão de Greimas e detém-se particularmente no nível discursivo para o qual oferece exemplos esclarecedores sobre o processo enunciativo e alguns princípios para a sistematização dos temas e figuras do texto.

Fiorin, José Luiz. As *astúcias da enunciação*. São Paulo: Ática, 1996.
Estudo completo dos procedimentos enunciativos que promovem nos discursos um jogo incessante de projeções da enunciação no enunciado e deste na enunciação. As técnicas de debreagem e embreagem minuciosamente examinadas pelo autor no plano da pessoa, do tempo e do espaço elucidam boa parte das estratégias persuasivas desenvolvidas no discurso e repropõem a abordagem das figuras retóricas em bases semióticas.

Fontanille, Jacques & Zilberberg, Claude. *Tensão e significação*. São Paulo: Discurso/ Humanitas, 2001 (original francês de 1988).
Primeiro tratado de semiótica tensiva constituído a partir de alguns conceitos fundadores, como "valor", "valência", "categoria", "fidúcia", "práxis enunciativa", "presença", "paixão" e "emoção", entre outros, que permitem investigar os conteúdos sensíveis sem abandonar os princípios teóricos que deram identidade à semiótica de Greimas.

Greimas, Algirdas Julien. *Semântica estrutural*. São Paulo: Cultrix/Edusp, 1973 (original francês de 1966).
Livro que inaugura os estudos semióticos na França. Com o formato irregular típico dos trabalhos pioneiros, esse volume perfaz uma trajetória de pesquisa que vai da lexicologia à abordagem narrativa, passando por modelos de Lévi-Strauss e pela fenomenologia de Merleau-Ponty. A originalidade do enfoque de Greimas abriu as portas para a rigorosa pesquisa de método que sucedeu este livro.

Greimas, Algirdas Julien. *Sobre o sentido*. Petrópolis: Vozes, 1975 (original francês de 1970).
Obra de depuração da metalinguagem semiótica, composta de diversos artigos dedicados às noções de transcodificação, quadrado semiótico, mundo natural e língua natural, estrutura e história, e voltada especialmente para a organização do nível narrativo.

Greimas, Algirdas Julien & Courtés, Joseph. *Dicionário de semiótica*. São Paulo: Cultrix, s.d. (original francês de 1979).
Trabalho de longo alcance que reuniu todos os conceitos erigidos na fase de implantação da semiótica numa engenhosa rede de remissões mútuas, o que ofereceu à teoria um caráter orgânico incomum em ciências humanas.

Greimas, Algirdas Julien & Fontanille, Jacques. *Semiótica das paixões*. São Paulo: Ática, 1993 (original francês de 1991).

Essa obra assinala uma nítida inflexão da semiótica, que até então se pautava por um viés intelectivo sob o qual imperavam as categorizações descontínuas, para o enfoque dos conteúdos sensíveis, com toda a reformulação epistemológica necessária ao estudo da apreensão de modulações gradativas. Esboçam-se aqui os primeiros sinais de incorporação dos conceitos tensivos ao centro de ebulição da teoria semiótica.

Hjelmslev, Louis. *Prolegômenos a uma teoria da linguagem*. São Paulo: Perspectiva, 1975 (original dinamarquês de 1943).

Obra fundamental que faz a passagem da linguística de Saussure à semiótica de Greimas. O autor cria, de um lado, as noções de plano da expressão e plano do conteúdo para especificar melhor os conceitos de significante e significado e, de outro, as noções de forma e substância para traduzir com mais rendimento os conceitos de língua e fala. Entre a substância e a forma do conteúdo configurou-se, mais tarde, a semiótica greimasiana.

Landowski, Eric. *A sociedade refletida*. São Paulo/Campinas: Educ/Pontes, 1992 (original francês de 1989).

Reunião de vários estudos sobre as relações sociossemióticas existentes nos planos político, jurídico, publicitário, nas práticas cotidianas, na comunicação e na intersubjetividade. Destaque para o artigo "Simulacros em construção" que investiga o sujeito semiótico como um efeito de sentido decorrente do enunciado realizado.

Landowski, Eric. & Oliveira, Ana Cláudia (orgs.) *Do inteligível ao sensível*. São Paulo: Educ, 1995.

Livro de revisão dos fundamentos semióticos que promove um verdadeiro rito de passagem – valendo-se de fragmentos de texto escritos pelo próprio Greimas – ao domínio dos conteúdos sensíveis e das apreensões estéticas.

Tatit, Luiz. *Análise semiótica através das letras*. São Paulo: Ateliê Editorial, 2001.

Este volume oferece uma alternativa de ensino semiótico com base na análise concreta de quinze letras de canções brasileiras bastante conhecidas, como "Saudosa Maloca", "Asa Branca", "Cio da Terra", "Alegria, Alegria", etc. Além de aplicar os conceitos gerais da semiótica padrão, o autor introduz em suas descrições alguns elementos de semiótica tensiva.

# A aquisição da linguagem

*Raquel Santos*

## Introdução

O objetivo deste capítulo é discutir como se dá a aquisição da linguagem. Nos capítulos anteriores, tratou-se da teoria do signo, da relação entre forma e conteúdo, da distinção entre língua, linguagem e comunicação, da diferença entre competência e desempenho. Este capítulo pretende trazer um pouco da discussão que ocorre na Linguística sobre a aquisição da linguagem, isto é, como a criança de um a quatro anos aprende a língua que dominará pouco tempo depois. Este capítulo será dividido em duas partes. A primeira trará algumas descrições e análises sobre o processo de aquisição do português. A segunda parte tratará das teorias de aquisição da linguagem, isto é, das propostas que tentam explicar como se dá esse desenvolvimento e por que ocorre da maneira como ocorre.

## 1. O desenvolvimento da língua

Este item tem como objetivo dar exemplos do processo de aquisição da linguagem. As pesquisas são sobre o português – brasileiro e europeu. A escolha foi por alguns processos (estrutura silábica, causatividade e estruturas relativas) que pudessem ser compreendidos sem que houvesse necessidade de uma grande discussão de noções linguísticas. Por essa razão, não serão discutidos em detalhes os processos adquiridos, nem serão polemizadas as análises apresentadas. Os dados são das análises utilizadas (coletados para o Projeto de Aquisição da Linguagem, desenvolvido na Universidade Estadual de Campinas). Nos estudos de aquisição da linguagem eles são codificados como em: (R. 1;6.6), em que a inicial identifica a criança e os números indicam a idade (um ano, seis meses e seis dias).

### 1.1. A estrutura silábica

A fonologia diz respeito aos sons de uma língua. Os sons, como parte de um sistema linguístico, são chamados de fonemas. No entanto, não cabe à criança aprender apenas quais os fonemas de sua língua – os aspectos segmentais (por exemplo, /t/ e /d/ são fonemas em português; /θ/, como em ***th**eater*, é um fonema do inglês, mas não do português). Há muito mais coisa envolvida na aquisição fonológica: a aquisição do sistema entonacional, da acentuação, da estrutura silábica, por exemplo. A estrutura silábica será alvo deste item.

A constituição básica da sílaba em português é a conhecida como cv (consoante-vogal). Além dessa, outras podem ser encontradas: v (vogal), ccv (consoante-consoante-vogal), cvc (consoante-vogal-consoante), cvv (consoante-vogal-vogal). As estruturas v, cv e ccv são consideradas sílabas leves, e as estruturas cvv e cvc são consideradas sílabas pesadas (cf. Bisol, 1989). A sílaba é entendida não como uma sequência de consoantes e vogais, mas uma estrutura como (01) abaixo:

(01)

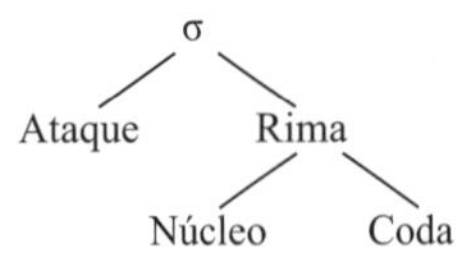


A vogal preenche o núcleo da sílaba. A consoante (ou consoantes) ou semivogal anteriores preenchem o ataque (em português brasileiro assume-se que os ditongos crescentes são resultados de um processo que transforma um hiato em ditongo; por isso não trataremos deles). A semivogal ou consoante que segue ao núcleo preenche a coda. Nessa introdução, estamos deixando de lado outros detalhes relativos à estrutura da sílaba. Assim, as constituições referidas no parágrafo acima preenchem a estrutura em (01) da seguinte maneira:

(02)

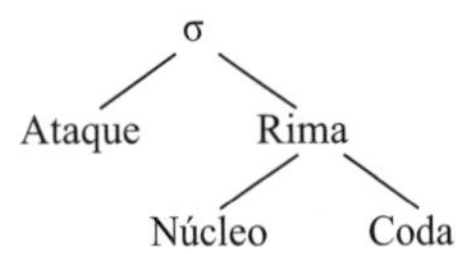


| | Ataque | Núcleo | Coda | |
|---|---|---|---|---|
| | **C** | **V** | | cas**ca** |
| | | **V** | | **a**ve |
| | **C** | **V** | **V** | **coi**tado |
| | **C** | **V** | **C** | **cas**tigo |
| **C** | **C** | **V** | | **pra**to |

Como é possível observar, as sílabas pesadas preenchem duas posições na rima, enquanto as sílabas leves preenchem apenas uma. A estrutura silábica é importante porque dela depende uma série de operações fonológicas (por exemplo, a acentuação).

É interessante notar que o processo de aquisição varia muito pouco de criança para criança (os dados discutidos são baseados nos estudos de Freitas, 1997; Santos, 1998, 2001). Em português brasileiro e europeu, as crianças começam produzindo apenas sílabas cv, e logo depois adquirem a sílaba v em posição de início de palavra (o ponto separa as sílabas na palavra e o apóstrofo antes da sílaba indica a sílaba acentuada):

(03) ['e.si] = esse (R. 1;6.6)
(04) [a.'ki] = aqui (T. 1;5.21)
(05) ['ga.tu] = gato (T. 1;6.4)

A partir de 1;11 é possível encontrar dados de estrutura v em posição não inicial em R. e em T.:

(06) [pa.'gai.**u**] = papagaio (T. 1;11.14/ 1;11.29)
(07) ['lu.**a**] = lua (R. 1;11.12)

No entanto, essas estruturas de V não inicial são, por um período, evitadas pelas crianças, e elas modificam seus enunciados para que estes se conformem com a estrutura CV:

(08) [pi.'ru.**ra**] = perua (T. 1;11.14)
(09) [ ko.'**le**.lu] = coelho (T. 2;3.18)

As estruturas que surgem em seguida são as CVC e CVV:

(10) [**mais**] = mais (T. 1;7.12)
(11) ['**por**.ku ] = porco (T. 1; 10.22)
(12) [**gaz**.'go] = engasgou (T. 2;1.10)
(13) [**dos**] = dois (R. 1;6.22)
(14) [pa.'**pEu**] = papel (R. 1;11.2)
(15) ['**kar**.tu ] = quarto (R. 2;0.5)

Antes de a estrutura CVC ser adquirida, a C final pode ser omitida, substituída por outro segmento, ou a criança pode acrescentar um V final e ressilabificar a estrutura CVC em CV.CV:

(16) ['**be**.su] = berço (R. 1;6.29)
(17) [a.**pei**.'ta] = apertar (T. 1;7.12)
(18) ['**ka**.sa] = calça (R. 1;7.21)
(19) ['**po**.ku] = porco (T. 1;7.12/ 1;10.22)
(20) [ko.'**lai**] = colar (R. 1 ;8.25)
(21) [ba. '**doi**] = gravador (R. 1;9.9)
(22) [**foi**] = flor (T. 1;10.22)
(23) ['**kai**.sa] = calça (R. 1;11.3)
(24) ['lu.**zi**] = luz (T. 2;3.18/ 2;5.11)
(25) [a.'zu.**lu**] = azul (T. 2;5.11)
(26) [na.'ri.**ze**] = nariz (T. 2; 1.10)

A última estrutura que surge é a **CCV**:

(27) [is.'**tre**.la] = estrela (T. 2;2.28)
(28) ['**plas**.ti.ku] = plástico (T. 2;3.4)
(29) ['pe.**dru**] = Pedro (T. 2;3.4)
(30) ['**grã**.di] = grande (R. 2;0.20)
(31) ['de.**tru**] = dentro (R. 2;0.20)

Pode-se dizer que a criança começa com a constituição silábica básica, universal. A seguir, a criança trabalha com o fato de que a posição da rima pode ramificar, bifurcar, e aí têm-se CVC e CVV. Essa ramificação é importante porque torna a sílaba pesada (o que atrai o acento em português, segundo algumas teorias sobre o acento). Por fim, a última estrutura a ser adquirida é a CCV. Essa estrutura foge da constituição básica, mas não torna a sílaba pesada. Esse é um dos possíveis argumentos para explicar por que essa estrutura é a última a aparecer.

## 1.2. A causatividade

Observe as sentenças abaixo:

(32) O João correu.
(33) O João morreu.
(34) O João matou Pedro.

Os verbos das sentenças acima implicam noções diferentes e são caracterizados como verbos de tipos diferentes. No exemplo (32), não há mudança de estado; no exemplo (33), há mudança de estado, mas não necessariamente há um agente envolvido na ação; por fim, no último caso (34), o verbo implica que há um agente envolvido e que há uma mudança de estado resultante da ação. Este último tipo de verbo é conhecido como verbo causativo. Verbos causativos são verbos de realização, isto é, o verbo expressa as noções de um ato em que o sujeito está envolvido e de mudança de estado resultante deste ato, podendo envolver processos morfológicos (*enriquecer*, legalizar), formas supletivas no léxico (*ver/mostrar*, *matar/morrer*), processos sintáticos (*João quebrou a janela/ a janela quebrou*), uso de expressão perifrástica *fazer + verbo* (*fazer escorregar*, *fazer dormir*).

Segundo Figueira (1985), durante o processo de aquisição da causatividade, a criança transforma sentenças não causativas em causativas, e vice-versa. Num primeiro momento do processo de aquisição (2;8 a 4;1), a criança usa verbos não causativos como causativos:

(35) situação: A. vê cena de novela em que uma mulher grávida está tendo nenê no hospital. Médico e outras personagens ladeiam a mulher. Acaba nesta cena o capítulo.
A.: amanhã ele vai terminar de nascer o nenê? (= de fazer o nenê nascer?)
Mãe: quê?
A.: amanhã ele vai terminar de nascer o nenê? (= de fazer o nenê nascer?)
Mãe: quem?
A.: o médico. (A. 4;9.21)
(36) Mãe: como é que faz pra desmanchar?
A.: cê cai aqui (= cê derruba/faz cair aqui) (A. 3;8.14)
(37) mãe, não sei se este balanço vai te cair. (= o balanço vai te derrubar) (A. 3;8.15)
(38) situação: A. brinca de colocar passageiros num bondinho para viajar.
A.: deixa eu viajar a menina. (= deixa eu levar a menina para viajar) (A. 3;9.29)
(39) ele quer me tomar injeção (= porque ele quer me dar injeção) (A. 3;3.26)
(40) a Luísa veio uma menina hoje aqui. (= a Luísa trouxe uma menina aqui hoje) (A. 3;11.?)

Num segundo momento (4;2 a 5), além de transformar construções não causativas em causativas (cf. (41)-(44)), a criança também faz o caminho contrário, isto é, transforma construções causativas em não causativas (cf. (45)). Além disso, surge também o uso do verbo causativo *fazer* na expressão de um beneficiário de ação (cf. (46)-(47)):

(41) situação: A. vê cena de novela em que um personagem aparece debruçado sobre a mesa.
A.: quem morreu ele?
Mãe: ah?
A.: quem deixou ele morrer? (A. 4;5.19)
(42) Mãe: A., cê tomou banho?
A.: A Elza não quer me tomar banho. (= a Elza não quer me dar banho) (A. 4;6.20)
(43) eu saio você do berço. (= eu tiro você do berço) (A. 4;10.14)
(44) eu vou morrer essa (florzinha). (= eu vou matar essa florzinha) (A. 4;8.26)
(45) situação: A mãe arruma o material escolar de A. A. joga na sacola o estojo de pasta de dente e a tampa solta-se. A. mostra à mãe:
A.: tirou! (= saiu!) (A. 4;2.19)

(46) situação: A. pede à mãe para esta pegar o livro *João e Maria*.
A.: cê me faz ler, mãe? (= cê lê pra mim, mãe)
Mãe: hein?
A.: cê me faz ler, mãe? (= cê lê pra mim, mãe)
Mãe: como?
A.: eu não sei mais. (A. 4;9.11)

(47) situação: A. descobre em seu armário um quebra-cabeça que não via há muito tempo.
A.: pode brincar de montar, mãe?
Mãe: pode.
A.: cê faz eu montar, mãe, porque eu não sei muito bem, sabe? (=cê monta pra mim, mãe...) (A. 4;9.11)

Por volta dos seis anos, a criança já ultrapassa essa etapa de desenvolvimento linguístico, aproximando-se da gramática do adulto. Veja a ilustrativa sequência abaixo (Figueira, 1985), por exemplo, em que A., aos 6; 1.18 corrige J., sua irmã menor:

(48) situação: cai espontaneamente um objeto da estante da sala, onde estão J., A. e a mãe.
A.: ai, caiu!
J.: não fui eu que caiu. Mãe: o quê, J.?
situação: J. calada.
A.: ela falou que não foi eu que caiu. Não fui eu que deixou cair. (A. 6; 1.18) (J. 2;6.?)

## 1.3. As estruturas relativas

Não só a produção, mas também a compreensão dá pistas sobre o conhecimento linguístico. Os trabalhos de Iha (1979) e Vasconcelos (1995) tratam da compreensão de orações relativas por crianças brasileiras e portuguesas, respectivamente. Especificamente, o objetivo é testar a compreensão das orações relativas e dos pronomes relativos utilizados. Para tanto, foram feitos dois testes com as crianças. Num, o pesquisador lia-lhes sentenças e elas deveriam repetir. Num outro teste, as crianças recebiam brinquedos (um elefante, um urso e uma girafa, por exemplo) e deveriam fazer a ação correspondente à sentença com os brinquedos. Por exemplo:

(49) O urso que empurrou o cavalo seguiu o elefante.
(50) O urso empurrou o cavalo que seguiu o elefante.

Observe que, em (49), a oração relativa está encaixada no meio da sentença, enquanto em (50) a oração relativa está encaixada no final. Em (49), o pronome relativo *que* tem a mesma função que seu antecedente (sujeito da oração); enquanto em (50), o pronome relativo é sujeito da oração encaixada, mas seu antecedente é objeto da oração principal. São quatro as possibilidades combinatórias:

(51) O urso que empurrou o cavalo seguiu o elefante (o sujeito da encaixada é sujeito da principal – SS)
(52) O cavalo que o elefante empurrou pulou a girafa (o objeto da encaixada é sujeito da principal – SO)
(53) O elefante empurrou o urso que seguiu a girafa (o sujeito da encaixada é o objeto da principal – OS)
(54) O cavalo pulou a girafa que o urso empurrou (o objeto da encaixada é o objeto da principal – OO)

No teste de repetição das sentenças, foi observado que as crianças menores, entre três e quatro anos, tendem a repetir as sentenças como se fossem coordenadas. Por exemplo, para a sentença (53), as crianças menores tendem a repetir como "o elefante empurrou o urso e seguiu a girafa". A hipótese é que as crianças nessa faixa etária ainda não processam o pronome relativo. Entre cinco e seis anos, as respostas corretas tendem a aumentar.

Não apenas a compreensão do pronome relativo é tardia, como também, no caso dos acertos, depende de sua função. Há graus de dificuldade na compreensão das orações relativas. Para o português brasileiro, Iha propõe que é: SS >> OO >> OS >> SO (SS é a estrutura mais fácil, SO a mais difícil), ou seja, quando o pronome relativo tem a mesma função que seu antecedente (SS ou OO), a porcentagem de acertos é maior, em todas as faixas etárias.

Iha defende que a criança utiliza a estrutura básica NVN para ancorar sua interpretação. Quando esta estrutura não é suficiente (porque o pronome relativo não está sendo computado), a criança conserva a função, isto é, a criança preenche o elemento que falta na relativa com o elemento da oração principal que cumpre esta mesma função que falta na oração relativa. Assim é que, numa sentença como (55), a criança tende a fazer com que o elefante empurre o urso e siga a girafa.

(55) O elefante empurrou o urso / que seguiu a girafa (OS)
N V N / V N

## 2. As teorias de aquisição

Como observado no item 1, a aquisição da linguagem não é caótica, aleatória. Há idiossincrasias e erros, mas estes são em bem menor número do que se pode supor. O fato de as crianças, por volta dos três anos, serem capazes de fazer uso produtivo de suas línguas suscita a questão de como estas línguas são aprendidas, adquiridas. É a essa questão que as teorias de aquisição tentam responder. Neste item será apresentado um breve panorama das principais correntes teóricas em aquisição da linguagem. Ressalta-se que não é objetivo deste capítulo apresentar uma descrição detalhada de cada corrente, nem discutir as diversas propostas que se aproximam mais ou menos de uma (ou mais de uma) corrente teórica. Muitas vezes, correr-se-á o risco de o tratamento parecer até um pouco simplista, reducionista, mas o objetivo deste capítulo é dar uma visão geral das teorias (uma discussão mais pormenorizada é alvo de uma disciplina específica). Não serão discutidas propostas particulares, mas os princípios que são comuns a elas.

### 2.1. O empirismo

Como propostas empiristas entendem-se aquelas para as quais o conhecimento é derivado da experiência. Não se nega a existência da mente, nem que os seres humanos têm conhecimento e ideias na mente. A questão é como essas ideias foram adquiridas ou aprendidas. Para as teorias empiristas, o que é inato é a capacidade de formar associações entre estímulos, ou entre estímulos e respostas, com base na similaridade e contiguidade.

A estrutura não está no indivíduo, nem é construída por ele, mas está no exterior, fora do organismo.

### 2.1.1. O behaviorismo

Durante a tradição estruturalista da linguística, era muito comum a visão associacionista entre som e significado. Esse tipo de aproximação que previa o aprendizado de comportamentos não linguísticos e linguísticos por meio de estímulos, reforços e privações pode ser resumido na visão de Skinner (1957) para o comportamento.

Skinner propunha ser capaz de predizer e controlar o comportamento verbal mediante variáveis que controlam o comportamento (estímulo, resposta, reforço) e a especificação de como essas variáveis interagem para determinar uma resposta verbal particular. Segundo essa proposta, um estímulo externo provoca uma resposta externa do organismo. Se essa resposta for reforçada positivamente, a tendência é que o comportamento se mantenha. Se a resposta for reforçada negativamente, o comportamento é eliminado. Se não há reforço (positivo ou negativo), o comportamento também tende a desaparecer.

(56) S (estímulo) ⟶ R (resposta) ⟶ Reforço

Imagine a situação de uma criança que vê a mãe e quer sair do berço (estímulo). Ela começa a chorar (resposta). Caso a mãe a retire do berço, ela está reforçando positivamente o comportamento da criança, isto é, a criança "aprende" que para sair do berço deve chorar. Se, por outro lado, a mãe não atender a criança (reforço negativo), esta "aprenderá" que não é chorando que vai conseguir sair de lá.

O mesmo princípio é usado para o aprendizado da língua. Imagine que a criança vê a mamadeira (estímulo) e diz *papá*. Se ela conseguir com isso que lhe deem a mamadeira, será reforçada positivamente, "aprenderá" que quando quiser comida deve dizer *papá*.

Assim, para Skinner, o aprendizado linguístico era análogo a qualquer outro aprendizado (o que, naquela época, significava dizer que todo o comportamento/aprendizado – linguístico ou não – era visto como aprendido por reforço e privação). Considerando a aquisição desse modo, o behaviorismo acaba recaindo num processo indutivo de aquisição, porque considera somente os fatos observáveis da língua, sem preocupar-se com a existência de um componente estruturador, organizador, que possa estar trabalhando junto com os dados (experiência) na construção da gramática de uma língua particular.

Um dos principais problemas da proposta de Skinner no que diz respeito à linguagem é a aquisição do léxico (conforme já apontado por Chomsky, 1959). Skinner tratava os nomes próprios como "resposta sob controle" (isto é, uma pessoa, diante de um estímulo, nomeava-o, podendo ou não ser reforçada), e esse controle era a referência, a denotação de algo; no entanto, ficava faltando, para a língua, o significado, a conotação. O problema na aquisição do léxico é que a proposta behaviorista acaba por obscurecer a diferença entre referência e significado (já analisada por Frege em 1892).

Outro importante problema para as propostas behavioristas é explicar como produzimos e compreendemos sentenças nunca ouvidas antes, principalmente porque nem

todas as sentenças têm sua referência no contexto em que são produzidas. Imagine a cena de um casal de namorados num cinema, assistindo a um filme romântico e comendo pipocas. De repente, a moça vira-se para o namorado e diz *Minha professora me disse que eu vou repetir de ano!*. Há que se concordar que não há nada no contexto (filme, namorado, pipoca) que seja a referência da sentença; no entanto, todos entendemos o que a garota quer dizer.

Além dessas questões, os dados de aquisição trazem duas outras questões para as teorias behavioristas. A primeira diz respeito à rapidez do processo. Uma criança com apenas quatro anos já é competente em sua língua nativa e domina a maior parte das regras dessa língua (algumas formas, como a passiva, por exemplo, surgem bem mais tarde, em idade escolar). Se o aprendizado se dá por imitação, seria esperado um tempo muito maior de exposição à língua para que a criança adquirisse um repertório suficiente de frases para que pudéssemos dizer que ela "aprendeu" uma língua.

A outra questão que os dados de aquisição levantam é a competência. As crianças, durante o processo de aquisição, produzem enunciados que nunca ouviram de seus interlocutores. Por exemplo:

(57) Situação: R. empurra o pica-pau de brinquedo para o topo de uma haste de metal onde ele está parcialmente preso. Ela olha para a base e então para o pica-pau.
[ej. vaj. la] = ele vai lá
R. observa a trajetória do pica-pau escorregando pela haste de metal.
[ej. vaj. la] = ele vai lá
O pica-pau chega à base.
[vaj.lo] = vai lô. (R. 1;10).

Este exemplo, além de pitoresco, mostra que a criança está fazendo uma análise de sua língua. Neste caso, ela aplica um afixo verbal num advérbio. A classe a que a criança aplica o afixo é errada, mas tanto a forma do afixo [-o] quanto o significado (passado), estão corretos.

Entre 2 e 2;6, R. também diz *cabeu*, *fazi*, *fazeu* e *engoliva*. Esses exemplos, apesar de desviarem-se da forma adulta, são completamente interpretáveis. Qualquer falante nativo é capaz de dizer que R. está aplicando a forma regular em verbos irregulares, ou, no caso de *engoliva*, que está tratando o verbo *engolir* como se fosse de primeira conjugação. Slobin (1979) já apontava para o fato de que a fala da criança diverge de maneira sistemática da fala do adulto, isto é, diverge obedecendo a determinadas regras, que são resultado de uma análise parcial. Num período inicial, antes dos dois anos, R. produz as formas *fez*, *fiz*. No período de 2 a 2;6, R. generaliza a regra de formação regular do passado, inclusive para as formas que deveriam ser exceções. Posteriormente, R. aprenderá as exceções e voltará a produzir as formas *fiz* e *fez*. Esse movimento de "forma correta – erro – forma correta" é conhecido na literatura como Curva em U. Deve-se, no entanto, tomar cuidado com as afirmações que se fazem acerca dessas produções. As primeiras formas corretas são formas não analisadas. A criança aprende a sequência sonora [fis] e a utiliza em determinados contextos, com uma significação de ação acabada. Não há análise da palavra que está sendo utilizada (Gebara, 1984). Scarpa (1999) defende que nesse momento não se pode nem falar que a criança usa "palavras", mas fragmentos enunciativos. É justamente o erro que indica que a criança está trabalhando com as formas verbais. E o erro vai sempre na direção de uma regularização das formas irregulares das línguas (essas supergeneralizações são encontradas também em outras línguas. Em inglês as crianças dizem *comed*, *goed*, *taked* para verbos no passado, e *feets*, *mouses* para o plural de nomes. A segunda forma correta indica que a criança aprendeu que as regras têm exceções, e ela está aprendendo as exceções para a formação do passado. Desse modo, a primeira forma correta é uma forma não analisada, enquanto a segunda forma correta é o aprendizado de uma forma que viola uma regra geral.

O que esses dois exemplos indicam é que a criança está envolvida no processo de aquisição. Esse processo não é simplesmente das variáveis externas ao organismo; pelo contrário, o indivíduo tem parte nesse processo. Essa noção de modelo de aquisição encaixa-se com as propostas racionalistas e ocorre por operações dedutivas. Para Chomsky (1965), somente uma teoria racionalista, mentalista, conseguiria dar conta da aquisição da gramática de uma língua. O que diferencia uma teoria empirista de uma teoria racionalista é que a primeira tenta descrever uma língua apenas com os dados observáveis e por processos indutivos, ou seja, procurando construir o sistema de regras da língua apenas pela observação direta dos dados. Chomsky argumenta que o conhecimento da língua nem sempre é passível de observação direta e que somente quando, além da observação dos dados, postula-se um conjunto de informações internas, inatas, é que se torna possível chegar a uma representação de uma determinada língua.

### 2.1.2. O conexionismo

O conexionismo é uma proposta teórica relativamente nova (dos últimos quinze anos). Muitas vezes é denominado de novo associacionismo. Tanto para o associacionismo quanto para o conexionismo, o aprendizado é *ad hoc*, nas relações entre os dados de entrada (*input*) e saída (*output*), mas admitem analogias e generalizações. No entanto, enquanto o behaviorismo nega a existência da mente, o conexionismo tenta exatamente analisar o que ocorre entre os dados de entrada e saída. Essa explicação será dada em termos neurais.

Os modelos conexionistas têm por objetivo explicar os mecanismos que embasam o processamento mental, e a linguagem é apenas um desses processos. Os modelos conexionistas podem ser treinados para aprender a flexionar os verbos no passado, a sonorizar textos escritos, pegar bolas, equilibrar uma régua (Plunkett, 2000).

As propostas conexionistas buscam a interação entre o organismo e o ambiente, assumindo a existência de um algoritmo de aprendizagem. Por organismo, entende-se a intrincada rede neural (os trabalhos conexionistas tentam replicar, computacionalmente, o que ocorre no cérebro). Segundo Plunkett (2000), pode-se imaginar que o cérebro é formado por uma rede de unidades de processamento interconectadas e que cada uma dessas unidades é um neurônio que recebe atividade elétrica de outros neurônios, via sinapses, ou seja, conexões que propagam atividade elétrica entre neurônios por neurotransmissores. Essas sinapses podem ser fortes (excitatórias) ou fracas (inibitórias). Os modelos conexionistas assumem a existência de um algoritmo de aprendizagem interno que permite o aprendizado a partir de experiências. A aprendizagem está vinculada a mudanças nas conexões neurais. Cada vez que um estímulo (dado de entrada) ativa, ao mesmo tempo, determinados neurônios, a conexão entre eles torna-se mais forte. Essa conexão reforçada cria uma rede, de modo que, posteriormente, quando um desses neurônios receber um estímulo, toda a rede será ativada (Chiele, 1998). O algoritmo de aprendizagem, então, modifica a força entre as conexões da rede, o que permite a codificação de informações.

Um modelo conexionista dá grande importância para a quantidade de dados de entrada – frequência – e para a variabilidade dos dados de saída. A frequência do *input* é que reforça a conexão, e, como dissemos, a conexão entre os neurônios é alterada pelos dados de entrada. Dessa forma, dá-se grande importância à frequência. A aprendizagem se dá pela modelagem estatística de inferências.

## 2.2. O racionalismo

Slobin (1985) observa que as teorias atuais sobre aquisição da linguagem assumem que, juntamente com as experiências, as crianças fazem uso de alguma forma de capacidade inata. No entanto, embora essa capacidade inata seja consensual, muito se discute sobre qual é a sua natureza. Pode-se dizer que são duas as correntes inatistas: uma assume que o aprendizado da linguagem é independente de uma cognição generalizada e de outras formas de aprendizado (conhecida como hipótese gerativista ou inatista); e a outra assume que a linguagem é parte da cognição, ou que o mecanismo responsável pelo aprendizado da linguagem é também responsável por outras formas de aprendizado (são conhecidas como teorias cognitivistas, construtivistas).

### 2.2.1. O inatismo

Consideremos inicialmente a hipótese inatista. A proposta de que o ser humano é dotado de uma gramática inata remonta a Chomsky (1965). Sua proposta procura dar conta da competência e criatividade do falante. Hoje em dia, outros argumentos são também invocados a favor de uma hipótese inatista, defendendo que a faculdade da linguagem não é um módulo da cognição. Pinker (1994) aponta para o fato de que pessoas com atraso ou problemas mentais não necessariamente têm problemas linguísticos. Por outro lado, há famílias inteiras com problemas linguísticos (*Specific Language Impairement*), enquanto suas capacidades cognitivas são normais. Um último fato evocado são os casos de afasia (Broca e Wernicke), que afetam aspectos diferentes da linguagem conforme a área cerebral atingida.

Se se assume que há um componente inato e independente da cognição, cumpre tentar explicá-la. São várias as propostas inatistas. Serão discutidas aqui as propostas básicas de Chomsky (1965 e 1981). Chomsky (1965) propõe que a criança tem um dispositivo de aquisição da linguagem (DAL) inato que é ativado e trabalha a partir de sentenças (*input*) e gera como resultado a gramática da língua à qual a criança está exposta. Segundo o autor, esse dispositivo é formado por uma série de regras, e a criança, em contato com sentenças de uma língua, seleciona as regras que funcionam naquela língua em particular, desativando as que não têm nenhum papel. Esse modelo pode ser esquematizado como em (58) a seguir:

(58)

*input* ⟶ [DAL] ⟶ *output*

sentenças — GU — Língua L [regras 1, 3, 4]

[ regra 1
regra 2
...
regra n ]

De acordo com essa proposta, a criança tem uma Gramática Universal (GU) inata que contém as regras de todas as línguas, e cabe a ela, criança, selecionar as regras que estão ativas na língua que está adquirindo. Essa proposta de aquisição está de acordo com as teorias tanto sintáticas como fonológicas da época, segundo as quais as línguas comportam uma estrutura profunda que se transforma, por meio de regras, numa estrutura superficial. Essas regras têm como domínio estruturas intermediárias entre a estrutura profunda e a estrutura superficial.

Com a Teoria de Princípios e Parâmetros (Chomsky, 1981), a concepção do que seja a gramática universal muda. Segundo essa teoria, a gramática universal é formada por princípios, ou seja, "leis" invariantes, que se aplicam da mesma forma em todas as línguas, e parâmetros, "leis" cujos valores variam entre as línguas e dão origem tanto à diferença entre as línguas como à mudança numa mesma língua. O trabalho da criança está em escolher, a partir do *input*, o valor que um determinado parâmetro deve tomar. Por exemplo, assume-se que as sentenças de todas as línguas devam ter sujeito. No entanto, esse sujeito pode ou não ser omitido – esse é o parâmetro que precisa ser marcado. Caso a criança seja exposta a dados do inglês, ela vai marcar o valor do parâmetro como "o sujeito deve ser sempre preenchido", pois é o que acontece nessa língua (lembre-se de que em inglês, sentenças como *está chovendo* têm um sujeito: ***it*** *is raining*); por outro lado, caso a criança seja exposta ao português, o valor do parâmetro será "o sujeito pode ser omitido". No entanto, a tarefa não é tão simples como parece. Muitas questões ainda hoje estão por ser respondidas no que diz respeito aos parâmetros: quantos são os valores dos parâmetros? No estado inicial da GU, um dado parâmetro já tem uma marcação especificada ou não tem marcação alguma? É possível haver reparametrização? O que desencadearia a parametrização? A tarefa da criança é de segmentar o *input* para poder processá-lo e derivar os valores paramétricos. Mas o que a faz iniciar esse processo? A criança só faz uso das sentenças ouvidas (evidência positiva) ou também leva em conta o fato de nunca ter ouvido uma sentença (evidência negativa)? Quanto tempo uma criança deve esperar por uma evidência antes de definir o valor paramétrico? Qual a frequência de ocorrência (bem como o tempo de exposição necessário diante de um tipo de dado) para que a criança o considere relevante para desencadear a parametrização?

Essas questões dizem respeito ao aspecto lógico da aquisição, isto é, a teoria que deve tratar tanto de qual é o conhecimento a ser adquirido quanto de como pode se dar essa aquisição (Dresher, 1992). Um outro aspecto é o desenvolvimental, que deve dar conta da variabilidade (diferentes estratégias) e do tempo real em que esse processo ocorre.

Três diferentes propostas tentam responder a esse segundo aspecto, isto é, de como ocorre a atribuição dos valores aos parâmetros. Uma hipótese assume que os parâmetros não estão todos disponíveis no início do processo, mas que eles maturam, isto é, tornam-se disponíveis no decorrer da aquisição da linguagem. Segundo essa proposta – hipótese maturacional –, os parâmetros estão programados geneticamente para serem fixados em diferentes estágios de maturação, de maneira gradual (cf. Lightfoot, 1982, 1989; Radford, 1990). Segundo Lightfoot (1989), os dados desencadeadores do processo maturacional seriam o que provocaria a passagem, a transformação da gramática universal para a gramática da língua a ser aprendida.

Uma outra hipótese é a continuísta, que se subdivide em duas tendências: hipótese da competência plena/total e a hipótese da aprendizagem lexical. Segundo a primeira, todos os princípios estão disponíveis desde o início; se os parâmetros não são fixados imediatamente é porque há dificuldades (de memória, de processamento, por exemplo) em sua determinação (cf. Hyams, 1986). Já a hipótese da aprendizagem lexical defende que, embora os princípios estejam todos disponíveis, o desenvolvimento sintático é guiado pela aprendizagem de novos itens lexicais e morfológicos (cf. Pinker, 1984).

### 2.2.2. O construtivismo

Segundo Slobin (1985), um segundo tipo de teoria inatista é o que considera que o mecanismo responsável pela aquisição da linguagem também é responsável por outras capacidades cognitivas (ressalte-se, no entanto, que o construtivismo clássico, por excelência, não é inatista – cf. Piaget, 1979; Chomsky, 1979). Segundo esse tipo de teoria, as crianças constroem a linguagem. Serão aqui apresentadas duas vertentes construtivistas: a cognitivista e a interacionista.

#### 2.2.2.1. O cognitivismo

Esta proposta teórica, que vincula a linguagem à cognição, foi desenvolvida a partir dos estudos de Jean Piaget. Piaget dá um grande valor para a experiência, mas não se deve confundi-lo com um empirista. Para ele, a criança constrói o conhecimento com base na experiência com o mundo físico, isto é, a fonte do conhecimento está na ação sobre o ambiente. Piaget também é, algumas vezes, chamado de "interacionista"; no entanto, esta interação é entre a criança e o mundo. Na literatura sobre aquisição, o termo interacionista acabou mais utilizado para os trabalhos que consideram o papel do adulto no processo de aquisição.

Para Piaget, os universais linguísticos são reflexos das estruturas cognitivas universais; o conhecimento linguístico de uma criança em um determinado momento reflete as estruturas cognitivas que foram desenvolvidas antes e que determinam este conhecimento (cf. Piaget & Inhelder, 1976). Seu interesse não é pela linguagem *per se*, mas a linguagem como porta para a cognição. Aqui nos deteremos nos aspectos de sua teoria relativos à aquisição da linguagem. Os estudos cognitivistas sobre aquisição da linguagem foram desenvolvidos por seus seguidores.

Piaget propõe que o desenvolvimento cognitivo passa por períodos, estágios: sensório-motor (0 a 18 meses), pré-operatório (2 a 7 anos), operações concretas (7 a 12 anos) e operações formais. Os estágios piagetianos são universais (gerais e invariáveis) e, em cada um, a criança desenvolve capacidades necessárias para o estágio seguinte, provocando mudanças qualitativas no desenvolvimento. De acordo com esse conceito de estágio, o desenvolvimento é descontínuo, uma vez que os estágios são qualitativamente diferentes, mas contínuos, no que se refere ao tempo em que ocorre (cf. Perroni 1994). As principais características dos estágios são: a ordem de sucessão das aquisições é constante; as estruturas construídas são parte integrante das estruturas seguintes, portanto, cumulativas; a caracterização desses estágios é pela estrutura do conjunto e não pela justaposição de propriedades estranhas; os estágios comportam um nível de preparação e um nível de acabamento: eles têm processos de formação e formas de equilíbrio passíveis de distinção.

Para a discussão deste capítulo, interessam os períodos sensório-motor e pré-operatório. Aquele é caracterizado pelos exercícios reflexos, os primeiros hábitos, a coordenação entre visão e apreensão e a busca de objetos desaparecidos. Este é marcado pela função simbólica e pelas organizações representativas.

Como foi discutido nos capítulos iniciais deste livro, o signo "está por" alguma coisa. Para que a criança faça uso do signo linguístico, é necessário que ela "aprenda" que as coisas existem mesmo que não estejam no seu campo de visão. Pode parecer banal para nós, adultos, mas não é. Quando a mãe brinca de se esconder e aparecer para uma criança pequenininha, a criança chora. É que a criança não consegue se separar do mundo, ela e o mundo são um todo indissociável (é essa a noção básica por trás do egocentrismo). Se a mãe desaparece de seu campo de visão, ela deixa de existir. Assim, um dos requisitos para adquirir a linguagem é a noção de permanência do objeto: um objeto existe mesmo que não seja visto (afinal, é possível usarmos uma palavra para falar do que não está no nosso campo de visão). O segundo pré-requisito para a aquisição da linguagem é a representação. Voltando aos capítulos anteriores, foi discutido o caráter representativo e arbitrário do signo. Por exemplo, quando a criança, no almoço, brinca com uma batata com palitos de dente espetados, fingindo ser esta uma vaca, ela está representando.

No final do período sensório-motor, início do pré-operatório, encontra-se, então, a função simbólica (ou semiótica). A linguagem não será a única forma de simbolizar; as crianças usam também da imitação diferida (a imitação afasta-se do contexto e do momento em que a ação que está sendo imitada ocorre), o jogo simbólico, o desenho, as imagens mentais (cf. Piaget, 1978).

Um dos aspectos linguísticos que mais chamou a atenção de Piaget foi o discurso egocêntrico. Para ele, as conversações das crianças são egocêntricas ou centralizadas. Caracteriza-se como egocêntrica a fala da criança consigo mesma. Não há intenção de se comunicar, não há preocupação com o interlocutor (nem se há um interlocutor), não tem ela nenhuma função social. Segundo Piaget, a maior parte dos discursos de crianças em idade pré-escolar é egocêntrica. Por volta dos sete anos, esse discurso tende a diminuir, até desaparecer, enquanto o discurso socializado ganha espaço.

São muitos os estudos sobre aquisição da linguagem numa abordagem cognitivista. Uma questão deve ser colocada a todos: a noção de estágio. Como foi mostrado, no começo deste subitem, o estágio é geral, invariável e cumulativo. Isso significa que todas as crianças deveriam passar pelos mesmos processos, e na mesma ordem, durante a aquisição da linguagem. No entanto, não é isso que se encontra. Mesmo estudos que assumem estágios falam de variações no processo de aquisição, ou de como crianças não passam por determinados estágios.

#### 2.2.2.2. O interacionismo

Vygotsky (1962) também defende que o desenvolvimento da fala segue as mesmas leis, o mesmo desenvolvimento que outras operações mentais. O autor, no entanto, chama a atenção para a função social da fala, e daí a importância do outro, do interlocutor, no desenvolvimento da linguagem. Os estudos de base interacionista apontam para o papel do adulto como quem cria a intenção comunicativa, como o facilitador do processo de aquisição. Assim como Piaget, Vygotsky estava interessado na relação entre língua e pensamento.

O autor propõe quatro estágios no desenvolvimento das operações mentais (aí incluídas as operações responsáveis também pelo desenvolvimento da fala): natural ou primitivo (que corresponde à fala pré-intelectual e ao pensamento pré-verbal); psicologia ingênua (a criança experimenta as propriedades físicas tanto de seu corpo quanto dos objetos, e aplica essas experiências ao uso de instrumentos – inteligência prática); signos exteriores (as operações externas são usadas para auxiliar as operações internas; nesse estágio ocorre a fala egocêntrica); e crescimento interior (em que as operações externas se interiorizam).

No que se refere à linguagem, Vygotsky aponta inicialmente para uma dissociação entre fala e pensamento. Segundo o autor, fala e pensamento têm raízes genéticas diferentes. Existe uma fase pré-verbal do pensamento (relacionada à inteligência prática), e uma fase pré-intelectual da fala (segundo o autor, o balbucio e o choro, por sua função social, seriam exemplos de fala sem pensamento). Por volta dos dois anos, fala e pensamento se unem e dão início ao comportamento verbal. A fala passa, então, a servir ao intelecto, e os pensamentos podem ser verbalizados. São características dessa nova fase a curiosidade da criança pelas palavras e a ampliação do vocabulário.

Outro aspecto importante dos estudos de Vygostky está relacionado ao uso da palavra. Segundo o autor, para a criança a palavra é parte integrante do objeto. Seus experimentos mostram que as crianças tentam explicar os nomes dos objetos por seus atributos e trocar o nome significa trocar as características dos objetos. Um de seus exemplos é o que segue (Vygotsky, 1984: 111): foi dito para a criança que um cão seria chamado de *vaca*, durante uma brincadeira. O experimentador então pergunta para a criança se uma vaca tem chifres e a criança responde que sim. O experimentador lembra-lhe, então, que a vaca é na realidade um cão, e pergunta se cão tem chifres. A criança responde: "é claro, se é uma vaca, se é chamado de vaca, então tem chifres. Esse cão tem de ter chifres pequenos". Vygotsky defende que, no início, existe apenas a função nominativa com uma referência objetiva. Posteriormente, desenvolvem-se a significação independente da nomeação e o significado independente da referência.

Por fim, é importante ressaltar que a fala egocêntrica, para Vygotsky, tem características e motivações diferentes do que para Piaget. Como vimos, segundo Piaget, a fala egocêntrica não tem função no pensamento e desaparece quando a criança se socializa. Para Vygotsky, a fala egocêntrica é um instrumento de que a criança faz uso para buscar e planejar a solução de um problema, e tende a ser interiorizada. Essa fala é característica do terceiro estágio (signos externos), em que a criança usa os dedos para contar, por exemplo. A fala egocêntrica também funciona como um auxiliar externo para que a criança solucione tarefas, serve para ajudar a criança a superar dificuldades. De modo a provar sua hipótese, Vygotsky e sua equipe fizeram, com crianças pequenas, testes que exigissem reflexão. Um dos testes consistia em dar como tarefa para a criança desenhar, mas não lhe fornecer o lápis que necessitaria. Observou-se que as crianças tentavam dominar a situação falando para si próprias: "Onde está o lápis? Preciso de lápis azul. Deixa lá, vou desenhar com o lápis vermelho e molho-o na água; ficará mais escuro e parecerá azul" (Vygotsky, 1984:30). À medida que a criança cresce, esse discurso tende a internalizar-se.

As mesmas críticas em relação à generalização de estágios aplicam-se aos estudos interacionistas, ou seja, estes também propõem um caráter geral e invariável para os estágios propostos, o que não se confirma nos dados. Para as propostas construtivistas, fica ainda a questão de responder como a criança passa de categorias cognitivas para categorias puramente linguísticas, no processo de aquisição da linguagem.

## 3. Considerações finais

A aquisição da linguagem é fascinante. Observar como, num período tão curto, a criança passa a dominar uma língua é instigante, desafiador. São muitos os aspectos relativos a essa aquisição: Como esse processo ocorre tão rapidamente? Há um período crítico (idade máxima) para a aquisição? Qual a relação entre a produção e a percepção da linguagem? Existe algum componente da linguagem (fonologia, morfologia, sintaxe...) que é adquirido antes do que outro? Ou algum componente da linguagem serve para a criança apoiar-se enquanto adquire outros componentes? Qual a relação entre a aquisição normal e a aquisição por crianças com algum tipo de desvio?

Infelizmente não foi possível tratarmos de todos esses aspectos. De modo a mostrar o caráter não aleatório e não caótico da aquisição, foram apresentados, no primeiro item, os resultados de estudos sobre três aspectos da aquisição da linguagem: a aquisição da estrutura silábica, da causatividade e das orações relativas.

O segundo item apresentou um panorama das principais correntes teóricas que tentam explicar o processo de aquisição da linguagem. Algumas parecem melhores para explicar alguns processos linguísticos, mas não oferecem boas explicações para outros processos. Todas têm aspectos positivos e esclarecedores, mas, quando confrontadas com os dados de uma criança, ainda têm muitas questões por explicar.

## Bibliografia

BISOL, L. O ditongo na perspectiva da fonologia atual. *DELTA* vol. 5 n. 2. São Paulo: Educ, 1989.

CHIELE, L. K. O modelo conexionista na interface da inteligência e do aprendizado de leitura. *Letras de Hoje*. n. 112. Porto Alegre: EDIPUCRS, 1998.

CHOMSKY, N. A review of B.F. Skinner's Verbal Behavior. *Language* 35 n. I, 1959.

_____. *Aspects of the Theory of Syntax*. Cambridge: MIT Press, 1965.

_____. *Lectures on Government and Binding: the Pisa Lectures*. Cambridge: MIT Press, 1981.

_____. A propósito das estruturas cognitivas e de seu desenvolvimento: uma resposta a Piaget. In: PIATELLI-PALMARINI. (org.) *Teorias da linguagem, Teorias da aprendizagem. O debate entre Jean Piaget e Noam Chomsky*. São Paulo: Cultrix, 1983.

DRESHER, B. E. A learning model for a parametric theory in phonology. In: LEVINE, R. (ed.) *Formal Grammar: Theory and Implementation*. Oxford: Oxford University Press, 1991.

FIGUEIRA, R. A. *Causatividade: um estudo longitudinal de suas principais manifestações no processo de aquisição do português por uma criança*. Tese de doutorado Campinas: Unicamp, 1985.

FREGE, G. Sobre sentido e referência. In: *Lógica e filosofia da linguagem*. São Paulo: Cultrix, 1981.

FREITAS, M.J. *Aquisição da estrutura silábica do português europeu*. Tese de doutorado. Universidade de Lisboa, 1997. GEBARA, E. M. *The Development of Intonation and Dialogue Process in two Brazilian Children*. Tese de doutorado. University of London, 1984.

HYAMS, N. *Language Acquisition and the Theory of Parameters*. Dordrecht: Reidel Publishing Co., 1986.

IHA, S. *Compreensão de orações relativas por crianças de três a seis anos*. Dissertação de mestrado. Campinas: Unicamp. 1979.

LIGHTFOOT, D. *The Language Lottery: toward a Biology of Grammars*. Cambridge: MIT Press, 1982.

_____. The child's trigger experience: degree-0 learnability. In: *Behavioral and Brain Science*. Nova York: Cambridge University Press. 1989.

PIAGET, J. *A formação do símbolo na criança: imitação, jogo e sonho, imagem e representação*. Rio de Janeiro: Zahar, 1978.

_____. Psicogênese dos conhecimentos e seu significado epistemológico. In: PIATELLI-PALMARINI (org.) *Teorias da linguagem, Teorias da aprendizagem. O debate entre Jean Piaget e Noam Chomsky*. São Paulo: Cultrix, 1983.

PIAGET, J. & INHELDER, B. *A psicologia da criança*. Rio de Janeiro: Bertrand Brasil, 1990.

PINKER, S. *Language Learnability and Language Development*. Cambridge: Harvard University Press, 1984.

_____. *The Language Instinct: the New Science of Language and Mind*. Londres: Peguin Books, 1994.

PLUNKET, K. O conexionismo hoje. *Letras de Hoje*. vol. 35 n. 4 Porto Alegre: EDIPUC-RS, 2000.

RADFORD, A. *Syntactic Theory and the Acquisition of English Syntax*. Oxford: Basil Blackwell, 1990.

SANTOS, R. S. A aquisição da estrutura silábica. *Letras de Hoje*, n. 112. Porto Alegre: EDIPUC-RS, 1998.

_____. *A aquisição do acento primário no português brasileiro*. Tese de doutorado. Campinas: Unicamp, 2001.

SKINNER, B. F. *Verbal Behavior*. Nova York: Appleton-Century Crofts, 1957.

SLOBIN, D. I. *Psicolinguistics*. Glenview, III: Scott, Foresman and Company, 1979.

_____. *Psicolinguistics* Glenview, III: Scott, Foresman and Company, 1985.

VASCONCELOS. Relative clauses acquisition and experimental research: a study with portuguese children. In: FARIA I. H. & FREITAS M. J. (ed.) *Studies on the Acquisition of Portuguese*. Lisboa: Colibri APL., 1995.

VYGOTSKY. *Pensamento e linguagem*. São Paulo: Martins Fontes, 1996.

_____. *A formação social da mente: o desenvolvimento dos processos psicológicos superiores*. São Paulo: Martins Fontes, 1984.

## Sugestões de leitura

Abaixo são sugeridos alguns títulos, em português, que possam servir de leitura complementar a esse texto. Ressalte-se que a sugestão leva em conta o conhecimento prévio assumido para os leitores, isto é, alunos do nível básico de letras:

ELLIOT, A. J. *A linguagem da criança*. Rio de Janeiro: Zahar Editores, 1982.
Este livro traz, em seus dois primeiros capítulos, um resumo das propostas behaviorista, inatista, cognitivista e interacionista. Também discute os diferentes métodos de estudo em aquisição da linguagem. Por fim, apresenta o resultado de alguns estudos em aquisição nas áreas de fonologia, sintaxe e semântica.

PIATELLI-PALMARINI. *Teorias da linguagem, Teorias da aprendizagem.* O *debate entre Jean Piaget e Noam Chomsky*. São Paulo: Cultrix, 1983.
Esta obra traz textos de Piaget, Chomsky e uma série de debatedores que discutem seus trabalhos. Trata-se de um livro interessante porque, como foi dito neste capítulo, a linguagem nunca foi o objetivo de Piaget, assim como o processo de aquisição nunca foi o objetivo principal das discussões de Chomsky. Nestes artigos os autores concentram-se mais no tema da aquisição da linguagem.

SCARPA, E. M. Aquisição da Linguagem. In: MUSSALIN & BENTES (org.) *Introdução à Linguística: domínios e fronteiras*. vol. 2, p. 203-232. São Paulo: Cortez Editora.
Este artigo apresenta um resumo das principais discussões que permeiam os

estudos sobre a aquisição da linguagem, como conflito natureza *vs.* ambição e o período crítico.

SKINNER, S. F. (1957). *Comportamento verbal.* São Paulo: Cultrix, 1985.
O autor apresenta sua teoria de como a linguagem e outros comportamentos têm o mesmo padrão de aprendizagem. Por comportamento verbal Skinner entende não só a linguagem verbal, mas toda a forma de comunicação (tocar uma sineta para chamar o criado, bater palmas, por exemplo). Há dois capítulos específicos sobre a linguagem verbal.

SLOBIN, D. I. *Psicolinguística.* São Paulo: Nacional, 1980.
Neste livro o autor aborda a relação entre a gramática e a psicologia. Discute-se o papel da cognição e, em especial, da memória no processamento da linguagem. Há também um capítulo dedicado especificamente à aquisição da linguagem, com a discussão do desenvolvimento da sintaxe.

VYGOTSKY. *Pensamento e Linguagem.* São Paulo: Martins Fontes, 1962.
Nesta obra é discutida a proposta de Vygotsky sobre a relação entre a linguagem e o pensamento e o papel que tem a interação social no desenvolvimento da linguagem. Vygotsky apresenta também experimentos que corroboram sua proposta.

**GRÁFICA PAYM**
Tel. [11] 4392-3344
paym@graficapaym.com.br